부부 연합의 축복

정동섭

**부부생활을 위한 직접적이고
구체적이며 실용적인 가이드**

부부 연합의 축복

2012년 3월 15일 · 제1판 1쇄 발행
2015년 3월 25일 · 제1판 7쇄 발행

지은이 | 정동섭
펴낸이 | 안병창
펴낸데 | 요단출판사

158-870 서울특별시 영등포구 국회대로 76길 10
기획 | (02)2643-9155
영업 | (02)2643-7290~1 Fax (02)2643-1877
등록 | 1973. 8. 23. 제13-10호

ⓒ 정동섭 2012

편집기획 | 이영림
제 작 | 박태훈
영 업 | 김창윤 정준용 이영은

값 15,000원
ISBN 978-89-350-1393-7 03230

이 책의 저작권은 저자가 소유하고 있습니다.
저자와 출판사의 사전 승인 없이 책의 내용이나 표지 등을 복제·인용할 수 없습니다.

요단인터넷서점 www.jordanbook.com / 모바일 앱 요단몰

성에 미친 세상 속에서의
그리스도인의 성

부부 연합의 축복

정동섭 지음

요단

추 천 사

성(性)이라는 주제만큼 예술과 문화, 그리고 다양한 학문에서 폭넓게 논의된 주제도 많지 않다. 하지만 담론으로서의 성에 대한 논의보다 중요한 것은 일상생활에서의 그 실천적 의미이다. 게다가 성(性)은 가장 세상적으로 보이나, 가장 신학적인 문제이기도 하다. 특히 크리스천 부부의 성 문제는 늘 갈등의 한 가운데 있지만, 늘 주변적인 문제로 다루어져 왔다. 가정사역과 기독교상담 분야에서 꾸준한 강연과 연구를 실천해온 정동섭 박사의 역작, 「부부 연합의 축복」은 이러한 성 문제를 축복과 헌신의 선물로 변화하도록 인도한다. 모든 부부들에게 일독을 적극 추천한다.

권수영
연세대학교 연합신학대학원 상담학과 교수

부부는 '달라서' 싸우는 것이 아니라 '몰라서' 싸우는 것이다. 그래서 배우자(配偶者)란 '배우자!' 라고 말하는 것이다. 좋은 부부가 되기 위해 배워야 할 지식 가운데 하나가 바로 성(性)이다. bed time과 bad time은 한 자 차이일 뿐이다. 가정사역에 평생을 헌신해 온 정동섭 교수님의 책을 통해 행복한 부부생활의 비밀을 발견할 수 있기를 희망한다. '성격 차'를 빼 놓고는 '성 격차' 라 불리는 또 하나의 벽, 이제 허무시기를 바란다.

송길원 목사
가족생태학자
행복발전소 하이패밀리 대표

언제나 정동섭 교수님의 책과 강의를 접할 때마다 느끼는 것은 정리를 참 잘해 주신다는 것입니다. 교수님의 폭 넓은 학문과 깊은 연구의 결과들은 그 자체로 그 길을 뒤좇아 가는 저와 같은 가정사역자들에게 좋은 길잡이가 될 뿐 아니라, 가정의 문제로 인해 깊은 상처를 입은 자들에게도 다시 행복한 삶을 쉽게 되찾게 해 줍니다. 이 책은 그동안 의학이나 심리학에서 산발적으로 다루어 왔던 부부의 성 문제를 성경적 관점을 기초로 하나로 접목하여 매우 재미있고 정확하게 정리해 주고 있습니다. 하나님께서 우리에게 주신 부부의 성의 의미를 가장 명확하게 설명해 주는 책이 될 것입니다.

오대식
높은 뜻 정의교회 담임목사

누구나에게 닥쳐오는 잘못된 성적유혹으로부터 보호받는 길은 첫 번째로 자기부부가 건강한 성생활을 유지 하는 것이다. 목사로서 교인에게 성생활에 대하여 상담하거나 가르치기 힘든 분야 인데 정동섭 교수의 구체적이고 실제적인 가르침은 크게 도움이 된다.

길영환 목사
미국 콩코드침례교회 목사

한국교회는 질적 양적으로 엄청난 발전을 했지만 몇몇 부분에서는 거의 금기시 되는 분야가 있다. 그중에 하나가 바로 성(性) 문제다. 성은 매우 중요한 문제이지만 우리나라에서는 아직도 이에 대해 학교에서도 가정에서도 그리고 교회에서도 제대로 가르치지 않는다. 그래서 아이들은 성이 가지고 있는 생명과 책임감에 대해 배울 기회를 갖지 못한 채 컴퓨터나 비디오 등의 포르노물에서 성에 대한 지식을 얻는다. 그러다 보니 성에 대해 왜곡된 인식을 가지고 있어서 부부생활을 비롯한 수많은 사회적 문제를 일으키고 있는 실정이다. 이번에 발간되는 정동섭 교수의 부부 성생활 지침서는 성에 대한 바른 인식을 심어줄 좋은 자료가 될 것이다. 교회도 이제는 성에 대해 바르게 가르쳐야 할 때가 되었다.

윤종모 신부
성공회 주교
전 성공회대학교 교수

성sex의 본질이 왜곡되고 성에 대한 추악한 지식과 행위들이 안방까지 홍수처럼 범람하는 이 때 바른 성에 대한 훌륭한 책이 나온 것을 진심으로 축하한다. 무엇보다 건강한 성생활은 마치 강력한 접착제처럼 부부의 행복을 강화시킨다. 성의 행복은 행복지수에서 가장 큰 요인이다. 그럼에도 불구하고 한국교회는 성에 대하여 금기시하고 억압하고 나아가서 무관심하고 있는 상황이다. 그리고는 성의 문제는 세상이 가르쳐 줄 것이라고 방치해 버렸다. 그리고 이원론의 함정에 빠져있다. 성sex과 영성spirituality은 함께 가는 것이다(스캇트 펙). 성은 오직 두 사람만의 축제가 되어야 한다. 이 책은 그리스도인이든 아니든 누구든지 성의 형성과 자아 형성에 유익할 것임에 틀림없다. 우리는 이제 성의 기쁨과 중요성을 되찾아야 한다!

박철수
분당두레교회 원로목사
「축복의 혁명」의 저자

그리스도인들이 생각하는 성sex은 '저 포도는 시어서 못 먹을 거야'라며 포도밭 울타리 밖에서 중얼거리던 여우의 생각과 같지 않을까? '합리화'라는 심리적 방어기제를 사용하고 있지만 실은 먹을 기회를 '박탈' 당한 셈이다. 영국의 소아정신과 의사였던 도널드 위니컷은 '비행'의 원인이 '박탈'에 있다고 하였다. 가지고 있는 것을 빼앗기는 것도 박탈이지만 당연히 받아야 할 것을 받지 못하는 것도 박탈이다. 그것이 부부갈등으로 드러나는 것이다. 이제 '박탈' 당한 이들에게 포도맛이 어떤지에 대해 길게 설명할 필요가 없어졌다. 정동섭 박사의 역작,「부부 연합의 축복」을 통해 직접 먹어보게 되었으니까.

이병준 목사
생생패밀리 대표

교회는 그리스도인들이 세상을 살면서 겪고 있는 문제에 대해서 가르칠 뿐 아니라, 그 선한 가르침대로 살아내야 하는 사명을 갖고 있다. 그러나 세상이 성으로 범람하고, 성에 대한 혼란이 가중되고 있는 상황에서 교회는 성에 대해서 논하지도 않고 가르치지도 않는다. 이원론적인 영성이 가장 극명히 드러나는 이 '성'이라는 주제를 정동섭 교수는 신학적, 사회학적, 심리적, 그리고 무엇보다도 교회의 컨텍스트에서 논해주고 있다. 이 책은 하나님이 만드신 성에 대한 오해와 왜곡을 걷어내고 주님을 따르기를 원하는 제자들이 읽어야 할 필독서다.

김형국 신학박사
나들목교회 대표 목사

인간의 성에 관한 문제를 직접적이지만 섬세하게, 신학적이면서 실제적으로, 솔직하면서도 세련되게 다루고 있다. 건전한 신학과 성윤리의 바탕 위에서 성의 목적, 남녀차이, 성적 친밀감을 극대화하는 방법 등을 자상하게 제시하고 있다. 목회자, 신학생, 상담자, 가정사역자, 결혼을 앞두고 있는 신혼부부, 기혼부부 모두가 반드시 읽어봐야 할 책이므로 추천하고 싶다.

이희범
지구촌가정훈련원 원장

프로이트S. Freud의 주장과 같이 성의 관심과 문제는 현대사회에서 분리해서 생각할 수 없을 만큼 급박하고 도전적인 이슈가 되었다. 우리 문화와 성향이 성에 대한 의견이 다양하지만 여전히 기독교인들에게 성은 침묵하거나 억압해야 하는 대상으로 여겨지고 있다. 이 책의 내용은 인간의 본능이며 핵심적 요소인 부부의 성과 연관된 일들에 대해 합리적인 논리성과 동시에 열린 마음과 신앙의 눈으로 성에 대하여 직시할 수 있도록 만들어 주는 책이다. 전문적인 학문성과 가르침의 경험에서 묻어나온 이 책이 독자들에게 커다란 앎을 제공할 것이다.

임경수
계명대학교 인문대학 기독교학과 기독교상담 교수

이 책을 쓴 이유

나는 부부관계와 부모자녀관계를 강화시키는 일에 헌신하고 있는 가정사역자이며 상담심리학자다. 나는 대학과 교회에서 강의하면서, 그리고 여러 부부를 상담하면서 결혼을 앞둔 예비부부와 결혼한 기혼부부들을 위해 실제적인 도움을 줄 성생활 지침서가 필요함을 절감하고 있었다. 성과 섹스는 아주 중요한 주제이지만, 그리스도인에게 마음 놓고 추천할 만한 책이 별로 없는 것이 현실이다. 외국서적을 번역한 성지침서를 주로 소개해야 하는 아쉬움을 느끼던 차에 그리스도인 '긍정심리학자'로서 한국교회와 성도들을 위해 기독교세계관을 반영하는 성생활 안내서를 쓰기로 마음먹었다.

이혼율을 떨어뜨리는 가장 좋은 방법은 행복한 결혼율을 높이는 것이다. 교회는 '간음하지 말라', '음행을 피하라'고만 설교할 것이 아니라, 모든 부부에게 어떻게 서로 사랑하고 친밀하고 즐거운 성생활을 누릴 수 있는지를 가르쳐 주어야 한다.

나는 성경을 하나님의 말씀으로 믿고 있는 복음주의자다. 대전 침례신학대학교와 미국 트리니티복음주의신학교에서 배운 신학과 심리학을 기초로 그 동안 읽고 연구했던 수백 권의 책을 참고하여 성에 대한 가르침을 종합적으로 반영하려고 노력했다. 성은 돈이나 죽음과 함께 한국교회가 사실상 '금기시' 하는 주제다. 특히 성은 드러내놓고 가르치거나 설교하기를 꺼리는 주제이기도 하다. 중요한 만큼 민감한 주제여서 어두운 세력의 공격을 받기가 쉽다.

　나는 대학시절부터 여러 이단집단에 빠져 십여 년을 방황하다가 사랑의 교회(당시 고 옥한흠 목사 담임)를 통해 정통교회로 돌아온 지 삼십여 년이 흘렀다. 예수님을 인격적으로 만난 후, 나와 우리 가정은 변화되었고 우리 내외는 그리스도 안에서 풍성한 삶을 누리고 있다. 교수 생활 18년 만에 나는 "무너져 가는 가정을 세우는 일에 네 사명을 다하라"는 부르심에 순종하여 2002년에 침례신학대학교를 그만두고 지금까지 저술과 강연으로 전국 교회를 다니며 가정생활세미나를 인도하고 있다. 나는 「부부성숙의 비결」이나 「좋은 남편, 좋은 아내가 되려면」이라는 책에서도 성생활에 대해 언급하였지만, 이번에는 부부의 성만을 중심주제로 별도의 책을 쓰라는 도전에 순응하기로 하였다.

　정통교회는 가정을 세워주지만, 예나 지금이나 이단들은 마땅치 않은 것을 가르쳐 가정을 무너뜨리고 있다(딛 1:11). 나는 성도들을 이단으로부터 지키기 위해 어두움의 실체를 세상에 폭로하는 일도 소홀히 할 수 없었다. 그래서 위험을 무릅쓰고 (박옥수와 이요한, 유병언)「구원파를 왜 이단이라 하는가」(죠이선교회 간)라는 제목의 책을 써 지금까지 14차례나 이단으로부터 피소되어 재판을 받는 고통을 감수해야 했다.

　나를 비방할 거리를 찾던 구원파와 그에 동조하는 일부 근본주의자들은 내가 '문란한 성생활 지침서'를 추천했다고 책(責)을 잡아 나를 '반기독교적 음란서적'을 추천한 '가정사역의 교주'라고 비방하고 있다(한국가정사역협회에서는 내가 일관되게 복음주의신앙을 견지하고 있는 가정사역자라고 변호하고 있다. 기독교세계관학술동역회에서도 필자가 이단과 무관한 복음주의적 가정사역자라고 탄원하였다). 거짓의 아버지 마귀의 조종을 받는 이단에서는 정통교회와 나를 이간 붙여 나로 사역을 하지 못하게 하려고 갖은 노력을 다하고 있다. 드디어 나는 성생활 지침서를 추천한 것 때문에 이단사이비로까지 몰리는 상황에 직면하게 되었다. 그래서 나는 이번 기회에 모든 그리스도인 부부를 위한 성생활 지침서를 직접 세상에 내놓기로 하였다. 어두움을 대적하는 가장 효과적인 방법은 진리의 빛을 비추는 것이라고 믿기 때문이다. 가정을 세우는 일에 동역하고 있는 송길원 목사나 이희범 목사, 박수웅 장로 같은 분들은 나보다 더 구체적이고 사실적으로 성생활에 대해 강의를 해도 괜찮은데, 오직 나만을 표적으로 삼는 것은 내가 가정을 파괴하는 이단세력을 직접적으로 비판하기 때문일 것이다. 독자들이 나의 어떤 사상이 이단성이 있는지를 분별하여 지적해 주시기를 바란다.

　나는 그리스도인으로서 기독교세계관에 입각해 그리스도인이라면 누구나 가질 수 있는 다음과 같은 질문에 확실한 답을 제시하려고 노력하였다. 이 주제에 대한 나의 입장을 일방적으로 진술할 수도 있지만, 이 분야에 대한 신학자와 윤리학자, 가정사역자, 상담심리학자, 의사들의 의견을 고루 반영하기 위해 지나칠 정도로 많은 저자들의 책을 섭렵하며 인용하였다. 이 책에 나와 있는 나의 입장은 편벽된 '이단적' 주장이 아니고 세계복음주의 가정사역자들이 보편적으로 공유하고 있는 입장이라는 것을 보여주고 싶었기 때문이다. 진리는 보편타당한 것이기 때문이다. 가정과 교회를 세우는 데 덕이 되지 않는 부분이 있다면 지적하여 주기를 바란다.

이 책을 쓴 이유

이 책에 담겨 있는 메시지가 부부관계를 강화시키고 행복도는 높이는 데 한 몫을 할 수 있다면 더이상 바랄 것이 없겠다. 많은 사례를 들어가며 이야기체로 쓸 수도 있었지만, 의도적으로 문제의 핵심을 요약해 전달하는 방식을 사용하였다.

섹스는 하나님의 아이디어다. 하나님께서는 성경에 성에 대하여 많은 말씀을 하고 계신다. 하나님께서는 그가 짝지어준 부부사이에 성을 즐기고 누리라고 허락하셨다. 성에 대한 하나님의 말씀과 가르침을 아는 것은 부부관계를 강화하고 회복하는 데 큰 도움을 줄 수 있다.

사람을 변화시키려면 먼저 생각이 바뀌도록 도와주어야 한다. 왜냐하면 사람은 생각대로 행동하기 때문이다. 결국 그것이 습관과 라이프 스타일이 되어 성품과 인생 전반에 영향을 끼친다. 사람은 자신에 대한 생각, 즉 자아개념대로 행동한다. 당신의 성적 자아개념은 어떠한가? 가정사역자 린다 딜로우(Dillow, 2010)는 말했다. "성에 대한 올바른 생각은 행동이 되고, 결국에는 습관과 새로운 태도를 낳는다. 당신의 마음이 성적 기어를 잘 넣을 수 있도록 훈련하는 것은 옳고, 순결하고 거룩한 일이다. 우리의 성생활은 우리의 생각이 만들어 내는 것이다. 당신의 뇌는 가장 위대한 성기관이다. 하나님이 당신에게 바라셨던 경건하고 감각적인 여인(남성)이 되기 위해 그것을 사용하라"(p.56).

이 책은 재미있게 읽을 책은 아니지만 당신의 성적 자아개념을 변화시킬 수 있는 메시지를 담고 있다. 독자가 열린 마음으로 읽는다면 귀하의 생각과 행동에, 그리고 부부관계에 커다란 변화를 가져다 줄 내용을 담고 있다. 결혼을 앞두고 있는 신혼부부와 기혼부부들에게 실제적인 지침서가 되었으면 좋겠다. 좋은 책이라 생각되면 주변에 이 메시지를 필요로 하는 이들에게 널리 소개하여 주시기를 바란다.

나는 이 책에서 다음과 같은 '기본적이면서도 중요한 질문들'을 다룰 것이다.

-하나님은 성에 대해 어떻게 생각하시는가?
-성경에서는 성에 대해 무엇을 말하고 있는가? 하나님은 왜 우리를 남자와 여자로, 성적인 존재로 만드셨을까? 성의 목적은 무엇인가?
-교회의 성에 대한 태도는 지난 이천 년간 어떻게 변화되어 왔는가?
-현대를 사는 그리스도인은 성에 대해 어떤 태도를 가져야 마땅한가?
-그리스도인 아내는 경건하면서 동시에 육감적인 여성이 될 수는 없는가?
-남성과 여성은 심리학적, 생리학적, 의학적으로 어떻게 다른가?
-사람들이 성에 대해 갖고 있는 편견과 오해에는 어떤 것이 있는가?
-우리는 성에 대하여 어떻게 느껴야 하는가?
-그리스도인의 결혼에서 성은 어떤 역할을 하는가?
-성과 관련하여 과연 우리가 가져야 할 바람직한 태도와 행동은 어떤 것인가?
-그리스도인 부부는 어떤 친밀감을 경험해야 하는가?
-낭만적 사랑과 우애적 동반자적 사랑은 어떻게 다른가?
-성애(섹슈얼리티)와 그리스도인의 성화(聖化) 영성를 조화시킬 수는 없는가?
-성에 대한 부정적인 생각을 긍정적으로 바꿀 수 있는가?
-남편은 전자레인지인데, 아내는 뚝배기일 경우 어떻게 해야 하는가?
-왕성한 성적 활동은 건강과 신앙생활에 어떤 유익을 주는가?
-남편과 아내는 상대방의 성적 요구에 어떻게 반응해야 하는가?
-그리스도인 부부는 어떻게 성적 친밀감을 누릴 수 있는가?

이 책을 쓴 이유

이 땅의 부부들이 "다시 태어나도 당신과 결혼하고 싶다"는 고백을 할 수 있고, 또 들을 수 있도록 하는 데 이 책이 조금이나마 기여할 수 있기를 소망한다.

부부 성생활에 대한 성경의 가르침

"어떤 남자가 아내를 맞아들였으면, 그를 군대에 내보내서도 안 되고 어떤 의무를 그에게 지워서도 안 됩니다. 그는 한 해 동안 집에 있으면서 자기 아내를 (성적으로) 행복하게 해주어야 합니다"(메시지성경, 신 24:5).

"남편은 아내에게 남편으로서의 의무를 다해야 합니다. 아내도 마찬가지로 아내로서의 의무를 다해야 합니다. 아내나 남편은 이미 자기 몸을 자기 마음대로 할 권리가 없습니다. 아내의 몸에 대한 권리는 남편에게 있고, 남편의 몸에 대한 권리는 아내에게 있기 때문입니다. 그러므로 서로 몸을 거절해서는 안 됩니다. 다만 자신을 바쳐서 전심으로 기도하기 위해 두 사람이 합의해서 일정한 기간 동안 부부관계를 갖지 않는 것은 상관없습니다. 그러나 자제력이 약하여 사단의 유혹을 받을지도 모르니 그 기간이 지나면 두 사람은 다시 결합해야 합니다"(현대어성경, 고전 7:3-5).

"결혼을 소중히 여기고, 아내와 남편 사이에 이루어지는 성적 친밀감을 거룩하게 지키십시오. 하나님은 일회성 섹스와 부정한 섹스를 금하십니다"(메시지성경, 히 13:4).

"하나님께서 원하시는 대로 거룩하고 순결하게 살아가십시오. 하나님을 알지 못하고 자기 멋대로 행동하는 이방인처럼 더러운 욕정에 빠져서는 안 됩니다. 남의 아내 가로채는 일이 없도록 하십시오. 이 역시 주님의 명령입니다. 전에도 엄중히 경고해둔 대로 주님은 이런 일을 하는 사람들에게 무서운 형벌을 내리십니다"(현대어성경, 살전 4:3-6).

"네 샘에 행복이 가득 차게 하여라. 네 젊은 아내와 즐겁게 살아가거라. 사랑스러운 암사슴처럼 애교가 넘치고 귀여운 암노루처럼 부드러우니 그 품에 파묻혀 한결 같이 그의 두 팔에 안겨 그 속에서 흡족하게 웃어라"(현대어성경, 잠 5:18-19).

"네 헛된 평생의 모든 날 곧 하나님이 해 아래서 네게 주신 모든 헛된 날에 사랑하는 아내와 함께 즐겁게 살지어다. 이는 네가 일평생에 해 아래서 수고하고 얻은 분복(보상)이니라"(한글개역, 전 9:9).

"모든 계명 중에 첫째가 무엇이니이까?" "예수께서 대답하시되 첫째는 이것이니 이스라엘아 들으라. 주 곧 우리 하나님은 유일하신 주시라. 네 마음을 다하고 목숨을 다하고 뜻을 다하고 힘을 다하여 주 너의 하나님을 사랑하라 하신 것이요. 둘째는 이것이니 네 이웃을 네 몸(자신)과 같이 사랑하라 하신 것이라. 이에서 더 큰 계명이 없느니라"(한글개역, 막 12:28-31).

차 례

추천사 · 4

이 책을 쓴 이유 · 9

1. 배우자는 나의 가장 가까운 이웃: 네 이웃을 네 자신처럼 사랑하라 · 19
2. 가부장적 결혼에서 동반자 결혼으로: 결혼의 성격이 구조적으로 바뀌고 있다 · 37
3. 기독교에서 보는 성: 성은 거룩하고 아름답고 좋은 것이다 · 49
4. 우리나라 결혼생활 실태 · 83
5. 남편과 아내는 어떻게 사랑해야 하나? · 91
6. 성을 만드신 하나님의 본래적 의도 · 117
7. 성에 미친 사회 속의 올바른 '성의 신학' · 133
8. 하나님은 왜 우리를 성적인 존재로 만드셨는가? · 149
9. 결혼에서 성은 어떤 역할을 하는가? · 169
10. 교회와 성: 성에 대한 교회의 태도는 어떻게 변화해 왔는가? · 191
11. 여성은 섹스에서 무엇을 원하는가? · 219
12. 성 반응에 있어서의 남녀차이 · 231
13. 정상적인 성생활을 하면 어떤 점이 부부에게 좋은가? · 267
14. 부부의 만족한 성관계를 발전시키려면 무엇을 어떻게 해야 하는가? · 277
15. 다원화된 사회 속에서 우리는 성적으로 어떻게 대처해야 하는가? · 309

부록1 성에 대한 태도 나누기 · 332
부록2 부부사이의 성, 로맨스, 열정의 질(質) · 334
부록3 부부의 성에 대한 베개 대화 · 336
부록4 성에 관한 대화에 사용할 수 있는 질문 · 339

추천사 모음 · 340
참고도서 · 350

1. 배우자는 나의 가장 가까운 이웃: 네 이웃을 네 자신처럼 사랑하라

우리는 무엇을 위해 사는가? 우리는 행복하기 위해 산다. 우리는 행복을 얻고 유지하고 회복하기 위해 산다.

그렇다면 무엇이 우리를 행복하게 하는가? 일단 기본적 의식주의 문제가 해결되면, 사람은 결국 연결하는 경험과 성취하는 경험에서 주관적 만족과 안정감을 찾는다. 그러나 우리의 행복과 만족에 더 많은 영향을 미치는 것은 서로 사랑을 주고받는 연결하는 경험이다.

인생의 만족의 80%는 가족과 우정을 비롯한 의미 있는 관계들에서 온다. _브라이언 트레이시Brian Tracy

삶의 다른 부분에 아무 문제가 없어도 사랑의 문제가 해결되지 않으면 우리는 행복할 수 없다. 우리는 사랑하고 사랑받는 존재로 지어졌기 때문이다. 사랑이란 인간 존재의 목적이다. _장경철(2008)

모든 인간에게는 다른 사람이 채울 수 없는 하나님을 닮은 공간이 있다. 그러나 이 인간 안에는 하나님도 친히 채울 수 없는 '일종의 사람을 닮은 공간'이 있다. 돈, 성취, 분주함, 책, 심지어 하나님과 같은 다른 어떤 대체물도 당신 안에 있는 인간관계에 대한 욕구를 대신 채워줄 수가 없다. _존 오트버그John Ortberg

내가 누구인가의 문제는 나의 사랑이 어디에 있는가로써 결정된다. 인간을 규정하는 것은 그의 지식이 아니라 그의 사랑이다. 오직 사랑만이 인간을 인간답게 한다. _어거스틴St. Augustine

왜 당신은 내일도 살기를 원합니까? 그 이유는 누군가 당신을 사랑하는 사람이 있으며, 당신도 내일 같이 있기를 원하는 사람이 있고 내일 사랑을 베풀 사람이 있기 때문입니다. 사람은 아무도 사랑할 상대가 없을 때 자살하는 것입니다. 그에게 친구가 있고, 그를 사랑해주는 사람이 있으며, 그가 사랑할 사람이 있으면, 그는 살아갈 것입니다. 왜냐하면 사는 것은 곧 사랑하는 것이기 때문입니다. 심지어 개를 사랑하는 만큼의 사랑만 있어도 그는 생명을 부지할 것입니다.
_「세상에서 가장 귀한 것」중에서 헨리 드러몬드Henry Drummond

우리가 흔히 부르는 노래에 '당신은 사랑받기 위해 태어난 사람'이라는 가사가 나온다. 그러나 이 가사는 진리의 반만을 말하고 있다. 우리는 또한 '다른 사람을 사랑하기 위해 태어난 사람들'이기 때문이다.

1. 배우자는 나의 가장 가까운 이웃: 네 이웃을 네 자신처럼 사랑하라

가장 중요한 계명

예수께서 "모든 계명 가운데서 가장 중요한 계명이 무엇입니까?"라는 질문을 받았을 때, 그분은 간접적으로 답하거나 문제의 심각성을 회피하지 않으셨다. 그는 명쾌하고 분명하게 답변하셨다. "네 마음을 다하고, 네 목숨을 다하고, 네 뜻을 다하고, 네 힘을 다하여, 너의 하나님이신 주님을 사랑하여라. 둘째는 이것이다. 네 이웃을 네 몸 같이 사랑하여라"(표준새번역개역, 막 12:29-31).

씨맨즈(Seamands, 2000) 목사의 말대로, 여기에서 우리는 두 가지가 아니라 세 계명이 나타나 있는 것을 발견한다. 하나님을 사랑하는 것과 당신 자신을 사랑하는 것, 그리고 다른 사람을 사랑하는 것이다(p.106). 우리는 마음의 문을 열고 하나님의 사랑을 받아들이고, 그분 앞에서 당신을 사랑하는 법과 다른 사람을 사랑하는 법을 배워야 한다.

'네 이웃을 네 자신(몸)처럼 사랑하는 것'은 당신에게 새로운 아이디어가 아니다. 그러나 아마도 당신은 배우자를 이웃으로 생각하지 않았을지도 모른다. 우리가 우리 이웃들을 우리 자신처럼 사랑해야 한다면, 우리 배우자는 더욱더 사랑해야한다는 게 사리에 맞지 않겠는가?(Lester & Lester, 1998, p.175). 예수님께서는 우리가 진정으로 하나님을 기쁘시게 하고자 한다면 이웃을 자신처럼 사랑해야 한다고 말씀하셨다.

당신이 보이는 사람들도 사랑하지 못한다면 보이지 않는 주님을 어떻게 사랑하겠는가? 성경은 "하나님을 사랑한다고 하면서, 자기의 형제자매를 미워하면, 그는 거짓말쟁이"(표준새번역, 요일 4:20)라고 말한다.

온 마음으로 하나님을 사랑하는 것이 무엇인가? 성실하게 성경을 읽고, 매일 기도하며, 엄격한 경건의 생활을 하는 것이라고 생각하는가? 아니다. 하나님에 대한 진정한 사랑을 보여주는 것은—부부와 자녀를 포함하는—가족과 다른 사람들을 사랑한다는 것을 보여주는 것이다(프로스트, 2005). 결혼한 부부가 누구보다 먼저 사랑해야 할 대상은 배우자다.

행복한 부부관계는 행복의 일차적 조건

"성공적이고 행복한 가족을 이루는 비결은 무엇인가?" 어느 나라에서건 조사결과는 마찬가지로 나온다. 가장 최우선의 과제는 '부부 간의 관계를 원만하게 하는 것'이다. 부부는 가족이라는 체계의 창조자들이며, 부부관계는 가족전체 안녕의 초석이다. 모든 가족관계 중에서 가장 강력한 결합은 역시 결혼으로 맺어진 부부관계다!

결혼은 세상에서 가장 중요한 인간관계

결혼은 한 남자와 한 여자가 평생을 언약적 헌신 가운데 함께하기로 연합하는 것이다. 하나님은 우리 인간과의 관계를 설명하기 위해 결혼의 비유를 자주 사용하신다. "신랑이 신부를 기뻐함 같이 네 하나님이 너를 기뻐하시리라"(한글개역, 사 62:5). 남편이 아내를 사랑하고 아내가 남편을 사랑하면, 그들은 '한몸'으로, 영혼의 친구로 함께 생활하게 된다.

예수님은 복음서에서 부부관계는 과거와 현재와 미래의 다른 모든 인간관계보다 중요하다는 사실을 가르쳐주기 위해 창세기 2장 24절을 인용하셨다(마 19:5; 막 10:7,8). 언약결혼은 가장 중요한 관계를 최우선 순위로 삼고 그 외의 모든 관계는 그다음 순서로 미루는 헌신이다. 언약

1. 배우자는 나의 가장 가까운 이웃: 네 이웃을 네 자신처럼 사랑하라

결혼은 부부관계를 최우선 순위로 삼는다.

부부관계는 가족관계의 중심이다. 전통적으로 우리나라는 부모-자녀 중심으로 가족관계가 유지되어 왔지만, 부모와 자녀의 관계가 부부관계를 대체하지 않도록 주의하라. 가족의 행복과 불행, 가족의 운명을 좌우하는 열쇠는 부부 손에 쥐어져 있다.

자녀와 함께 생활하건 아이들이 떠나갔건 두 사람의 공통의 관심사를 유지하라. 자녀들은 잠시 '우리와 함께 하다가 자기 길을 떠나는 손님'이다. 자녀들이 자신의 인생을 찾아 떠난 후에도 오랫동안 함께 즐길 수 있는 활동에 정기적으로 참가하도록 하라(윌리엄, 2008). 솔로몬은 "이 헛된 평생의 모든 날에 사랑하는 아내와 즐겁게 살라"(전 9:9)고 조언하고 있다.

행복한 결혼을 만들어가기 위해 우리가 해야 할 일은 무엇인가?

한 남자와 한 여자가 만나서 가정을 이루고 행복한 관계를 만들어간다는 것은 쉬운 일이 아니다. 결혼은 하나의 종합예술작품을 만드는 것과도 같은 과제다. 부부는 무엇을 알아야 하고 무엇을 해야 하는가? 수백 쌍을 대상으로 연구한 결과, 월러스타인(Wallerstein, 1995)은 그의 책 「좋은 결혼」에서 모든 부부는 수행해야 할 아홉 가지 과제가 있다고 요약하였다.

첫째, 부부는 어린 시절의 원가족family of origin으로부터 정서적으로 분리하고 새로운 관계에 헌신해야 하며 확대가족과 새로운 연결을 맺어야 한다.

둘째, 친밀감을 통해 함께함을 구축하고 개인적으로 자율성을 지키면서도 다른 사람을 포함시키는 자아감을 확대하여야 한다. 권위와 순종의 불평등한 관계보다 평등한 관계에서 진정한 친밀감이 가능하다.

셋째, 결혼의 정서적 풍요로움을 유지하는 가운데, 자녀를 생산하여 유년기부터 자녀가 집을 떠날 때까지 부모역할을 수행해야 한다. 두 가지 관계의 균형을 유지하도록 한다. '좋은 부모'란 '좋은 부부관계'에서 출발한다는 것을 결코 잊지 말자!

넷째, 질병, 죽음, 자연재해와 같은 인생의 예측할 수 없는 고난과 피할 수 없는 발달 단계적 도전을 직면한다. 스트레스와 위기에 대처하면서 성숙한다.

다섯째, 부부관계를 차이와 분노, 그리고 갈등을 표현하기에 안전하게 만든다. 분노와 갈등은 자연스러운 것이다. 중요한 것은 갈등을 창조적으로 해소하는 것이다.

여섯째, 창의적이며 즐거운 성생활을 개발하고 누린다. 두 사람의 필요와 환상을 충족시키는 성생활을 창조하는 데는 시간과 사랑과 민감성이 요구된다.

일곱째, 웃음과 유머를 나누고 관계 속에 관심사를 생동감 있게 유지한다. 삶의 심각한 측면과 유희적 측면을 함께 유지하되 늘 생명이 넘치게 한다.

 1. 배우자는 나의 가장 가까운 이웃: 네 이웃을 네 자신처럼 사랑하라

여덟째, 모든 성인이 일생 필요로 하는 정서적 양육과 격려를 제공한다.

마지막 과업은 연애시절과 결혼초의 즐거움과 환상에서 양분과 갱신을 끌어냄으로써 관계의 핵을 지탱하는 것이다.

결혼전문가 월러스타인은 성생활을 여섯 번째 과제로 제시하고 있다. 만족스러운 성생활이 부부관계의 전부는 아니지만, 불만족스러운 성생활에 의한 갈등과 스트레스는 부부관계를 흔들어 놓을 수도 있다. 성생활이 결혼에서 가장 중요한 부분은 아니지만, 사적인 프라이버시가 확장되면서 정서적이고 성적인 친밀감은 과거 어느 때보다 중요하게 부각되고 있다.

하나님은 왜 부부간에 성관계를 하도록 하셨을까?

하나님은 성관계가 두 사람, 즉 남자와 그의 아내에게 국한될 때만 성을 인정하신다. 일부일처가 원래 하나님의 의도하신 부부관계다. 따라서 떠남과 연합과 한몸을 이룸은 결혼언약의 근본 원리이다. 두 사람이 하나가 되는 것은 '나'가 '우리'가 되는 것이며, '나에게'와 '나의'가 '우리에게'와 '우리의'로 바뀌는 것이다. 결혼은 하나 됨을 의미한다. 결혼은 배타적인(배우자 외의 사람과의 관계에 있어서) 관계로서 '한몸'이라는 표현은 두 인격이 육체적으로, 정서적으로, 지성적으로, 영적으로 연합되는 것을 의미한다. 하나님은 성교, 즉 사랑을 하는 행위가 결혼의 언약 속에서 표현되기를 의도하셨다.

하나님은 결혼이 한 남자와 한 여자 사이에 평생 지속되는 언약관계가 되기를 의도하신다. 한 쌍의 부부가 혼인서약을 할 때, 그들은 언약결혼관계 안에서 목적을 두고 성장하면서, 하나님과 서로에게, 가족과 공동체 앞에 무조건적 사랑과 화해, 그리고 성적 순결에서 변하지 않을 것을 서약하는 것이다. 하나님은 언약결혼관계를 통해 모든 가족에 온전함을 가져다주기를 원하신다(Smalley, 2005).

성관계는 언약결혼식의 마지막 절차이며 절정에 해당한다. 그것은 회중 앞과 하나님 앞에서 한 부부의 언약이 두 사람 사이에서 다시 표현되고 재확인되는 것이다. 그리고 그런 언약의 표현과 확인은 살아가면서 성관계를 할 때마다 계속된다. 부부가 성관계를 할 때마다 "하나님 앞에서 다시 서약합니다. 나는 당신의 영원한 배필입니다. 나는 당신을 위해서 살겠습니다. 당신을 무조건 사랑하고 아끼겠습니다"라고 다짐하는 것이다. 이것이 첫 번째로 꼽는 성의 본질이다(조은숙, 2006).

하나님은 창세기 1장 28절(한글개역)에서 말씀하신다. "하나님이 그들에게 복을 주시며 그들에게 이르시되 생육하고 번성하여 땅에 충만하라." 성과 성욕은 하나님의 창조물이다. 스티브 아터번(2008)이 말한 것처럼, 성욕은 식욕, 권력욕, 안전, 유희, 노동, 친교, 지혜습득, 의미와 목적, 인정받고 싶은 욕구와 함께 인간에게 주어진 기본적 욕구다. 성은 경축하고 나누라고 주신 하나님의 선물이다. 성적 결합이라는 선물은 단순한 명령이 아니라 즐거움을 위해서 주신 하나님의 축복이기

1. 배우자는 나의 가장 가까운 이웃: 네 이웃을 네 자신처럼 사랑하라

도 하다.

두 사람이 결혼했을 때 사실은 우리가 독특하게 규정된 형태의 관계를 다루고 있다는 것이다. 결혼은 자발적인 것이나 이상적으로 말해서 영원한 관계다. 그러나 가정은 역시 영속적이지만, 비자발적인 것이다. 결혼의 근거는 정서적인 것이며, 그 정서적 애착은 사랑으로 정의된다. 마지막으로, **결혼은 성적인 허용과 기대가 존재하는 유일한 관계다.** 이 사실은 관계에 또 다른 차원을 더해주는데, 이것은 관계적 문제들 중에 또 다른 영역이 된다(Weeks & Treat, 1992).

하나님은 모든 아내의 마음속에 남편의 사랑과 애정에 대한 욕망을 주셨다. 그리고 하나님은 모든 남편의 마음속에 아내의 인정과 존경을 받고 싶은 욕망을 주셨다.

"결혼은 관계 가운데 있도록 지음 받고 다른 사람과 성적인 연합을 열망하도록 창조된 사람들이 천국을 미리 맛볼 수 있게 해주는 장소다"(맥민, 2006, p.238). 하나님의 의도에 맞게 충족되는 성욕은 복된 것이다. 정상적인 성적 욕구를 올바르게 충족시키면 두 남녀가 행복해지고 가족을 이루며 서로 사랑하게 된다. 이성 간에 친밀감을 원하는 욕구는 '하나 됨'에 대한 욕구로 표현된다. 이 하나 됨은 단회적 사건이 아니라 계속해서 이루어가는 과정이다. 한몸이 된다고 할 때 얼른 생각하게 되는 것은 신체적 연합이다. 그러나 영혼과 육체는 떨어져 있는 개체가 아니다. 부부의 하나 됨이 온전해지기 위해서는 영적으로 하나가 되고, 인격적으로 하나가 되지 않고는 육체적으로도 진정한 의미에서 하나가 될 수 없다. 그리스도인 부부는 전인격적인 하나 됨을 위해 친밀감을 쌓는 노력을 해야 한다. 따라서 인격이 배제된 연합은 매춘행위가 된다. 매춘행위에서는 상대방을 알 필요도 없고 알려고 해서도 안 된다.

사람들은 무엇을 위해 결혼하는가? 우리가 결혼에서 기대하고 원하는 것은 무엇인가? 가정사역의 선구자 데이비드 메이스David Mace는 사람은 누구나 무조건적인 사랑, (위계질서 대신에) 대등한 관계, (소외감 대신에) 친밀감, 평생 동반자로 함께 살고 싶은 기대를 가지고 결혼한다고 한다. 우리는 모두 이런 기대와 욕구를 가지고 결혼한다.

결혼은 생명과 사랑의 친밀한 공동체다. 부부는 피차 복종하는 가운데, 친밀한 관계를 누려야 한다. 신약에서의 결혼은 남성지배적이지 않고 상호적이며, 배타적이고, 신실하고 친밀하다(Storkey, 1995).

스티븐스(Stevens, 1989)는 상호복종과 부부 친밀성과의 관계를 다음과 같이 강조한 적이 있다.

영적 지도력에 대한 오해와 부부가 상호복종하지 못함은 부부의 영적 친밀성을 막는다. 상호 복종이 없는 관계에서는 진정한 친밀성이 존재할 수 없다. 인간은 자신보다 높거나 낮은 위치에 있는 사람과는 깊은 교제를 할 수 없다(p.147).

부부관계가 부모자녀관계보다 우선한다. 부자유친(父子有親)은 창조질서에 어긋나는 우선순위다. 하나님의 창조질서 상 부부관계가 자녀관계보다 더 중요하며 더 친밀한 관계다. 부부유친(夫婦有親), 즉 부부관계가 부모자녀관계보다 우선하는 관계다. 부부관계는 무촌이고, 자녀와의 관계는 1촌이라 하지 않는가! 무촌이란 촌수가 없는, 너와 나의 구

1. 배우자는 나의 가장 가까운 이웃: 네 이웃을 네 자신처럼 사랑하라

분이 없는 한몸임을 의미한다. 부부간의 사랑은 '죽음보다 강한'(아 8:6) 사랑이다.

자녀는 중요하나 배우자 다음으로 중요하다. 문제자녀 뒤에는 문제부모가 있다고 하지 않는가! 우리가 자녀에게 줄 수 있는 가장 좋은 선물은 행복한 결혼을 시현해 보여주는 것이라고 하지 않았는가!(Bloom, 2004).

♥♥ 결혼은 계약이 아니라 언약이다

언약결혼은 부부관계를 삶의 최우선순위에 둔다. 창세기 2장 24절은 말한다. **"남자가 부모를 떠나 그 아내와 연합하여 둘이 한 몸을 이룰찌로다."** 떠남은 배우자와의 관계가 제일 중요하고 부모와의 관계를 포함한 그 외의 인간관계들은 그다음으로 중요함을 의미한다. 우리나라에서는 아직까지도 부모와 자녀가 가정의 기본 단위로 여겨지고 있지만, 성경은 부부관계, 즉 남편과 아내가 가정의 가장 기본적인 단위라고 말씀하고 있다. 하나님이 우리에게 주신 자녀, 그리고 우리를 낳아준 부모도 배우자 다음이다(김지철, 2011).

로워리(Fred Lowery, 2003) 목사는 「언약결혼」에서 이렇게 설명한 적이 있다.

> 언약 중에서 가장 중요한 것은 결혼언약이다. 인간은 자기 가족과 함께 가장 많은 시간을 보내기 때문에 가족이 제일 중요한 우선순위임은 당연하다. 가족은 항상 친밀감을 유지하기 위하여 헌신적인 노력을 해야 한다. 남편과 아내는 가장 친밀한 관계이므로 두 사람 사이

의 결혼언약은 무엇보다 중요하다(p.110).

'한몸'이 된다는 것은 무엇을 의미하는가? 구약의 히브리적 인간관은 사람이 통합된 전체라는 것이다. 성경은 남편과 아내 사이의 신비적인 연합, 즉 정서적이고 신체적이며 영적인 전인격의 연합에 대하여 말하고 있는 것이다(Penner, 1981).

말라기(표준새번역개정, 2:14)에서는 "그 여자는 너의 동반자이며, 네가 성실하게 살겠다고 언약을 맺고 맞아들인 아내"가 아니냐고 남편에게 묻고 있다. 예수님은 결혼언약의 중요성을 강조하면서 말씀하셨다. "그러므로 그들은 이제 둘이 아니라 한 몸이다. 하나님이 짝지어주신 것을 사람이 갈라놓아서는 안 된다"(표준새번역개정, 마 19:6).

영성신학자 스티븐스(2011)가 지적한대로 "언약결혼은 하나님 앞에서 엄숙하게 맺어진 평생의 언약적 동반자 관계로서, 이 언약을 통해 한 남자와 한 여자는 이 땅에서 두 사람의 생명이 다하는 날까지 서로에게 속하기로 합의한다"(p.29).

계약과 언약은 어떻게 다른가?

결혼은 '당신이 나를 사랑하면 나도 당신을 사랑하겠다'고 하는 계약이 아니라 남자와 여자와 하나님 사이에서 맺게 되는 일생동안의 거룩한 언약이다. 한 번 맺은 언약은 상대의 반응에 상관없이 무조건적으로 지켜지는 것이다. 그래서 은혜와 용서가 없이는 언약관계가 있을 수 없다. 결혼은 새로운 가정을 이루기 위하여 배우자를 어떤 식으로 대하겠다고 선언하는 공식적인 서약이다. 혼인서약은 당사자끼리의 계약이

1. 배우자는 나의 가장 가까운 이웃: 네 이웃을 네 자신처럼 사랑하라

아니라 언약이다. 우리는 서로 사랑하겠다고 약속하는 것이 아니라 서약(맹약)하는 것이다.

언약은 선택에 의해 이뤄진 동의다. 헌신에 의해 이뤄진 동의며 상대방의 행동에 의해 좌우되지 않는 동의며 서약이다. 순전히 인간적인 동의와 달리, 언약은 하나님이 공인하시고 지지하시며 비준해주신 사랑의 헌약이다(Gardner, 2002).

계약과 언약은 상반된 것이다. 계약에서는 각각 50%씩 투자하지만, 언약에서는 서로에게 100% 헌신할 때 비로소 온전하고 만족스러운 결합이 된다. 언약결혼은 무조건적이며 무제한적이고 영속적인 것이다. 계약결혼을 한 사람이 "당신은 나를 위해 무엇을 해 줄 거야?" 하고 물을 때, 언약결혼을 한 사람은 "저는 당신에게 제 자신을 무조건적으로 드리겠습니다. 당신이 원하는 것이 무엇인가요? 제가 어떻게 당신을 섬기면 되겠습니까?"라고 묻는다(로워리, p.135).

언약결혼의 관계는 두 사람만의 친밀한 성관계를 통하여 '완전한 한 몸'을 이루는 것이다. 배우자와 동침하는 것은 자기 몸뿐만 아니라 자신의 인격 전체를 그에게 주는 행위다.

결혼은
두 불완전한 존재인 부부가
완전한 하나님과 동역하면서 서로에게 모든 것을 주는 것,
끊임없이 세워가면서 서로에게 모든 것을 주는 것,
나의 사랑이여, 결혼은 우리us라오!

_Ruth Harms Calkin

먼저 자기 자신을 사랑할 수 있어야 한다

결혼은 '나와 너'가 우리를 만들어 가는 아름다운 과정이다. 부부가 서로 건강하게 사랑하려면 나와 너와 우리가 필요하다. 자기를 사랑하는 사람이 이웃도 사랑할 수 있고 배우자도 사랑할 수 있다. 장경철 (2008) 교수는 건강한 자기 사랑과 이기적인 마음은 구분되어야 한다면서, 자기 자신을 사랑하는 것의 중요성을 강조하고 있다.

건강한 자기 사랑이 이웃 사랑의 토대가 된다. 가족을 잘 사랑하고 배우자를 잘 사랑하기 위해서 우리는 자기 자신을 잘 사랑해야 한다 (p.24). 자신을 사랑할 줄 아는 사람만이 다른 사람을 사랑할 수 있다! 성경에 이 말씀, 즉 "네 이웃을 네 자신같이 사랑하라"는 말씀이 얼마나 여러 번 기록되어 있는지를(레 19:18; 마 19:19; 22:39; 막 12:33; 눅 10:27; 롬 13:9; 갈 5:14; 약 2:8) 알게 된다면 이 말씀의 중요성도 더 절실히 깨달을 수 있을 것이다. 자기를 용납하고 사랑할 때 배우자도 수용하고 받아줄 수 있는 것이다(한글개역, 롬 15:7).

다른 사람이 당신을 사랑해 주기를 원한다면 먼저 자신을 사랑하는 법을 배워야 한다. 너무 많은 사람들이 이 사실을 제대로 모른 채 사랑받기만을 원한다. 도대체 당신 자신을 스스로가 사랑하지 않는데 어떻게 다른 누군가가 당신을 사랑할 수 있겠는가? 자기 자신을 소중하게 여기고 수용하고 사랑할 수 있는 사람이 배우자도 소중하게 여기고 사랑할 수 있다는 말이다.

아마도 사도 바울은 이를 염두에 두고 남편들에게 아내를 사랑하라

1. 배우자는 나의 가장 가까운 이웃: 네 이웃을 네 자신처럼 사랑하라

고 다음과 같이 도전했을 것이다. "이와 같이 남편들도 자기 아내 사랑하기를 제 몸같이 할찌니 자기 아내를 사랑하는 자는 자기를 사랑하는 것이라"(한글개역, 엡 5:28). 당신은 하나님께서 원하시는 방식으로 아내를 사랑하기 전에 우선 자신을 사랑하는 법을 배워야 한다. 자신에 대해 좋은 감정을 가지고 있지 않다면 배우자와 진정한 친밀함을 얻을 수 없다(Frost, 2005).

그리스도인의 결혼은 삼각관계

성경은 남편과 아내가 "그리스도를 경외함으로 피차 복종하라"(한글개역, 엡 5:21)고 가르친다. 우리 삶에 꼭 필요한 것은 하나님과의 관계이며, 그다음으로 중요한 것은 부부의 친밀한 유대관계다.

당신이 하나님을 기쁘게 하고 서로를 사랑하며 해로하기를 원하는 부부라면 아마 아프(Arp & Arp, 1996) 부부처럼 다음과 같은 소원을 공유하고 있을 것이다.

> 우리는 절친한 친구이며 가까운 동무이기를 원한다.
> 우리는 긍정적인 인생관을 갖고 살아가기를 원한다.
> 우리는 미래에 대해 계획을 갖기를 원한다. 그리고 우리 중 하나가 죽는 것에 대해 생각하고 싶지는 않지만, 비록 우리 중 하나가 혼자 남는다 해도 보람 있는 삶을 살아가고 싶다.
> 우리는 지성적으로 계속 성장하기를 원하고 재미있는 사람들이기를 원한다.
> 우리는 그들의 삶의 중심이 될 수는 없겠지만, 우리에게 주어진 가족관계를 누리고 싶다.

조 빔(2005) 목사는 다음과 같이 조언하고 있다.

"당신이 배우자와 가장 돈독한 친밀함을 유지하고 싶다면 당신은 먼저 하나님과 인격적인 친밀함을 쌓아야만 한다. 하나님과의 친밀함이 결여되어 있는 상태에서 부부간의 친밀함을 위해서만 노력한다면 그것으로 인해 당신과 배우자는 오히려 더 힘들고 고달파질 것이다"(p.32).

바울은 아내는 남편을 존경하고 남편은 아내를 자기 자신처럼 사랑하라(엡 5:33)고 권면한다. 그리고 그리스도를 경외함으로 피차 복종하라고 가르친다(엡 5:21). 하나님과의 친밀함과 아내(남편)와의 아름다운 결혼생활은 떼래야 뗄 수 없는 관계에 있다. 이 권면은 실제 결혼생활에 어떻게 실현되어야 하는가?

  1. 배우자는 나의 가장 가까운 이웃: 네 이웃을 네 자신처럼 사랑하라

2. 가부장적 결혼에서 동반자 결혼으로: 결혼의 성격이 구조적으로 바뀌고 있다

"당신의 행복을 위해서 무엇이 필요하다고 생각하는가?"라는 질문이나 "무엇이 당신의 삶을 의미 있는 것으로 만든다고 생각하는가?"라는 질문에, 대다수의 사람들은 부부, 가족, 친구, 연인과의 원만하고 친숙한 관계라고 대답한다(Myers, Bailant, Diener & Parrott). 한국인의 주관적 안녕감에 대한 연구에서도 인간관계가 중요한 것으로 나타났는데(권석만, 2008), 누구와 함께 있을 때 가장 강한 행복감을 느끼는지 알아본 결과 '배우자와 함께 있을 때'라고 응답한 사람이 가장 많았다. 그다음은 자녀, 친구와 동료, 부모의 순서로 나타났다.

행복과 만족의 진정한 원천은 가족과 우정, 즉 관계다. 당신의 결혼 생활이 행복하면 삶이 전반적으로 행복할 가능성이 높다(Robert Lane). 결혼이 행복하지 않으면, 인생에서 당신이 행복할 확률은 전무하다(Stanley, 2005, p.65). 당신의 삶에서 결혼을 첫째 우선순위에 놓는 것은 무엇보다 중요한 일이다.

오늘날 한국의 부부관계는 서구에 비해 크게 변하고 있다. 자녀를 더 중시하는 경향이 남아 있기는 하지만, 부모-자녀 관계만을 가족의 주축으로 받아들이고 부부관계를 부차적으로 취급하는 태도는 근대사회의 유물이 되었다. 유교문화의 부자유친 사상이 기독교문화의 부부유친 사상으로 대체되고 있다 하여도 과언이 아니다. 가정의 중심이 자녀에서 부부로 이동하고 있는 것이다.

부부중심의 가정으로 재편하라

당신의 가정은 우선순위를 어디에 두고 있는가? 부부인가, 자녀인가? 부모와 자녀 모두 가정의 소중한 존재다. 우선순위를 두고 옳고 그름을 단정지을 수는 없지만, 주의 깊게 봐야 할 연구결과가 있다. 그것은 대체로 가정의 우선순위가 부부에게 있을 때 가족의 행복도가 높다는 것이다. 가정의 핵심은 부부다. 부부관계가 깨어지면 가정은 파괴된다. 핵가족화가 되면서 가정 내에서 부부관계는 더욱 중요해졌다. 부부관계가 깨어지면 효도할 수도 없고, 자녀교육도 어렵다.

정신과 의사 박성덕(2011)은 말한다.

> 부부를 중심으로 생활하기로 결정하는 순간부터 부부의 사랑은 생기를 얻는다. 부부가 생기를 얻으면 가정은 늘 활기가 넘친다. 부부가 바로 서야 가정이 바로 설 수 있다.

가정생활의 중심축이 자녀에서 부부로 바뀌고 있다. 부부관계의 가장 중요한 변화는 가족에서의 의무와 책임을 강조하던 가부장적 '책무형 부부관계'에서 사랑과 친밀감이 중시되는 '우애적 부부관계' 및 '동반자적 부부관계'로의 전환이다. '법과 관습, 권위와 순종에 의해 제도적으로 유지되던 가정생활은 사랑과 신뢰에 의해 유지되는 동반자적

2. 가부장적 결혼에서 동반자 결혼으로: 결혼의 성격이 구조적으로 바뀌고 있다

우애적 관계로 변모'하였고, 따라서 "현대의 결혼 생활에서는 사생활과 정서적인 친밀감과 성생활의 만족이 전보다 더 중요한 요인으로 부상하고 있음을 의미한다."(Sell, 2000).

대가족이 핵가족이 되면서 프라이버시가 중요해졌다. 부부와 아들, 딸이 각각 다른 방을 가질 수 있게 되어 부부만의 사적인 공간이 생겨 성적 친밀감을 누리는 것이 전보다 더 중요한 시대가 되었다. 이는 결혼제도 내에서 부부간의 낭만적 사랑에 대한 중요성이 증대한 것을 의미함과 동시에 부부관계에서 성과 사랑이 함께 하는 새로운 관계 형성에 대한 욕구가 커지고 있음을 의미하기도 한다.

가부장적 결혼에서는 성관계도 남자만의 만족을 위해 의무적으로 이뤄졌다. 많은 아내들은 오르가즘이 무엇인지 모른 채 결혼생활을 이어갔다. 그러나 이제는 남편과 아내가 피차 복종하면서 서로를 기쁘게 하는 성생활을 할 수 있는 시대가 되었다. 상호 만족하는 애정 어린 성관계가 가능해진 것이다.

가부장적 유교문화에서 사회화된 우리나라 부부들에게도 위-아래, 지배-종속관계가 아닌 상호의존적이고, 민주적이며 대등한 관계로의 변화가 일어나고 있다. 성적 관계에서도 남자는 공격적이고 주도적이어야 남자답다고 생각했다. 따라서 여자는 늘 '주눅 들고 움추린' 자세에서 성적 호기심, 관심을 갖거나 성적 욕구를 느끼는 것은 정숙하지 못하고 부끄럽다고 생각했다(홍숙기, 1994). 여자로서 성적 만족과 즐거움을 경험하는 것은 쉽지 않았다. 그러나 시대가 변하고 있다. 지배-종속의 관계가 서서히 사랑과 신뢰의 호혜적 관계로 발전하고 있는 것이다.

이러한 세태의 변화는 아래의 신문기사에 잘 나타나 있다. 한 여성은 인터뷰에서 이렇게 말했다.

> 아이도 중요하지만 더 중요한 것은 부부중심의 생활이라고 생각해. 흔히 우리는 남자 따로, 여자 따로잖아. 남자들은 폭탄주에, 룸살롱에, 가라오케로 가고, 여자들은 허구한 날 독수공방에 사우나, 찜질방에 가서 스트레스를 풀지. 부부간에 사랑이 없는데 어떻게 아이들을 사랑하겠어. 이 경우 사랑이 있다면 비뚤어진 보상심리이기 쉽지. 부부간에 일주일에 한두 번 즐길 수 있는 취미를 만드는 등 생활을 나누는 것이 중요해(문화일보, 2003. 5.1.)

부부간의 원만한 성관계는 친밀한 정서적 관계의 산물이다. 서로를 진심으로 아끼는 부부는 서로 웃기, 안아 주기, 칭찬하기, 격려하기 등 감사와 애정표현을 잘한다. 일상적으로 서로에게 표현하는 이러한 작은 선물들은 부부관계를 우애적인 친구관계로 만든다. 그래서 「서른다섯 이후의 결혼」에서 부부전문가 스트롬과 클라인(2006)은 '부부 간의 우정을 돈독히 하라.' '대화하는 법을 배우라.' '건강한 성생활을 즐겨라.' '서로를 행복하게 하라' 는 조언을 하고 있다.

연합: 세상에 둘도 없는 친구가 되는 것

결혼의 목적은 두 사람이 '연합' 하여 한몸이 되는 것이다. 월터 트로비쉬(Walter Trobisch, 1971)는 이 '연합' 이 부부간에 우정을 쌓아가는 것이라고 해석하고 있는데 나도 그의 의견이 맞다고 생각한다. 서로 잘 알지 못하던 남녀가 남편과 아내로 만나, 서로의 생각과 감정과 꿈과 고민, 약점과 강점, 좋아하는 것과 싫어하는 것에 대해 알아가면서 서로에게 가장 좋은 친구가 되는 것이 바로 '연합하는 일'이다. 친밀함의 다른 말이기도 한 연합이란 마음의 악수를 나누는 인간 본연의 능력을 말한다.

친밀함

어떤 학자는 사람이 태어나서 세 종류의 친밀함을 경험해야 한다고 말한다. 첫째는 어머니, 아버지와의 친밀함, 둘째는 동성 친구와의 친밀함, 그리고 셋째 이성과의 친밀함이다.

친밀감은 우리가 이해받고 있고 수용 받고 있으며 돌봄을 받고 사랑 받고 있다고 느낄 때 경험하는 것이다. 이런 친밀함은 꼭 결혼에만 존재할 수 있는 것이 아니다. 그러나 친밀함이 없는 건강한 결혼생활, 의미 있는 결혼생활은 거의 불가능하다. 여기서 말하는 친밀감은 성적이고 지적인 차원을 넘어 좀더 깊은 차원에서 경험하는 인격적인 연합, 즉 마음의 연합을 말한다.

정신과 의사 이무석(2007)에 의하면, 친밀함은 서로 통하는 연결감, 서로 호감을 가지고 보살피며 도와주는 마음, 서로 좋은 것을 주고받는 나누는 마음이 있어야 한다.

가족상담가인 노먼 라이트(1997)는 말한다.

"친밀함은 결혼생활 없이도 존재할 수 있으나 친밀함 없는 결혼생활은 불가능하다. 두 사람의 마음이 서로 와 닿으려면 반드시 친밀함이 필요하다. 만약 당신이 당신의 배우자가 여러 문제나 또는 관심거리에 대하여 어떻게 생각하고 있는지를 모른다면 배우자는 당신에게 있어서 타인과 같은 존재가 될 것이다. 두 사람의 마음이 하나가 되기 위해서는 서먹한 것이 반드시 제거되어야 한다"(p.63).

연구결과에 의하면, 행복한 부부들은 매일의 사건을 나누는 데 있어서 높은 수준의 반응성을 보이고 있다는 것이다. 하루하루의 삶의 경험을 교환하면서 쌓인 우정이 갈등도 헤쳐나갈 수 있는 우애적 결혼의 기초가 되는 것이다.

우리는 서로에게 보완적인 역할을 하는 영적 동반자다. 2천 년 전에 이미 동반자 결혼의 모범을 보였던 부부가 있었다. 브리스가와 아굴라는 남녀차이, 기질적 차이, 국적의 차이에도 불구하고 우애적 동반자 결혼의 즐거움을 누렸다(롬 16:3-4). 부부가 친구 됨에 대해 초대교회 교부 터툴리안Tertulian은 다음과 같은 아름다운 글을 남겼다.

> 같은 소망, 같은 욕구, 같은 삶의 방식, 같은 믿음의 가진 두 명의 그리스도인이 결혼하는 것은 얼마나 아름다운가. 그들은 오누이 같으며, 한 주인이신 주님의 종들이다. 영과 육, 그 어떤 것도 그들을 갈라놓지 못한다. 그들은 함께 기도하며, 함께 예배하며, 함께 금식하며, 서로를 교훈하고, 서로를 격려하며, 서로에게 힘을 준다. 그들은 나란히 하나님의 교회로 가고, 주의 만찬에 참여한다. 그들은 나란히 고통과 박해를 감당하며, 주님이 주시는 위로를 함께 나눈다.

2. 가부장적 결혼에서 동반자 결혼으로: 결혼의 성격이 구조적으로 바뀌고 있다

예나 지금이나 세상에서 가장 행복한 부부는 **'나의 배우자는 나의 가장 가까운 친구'** 라고 고백할 수 있는 부부다.

친구는 대화가 통하고 함께 놀 수 있기 때문에 친구다. 연합, 즉 친밀함은 마음의 악수를 나누는 인간 본연의 능력을 말한다. 홍인종(2010) 교수가 지적한 것처럼, 친밀한 관계로 보이는 부부가 깨진다면 그들은 실제로 친밀함을 나눈 것이 아니라 위장된 친밀감이나 거짓된 친밀함에 머물러 있었음을 보여주는 것이다.

지식을 따라 동거해야 한다

부부는 서로에 대해 알아야 한다. 아는 만큼 사랑할 수 있기 때문이다. 〈KBS 아침마당〉에 정기적으로 참여하였던 정신과 의사 송수식(2002) 박사는 현대의 동반자 결혼에서 성공하려면 배우자는 서로에 대해 '석사, 박사 학위'를 취득하겠다는 마음으로 공부해야 한다고 조언한 적이 있다.

결혼생활도 배워야 잘 할 수 있다. 남편은 아내를 공부해야 하고, 아내는 남편을 공부해야 한다. 상대 배우자의 가족사와 어린 시절이 어떠했는지, 어떨 때 행복을 느끼는지, 어떤 얘기를 좋아하는지, 좋아하는 선물이 무엇인지, 언제 상처를 받는지, 상대방이 언제 사랑받는다고 느끼는지 알아야 한다. 그리고 남자와 여자는 어떻게 다른지, 성격은 어떻게 다른지, 대화방식은 어떻게 다른지, 성 반응은 어떻게 다른지 서로 배워야 한다. 서로의 관심사와 습관, 믿음과 꿈 등에 대해 알아야 한다. 지식과 사람은 비례하기 때문이다. 배우자는 배워야 할 대상이다.

우리는 서로를 너무 모르고 결혼한다. 베드로는 "지식을 따라 아내와 동거하라"고 권면하고 있다. 나도 결혼 초에 수년간 무식을 따라 아내와 동거한 적이 있다. 우리 주변에는 '무식을 따라' 동거하는 부부들이 너무나 많다. 나의 아내 이영애(2002)는 「멋진 남편을 만든 아내」에서 우리 부부가 무식을 따라 동거하다가 어떻게 지식을 따라 동거하는 부부가 되었는지를 수기형식으로 밝힌 바 있다. 이 책이 독자의 배우자에 대한 지식을 증가시키는 데 일조하게 되기를 바란다.

브라이트 신학교 목회상담학 교수 레스터(Lester, 1998) 박사 부부는 「친밀한 결혼의 기쁨」에서 다음과 같이 쓰고 있다.

> 배우자를 절대적으로 신뢰할 수 있는 사람은 복이 있나니
> 결혼이 서로에게 피난처와 안식처를 제공하는 부부는 복이 있나니
> 결혼에서 '스스로 베일을 벗는'(자기를 개방하는) 배우자를 가진 사람은 복이 있나니
> 주의 깊게 경청할 시간을 가진 배우자는 복이 있나니
> 부부싸움에서 먼저 휴전을 주도하는 사람은 복이 있나니
> 배우자가 서로 능력부여를 하려고 노력하는 결혼은 복이 있나니
> 배우자가 솔직하여 진실을 말하고 대화에서 분명한 이해를 이루기를 원하는 사람은 복이 있나니
> **하나님께서 그들의 성적인 만남을 미소를 머금고 바라보신다고 상상하는 부부는 복이 있나니**
> **서로의 성적 욕구에 흥분해서 반응하는 부부는 복이 있나니**
> 배우자가 성난 감정을 공개적으로 솔직하게 다루기로 마음먹고 있는 사람은 복이 있나니
> 의도적인 로맨스를 통해 사랑을 표현하는 배우자를 가진 아내는 복이 있나니

2. 가부장적 결혼에서 동반자 결혼으로: 결혼의 성격이 구조적으로 바뀌고 있다

> 에로틱한 만짐의 즐거움을 즐기는 배우자를 가진 아내는 복이 있나니
> 배우자가 자유롭게 자신의 성적 필요와 욕구를 표현하고 새로운 지평을 탐색하는 사람은 복이 있나니
> 둘이 하나 되는 기쁨을 누리리라

친밀한 부부관계는 우리의 행복도를 높여주는 가장 중요한 조건이다. 우리의 행복은 무엇보다 배우자를 행복하게 해주는데서 온다. 크리스천 사회심리학자 마이어스David Myers는 "공평하고 친절하며 서로 돌봐주면서 평생을 함께 하는 동반자 관계보다 강력한 행복의 조건은 없다"고 하였다.

인생의 행복은 친밀함의 토양에서 피어나는 꽃이다.
사람들과 친밀해지면 일도 잘 되고 인생의 짐도 수월해진다.
사랑도 성공하고 부부생활도 잘 된다.
친밀한 사람들에 둘러싸인 자신이 자랑스러울 수도 있다.
친밀함은 자존감을 높여준다. 행복지수가 올라간다

—이무석 (2007, p.162).

영적으로 결속한 혼인관계에서 1 + 1 = 1이다. 남자가 아내와 연합하여 한몸을 이루는 것이다. 메이슨Mike Mason은 친밀감에 대하여 이렇게 말하였다. "두 사람은 사랑으로 한몸을 이루었을 때 더이상 두려워하거나 부끄러워하지 않는다. 그들은 한몸을 이룬 기쁨을 누린다."

하나님은 관계적인 하나님이시다. 그리고 우리는 하나님 형상대로 지음을 받았기 때문에, 우리는—하나님과의 관계, 그리고 다른 이들과

의—관계를 위해 만들어졌다. 당신이 아는 부부들 가운데 친밀한 관계를 누리는 부부를 떠올려 보라. 무엇이 보이는가? 친밀함은 그저 견디고 용납하는 것을 넘어 서로 즐거워하는 것을 반영한다. 우리는 부부가 서로 상관하는 방식을 보면서—그들의 차이점에도 불구하고—얼마나 서로를 즐기는가를 간파할 수 있다. 결혼전문가 존 가트맨(Gottman, 1999)은 말했다. "그 중심에는 … 행복한 결혼은 깊은 우정에 기반을 두고 있다는 단순한 진리가 있다. 깊은 우정이란 서로를 존중하고 서로 함께 함을 즐거워한다는 것을 의미한다"(p.17). 지혜의 왕 솔로몬은 일찍이 남편들에게 충고했다. "네 헛된 평생의 모든 … 날에 사랑하는 아내와 함께 즐겁게 살지어다"(전 9:9).

"아내를 맞은 새신랑을 군대에 내보내서는 안 되고, 어떤 의무도 그에게 지워서는 안 된다. 그는 한 해 동안 자유롭게 집에 있으면서, 결혼한 아내를 기쁘게 해주어야 한다"(표준새번역, 신 24:5). 여기서 '아내를 즐겁게 해준다' 는 말은 히브리어로 '성교를 통해 아내를 즐겁게 만들어 준다' 는 의미를 가진다(조은숙, 2006). 결혼 후 1년 동안은 부부가 성관계를 통한 만족을 추구하는 데 주력해야 한다는 말씀이다.

부부가 서로 사랑하는 데는 여러 가지 방법이 있다. 그중에서 가장 분명한 것은 아마 육체적인 성관계일 것이다. 성적 친밀감은 결혼에서 가장 중요한 요소는 아니지만, 중요한 것은 사실이다! 성적 충족감과 결혼의 다른 측면은 서로 긴밀하게 연결되어 있다. 부엌에서 일어나는 일이 침실에 영향을 미친다고 하지 않는가! 갈등이 해소되지 않고 성적 친밀감을 누리기는 어렵다. 깊이 사랑하는 관계 속에서 경험되어 질

때, 성적 친밀감은 즐겁고 유쾌하고 강력한 경험이 될 수 있다.

독신이었던 사도 바울도 부부가 서로의 성욕을 충족시켜 주는 일이 중요하며 기도하기 위한 것 이외에는 분방하지 말 것을 강조하고 있다 (고전 7:3-5).

행복한 결혼은 부부간에 정서적, 성적, 사회적, 오락적, 위기적, 영적 친밀감을 누린다. 저자는 이미 「좋은 남편, 좋은 아내가 되려면」(2010)과 「부부성숙의 비결」(2010)에서 우애적 결혼의 비결을 제시한 바 있다. 이 책에서는 부부관계 가운데 주로 정서적, 성적 친밀감에 초점을 맞추어 어떻게 가장 가까운 이웃인 배우자를 '내 자신처럼 사랑' 할 수 있는지를 제시하려고 한다.

❧ 솔직한 자기 점검 ❧

1. 1(형편없다)에서 10(너무 좋다)까지의 눈금으로 표시한다면, 당신은 자신의 성생활에 대해 어떻게 느끼는가? 왜 그런가?
2. 당신이 결혼한 상태라면, (같은 눈금 위에서 표시한다면) 당신의 배우자는 성생활에 대해 어떻게 느끼고 있다고 생각하는가? 왜 그런가?
3. 당신은 성생활에 대해 친구에게 말해본 적이 있는가? 당신은 아내(남편)에게 섹스에 대해 대화하는가? 성에 대해 친구나 배우자에게 대화하는데 가장 큰 두려움은 무엇인가?
4. 섹스는 재미있다, 놀랍다, 무섭다, 즐겁다, 신난다, 만족스럽다, 성스럽다, 더럽다, 괴롭다, 징그럽다, 황홀하다. 이 중에서 섹스에 대한 당신의 느낌을 묘사한 것 두 가지를 고른다면?
5. 당신의 성적 감정과 경험에 대해 어떤 의문을 가지고 있는가? 그 의문을 염두에 두고 이 책을 읽도록 하라.

3. 기독교에서 보는 성: 성은 거룩하고 아름답고 좋은 것이다

성은 우리에게 무엇일까? 우리는 성을 어떻게 이해해야 할까? 성에 대해 어디까지 이야기하고 어디까지 침묵해야 할까? 그리스도인들은 성적인 문제를 어떻게 대해야 할까?

지금 우리 사회는 성에 대해 엄청난 혼란에 빠져있다. 우리는 성행위를 거의 숨 쉬듯 하는 문화 속에 살고 있다. 우리 주변을 보면 신문, 잡지, 영화, 텔레비전, 인터넷, 휴대폰 등 각종 대중매체를 통하여 성의 자극물들이 마치 홍수처럼 범람하고 있지만, 놀랍게도 한국교회는 이에 대하여 속수무책으로 침묵하고 있다. 김치원(2004) 목사가 지적한 것처럼, 교회 강단에서는 아직도 성을 터부시하고 있으며 이로 인해 가장 소중한 순결마저도 함께 강조하지 못하고 있다. 따라서 기독교적, 성경적 관점에서 성을 제대로 배우지 못한 젊은이들마저 성을 상업화하는 왜곡된 성문화에 빠져 들어가고 있는 실정이다.

오늘날의 성은 건강하기보다는 병들어 있으며, 아름답기보다는 추해 보이며, 경건하기 보다는 음란한 것으로 격하되어 버렸다.

성은 거의 모든 사람을 불편하게 만드는 주제다. 그리스도인들도 성을 매우 혼란스러워 한다. 존 파이퍼(1990) 목사는 이렇게 말한 적이 있다. "성적 인간됨의 의미에 대한 혼란이 전염병처럼 번지고 있다. 이 혼란의 결과는 추상적 공간에서 성별로부터 자유롭게 관계하는 사람들 사이에 자유롭고 행복한 조화가 아니다. 혼란의 결과는 오히려 하나님이 주신 정체감의 상실에 기인하는 더 많은 이혼과 더 많은 동성애, 더 많은 성적 학대, 더 많은 문란, 더 많은 사회적 어색함, 더 많은 정서적 아픔과 자살이다."

교회는 대체로 성에 대해 거론하는 것을 주저하며 당황스러워한다. 그러나 파이퍼와 테일러(Piper & Taylor, 2005) 목사가 지적한 것처럼 이는 건강한 태도가 아니다.

> 그리스도인은 성과 성애에 대해 이야기할 때, 당황스러워할 권리가 없다. 이 주제에 대해 다루는데 건강치 않은 주저함을 보이거나 난처해하는 것은 하나님의 창조에 대해 일종의 불경을 저지르는 것이다. 하나님이 만드신 것은 무엇이든 좋은 것이며, 하나님이 만드신 모든 선한 것은 궁극적으로 하나님의 영광을 드러내려는 의도된 목적을 가지고 있다. 보수적인 그리스도인들이 양가감정을 가지고 쑥스러워하면서 성에 대해 반응할 때, 우리는 하나님의 선하심을 비방하는 것이며 선물을 바로 사용할 때 드러나도록 되어 있는 하나님의 영광을 가리는 것이다(p.14).

한번은 대형교회에서 장로들을 위해 성생활세미나를 인도한 적이 있었다. 세미나가 끝나고 한 장로님이 나를 따로 만나 너무 감사하다고 했다. 자기는 매번 아내와 성관계를 할 때마다 죄책감을 느껴 앞으로

3. 기독교에서 보는 성: 성은 거룩하고 아름답고 좋은 것이다

다시 안하겠다고 다짐을 하곤 했는데, 이제 죄책감 없이 마음껏 아내와 성관계를 할 수 있게 되어서 너무 감사하다는 것이었다. 장로가 될 때까지 한 번도 성에 대해 가르침을 받을 기회가 없었던 것이다. 성은 자녀생산을 위해서 존재하는 것이지 즐겨서는 안 되는 더러운 것으로 오해하고 있는 이들이 의외로 많다.

최근에 나는 결혼 5년차 되는 젊은 그리스도인 부부를 상담한 적이 있다. 이 부부는 성관계를 위해 남편이 삽입하려하면 아내가 거부하기 때문에 아직까지 자녀도 갖지 못하고 있다고 하소연하였다. 극단적인 경우지만, 성에 대한 무지는 삶의 현장에서 많은 고통과 부작용을 낳고 있다. 우리의 성 개념은 우리의 생활에 그대로 반영되게 마련이다. 당신은 성을 어떻게 이해하고 있는가?

우리는 성에 대한 바른 시각을 위해 창세기로 돌아가야 한다. 우리의 남자 됨과 여자 됨은 하나님의 형상 안에 있다(Penner, 1981). 성은 창조주 하나님의 선물이다. 인간은 하나님의 창조사역에 의해 지음을 받았으며, 처음부터 남자와 여자로 창조되었다.

나는 성을 정서적으로, 육체적으로 다른 사람과 하나 되기 원하는 강렬한 본능이라고 생각한다. 인간은 남성과 여성으로 이뤄져 있기 때문에, 성은 정체성 즉 남성성이나 여성성에 관한 것이다. 따라서 성은 우리의 삶에 있어 단순한 '성관계' 이상의 훨씬 더 광범위하면서도 본질적인 부분이다. 하나님은 인간을 성적인 본성을 지닌 존재로 받아주신다.

하나님이 인간을 창조하셨을 때 우리가 '성욕'이라고 부르는 열망을 우리 안에 넣어주셨다. 인간에게는 이성(異性)과 성적인 연합을 이루고자 하는 가장 원초적이고 본질적인 욕구가 있다. 인간이 성적인 연합을 이루고자 함은 생육하고 번성하기 위한 목적 뿐 아니라, 다른 사람과 친밀함을 극대화시키고자 하는 데도 목적이 있다.

성인식의 형성

사람들은 성을 어떻게 보고 인식하는가? 성에 대한 인식과 태도는 가족, 학교, 교회, 사회, 친구들, 대학교, 배우자, 경험, 독서를 통해 형성된다. 성에 대한 인식은 시대에 따라 변해왔고, 지금도 계속 바뀌고 있으며, 지역에 따라 다르다. 그러므로 성에 대한 인식은 개인과 사회에 따라, 시대와 지역에 따라 따르다. 우리 사회에서도 본인의 세계관에 따라 성을 천한 것, 성스러운 것, 부끄러운 것, 야한 것, 대단히 즐거운 것 등으로 다양하게 인식하고 있다.

그렇다면 인간이 하나님의 형상을 따라 '심히 좋은' 피조물로 지음을 받아 남녀로 존재하게 되었다는 것은 어떤 의미를 함축하는가? 성은 본질적으로 하나님의 형상을 반영한다. 남자와 여자는 단번에 하나님의 형상대로 함께 창조되었다. 칼 바르트Karl Barth는 "창세기는 우리의 성이 곧 우리 안에 새겨진 하나님의 형상이라는 점을 가르쳐주고 있다"고 해석하였다. 우리는 하나님의 형상을 따라 인격을 가진 남자와 여자로 지음을 받았기 때문이다.

기독교 철학자 송인규(1998)는 성에 대한 성경적 입장을 다음과 같이 요약하고 있다.

3. 기독교에서 보는 성: 성은 거룩하고 아름답고 좋은 것이다

첫째, 성은 인간 존재의 본유적이고 본질적인 특성이다. 우리는 무성적asexual 인간을 생각할 수 없다. 남성 혹은 여성으로서의 성적 정체는 우리 자신에게 너무나 본질적인 요소이므로, 구원에 의해서도 천국에서의 영적 변형(빌 3:21)에 의해서도 영향을 받지 않는다.

둘째, 성은 거룩한 것이다. 성은 신성하고 거룩하다. 여기서 말하는 '거룩'은 '하나님께 성별된' '하나님의 목적에 부합하는' 의미를 갖는다. 즉 성은 하나님의 목적을 수행하기 위하여 허락된 거룩한 선물이다. 따라서 인간의 성은 우리를 영속적인 이성애적 연합으로 이끌어야 한다.

무엇이 성적 행위를 거룩하게 하는가? 첫째는 하나님 자신이 남편과 아내가 성이라는 그의 선물에 동참할 때 함께 하시기 때문이다. 둘째, 우주의 창조자가 성적 친밀감의 선물이 부부의 하나 됨을 창조하고 재창조하는 방식으로 고안하셨기 때문이다(Gardner, 2002, p.9). 셋째, 성은 선하고 아름다운 것이다. 기독교에서는 결코 성을 수치스러운 것이나 악한 것으로 여기지 않는다. 성은 죄가 세상에 들어오기 전부터 인간의 본질에 속해 있었다. 성경이 남녀의 성적 결합을 긍정적으로 보는 것(창 2:18-24; 잠 5:15-19; 마 19: 4-5; 엡 5:31; 살전 4:3-4; 히 13:4)도 궁극적으로는 바로 이 때문이다. 성경에서 성을 나쁘게 묘사한 것은 오로지 간음과 동성애를 말했을 때뿐이다(이순자, 2011). 성의 만족과 즐거움은 인간이 누리는 만족과 즐거움의 거의 원형으로 여겨질 정도로 삶에서 중요한 것이다.

성(性)은 조물주 하나님께서 자신의 지혜와 의도에 따라 인류의 번성과 즐거움, 그리고 남편과 아내를 하나로 만들어주는 사랑의 표현을 위하여 주신 것이다(황수관, 2008).

"거룩함, 순결, 경건, 신앙, 예배, 제자훈련 등은 성교, 전희, 체위, 오르가즘, 로맨스, 성적 만족 등과 어울리지 않는 말들인가?" 「하나 되는 기쁨」의 저자 양승훈 교수는 이 질문에 대해 "No!"라고 답하기 위해 그 책을 썼다고 했다. "적절한 노력과 절제만 한다면 같은 배우자와 수천 번을 결합해도 성적인 자극은 영원히 마르지 않는 기쁨과 쾌락의 샘이 될 수 있다. 늘 첫날밤, 첫 경험과 같은 흥분 가운데 하나가 될 수 있는 것이다. 이 기쁨은 성을 만든 창조주가 생육하고 번성하라는 창조명령에 순종하는 모든 사람들에게 주신 커다란 선물이요, 축복이다"[최희열(양승훈), 2005, p.8].

부부치료사 에드 휘트(Ed Wheat, 1981)는 말했다. "성과 성욕은 조물주의 창조물이다. 남편과 아내의 성적 교제는 부부를 위해 하나님이 계획하신 레크리에이션이다." "성욕은 친밀함을 향한 충동이며 다른 누군가와 함께 하는 깊은 개인적 관계의 표현이다"(Lewis Smedes).

현대인의 성에 대한 집착은 사실상 모든 인간이 갈망하는 정서적으로 지원적인 신체적 애정에 대한 갈증인지도 모른다.

남녀의 하나 됨을 통해 창조주의 형상을 닮은 새로운 생명, 천하보다 귀한 생명이 탄생하므로 성교란 단순한 성기만의 결합이 아니다. 이 행위를 통해 난자가 수정되고, 부모와 독립된 개체로서, 무한한 가능성을 지닌 불멸의 존재가 시작된다. 그래서 사도 바울은 남자들에게 "거룩함과 존귀함으로 자기의 아내 취할 줄을" 알라고 가르친다(한글개역, 살전 4:4).

3. 기독교에서 보는 성: 성은 거룩하고 아름답고 좋은 것이다

결혼 상담가 가드너(Gardner, 2002) 박사의 지적과 같이 성은 거룩한 것이다. "성의 거룩함을 이해하지 못한다면 우리는 성의 진정한 의미를 이해할 수 없다. 짐승의 교미는 본능적인 종족번식의 욕구에 의해 시작되지만, 사람은 사랑이라는 숭고한 감정 위에 어떤 말이나 행동으로도 표현할 수 없는 최고의 공감대를 주고받는 거룩한 행위다. 서로 사랑하는 한 쌍의 남녀가 성적 교제를 통해 인체의 신비와 극치의 환희를 공유하며 "이는 내 살 중의 살이요 뼈 중의 뼈"라고 고백하며 서로를 존귀하게 여기며 그 열매로 후손을 생육하고 번성케 하는 행위다. 그러므로 성관계에서 누리는 극치의 기쁨과 만족은 우리 인간에게만 주어진 최고의 선물이요 특혜다(황수관, 2008).

무엇보다도 성경은 성이 우리의 인격과 연결되어 있다고 말한다. 우리들이 갖고 있는 성은 우리 자신의 인격과 같다. 성은 우리가 사고 팔 수 있는 물건이 아니다. 성에 인격과 삶, 명예와 자존감이 들어 있어 함부로 우리의 성을 다루어서는 안 된다. 사랑하는 아내와 남편 두 사람이 육체적으로 하나가 되는 것은 거룩하며 귀하고 아름다운 것이다.

조셉 래시티(2003) 목사는 성에 대한 교회의 태도가 긍정적으로 바뀌어야 한다고 말하고 있다. "성은 피해야 할 것이 아니다. 하나님이 주신 큰 선물이다. 이를 인정하지 않는다면 우리는 그저 동거하는 것뿐인 만족이 없는 결혼생활을 계속해야 할 것이다. 심지어 교회에서조차 성을 억압하는 행동이 고상한 것으로 미화되고 있으며, 그렇게 하는 것이 인간의 존엄이나 권리를 지키는 것으로 잘못 해석되고 있다. 그러나 이는 자만심이나 정죄함이나 이기주의 혹은 두려움을 위장한 모습이다"(p.238).

성은 쾌락적이고 즐거운 것이다

성적 즐거움은 하나님께서 부부에게 주신 아름다운 선물이다. 성경적으로 말해서 성은 좋은 것이다! 하나님은 쾌락을 반대하는 분이 아니시다. 결혼 안에서의 성적 쾌락을 격려하시며 기대하신다. 성적 친밀감은 인간의 삶에 최고의 지복(至福), 기쁨, 하나 됨, 행복을 가져다주어야 한다(Penner, 1981; 몰리, 2001). 하나님은 원래 성을 축복의 도구로, 인간의 기쁨의 원천이 되도록 만드신 것이다.

어떤 사람은 '성은 아직까지 세금이 부과되지 않는 인생의 몇 안 되는 즐거움 가운데 하나'라고 하였다. 섹스는 아주 좋은 것이다. 그러나 이를 오용하면 가장 나쁜 것이 될 수도 있다(Smith, 2005).

인간의 성적 활동과 표현은 결국 다른 대상에 대한 친밀성, 가까워짐, 합일성, 벗됨의 욕구와 열망으로 볼 수 있다. 성은 인간이 자신이라는 한계와 장벽을 무너뜨리고 이성과 더불어 하나 됨을 추구하려는 동경심리요 몸부림이다(송인규, 1998).

기독교윤리학자 스미디스(Smedes, 1996)는 말한다.

> 감각적이고 관능적 쾌락은 좋은 것이며 이것을 좇는 우리의 욕망은 분명 성의 왜곡이 아니다. 우리의 감각은 즐거운 체험의 세계로 들어가는 입구다. 우리 자신의 감각적 쾌락을 부정하는 것은 결코 미덕이 아니다. 그것은 아주 좋은 냄새와 소리, 그리고 감촉을 지닌 것들을 훌륭하게 만드신 하나님의 창조솜씨를 냉대하는 것이다. 인간의 성은 우리가 다른 사람과 친밀한 육체적 접촉을 통하여 육체적 즐거움을 얻도록 흥분스러울 정도로 민감하게 한다(p.51).

3. 기독교에서 보는 성: 성은 거룩하고 아름답고 좋은 것이다

기독교철학자 트루블러드Elton Trueblood의 오래된 책「예수님의 유머」The Humor of Christ를 읽으면, 우리는 우리 신앙을 되돌아보고 도전을 받게 된다. "기독교라고 말하면서, 유쾌함을 표현할 수 없다면, 그것은 어느 정도는 분명히 가짜다." 부부간의 성은 독특한 축제의 마당을 제공한다. 배우자의 몸을 친밀하게 나누고 탐구하면서 사실상 다른 세계로 들어가는 때가 있다. 그 축제를 통해 우리는 실제적이고 세속적인 성관계를 기쁨으로 충만하게 만들 수 있다(Thomas, 2003, p.293).

기도와 교제는 인생의 가장 풍요로운 즐거움 가운데 속하는 것이다. 그러나 여기서 멈추지 말자. 우리의 영혼을 아름다움과 예술, 고상한 성취, 맛있는 음식, 풍성한 관계, 그리고 영혼을 청결케 하는 웃음으로 채우자. 우리는 기도와 예배와 같은 구속적인 활동을 축하하지만, 이를 결혼과 운동, 여행, 즐거움을 위한 독서, 웃음과 같은 인간적 현실과 대치되는 것으로 취급한다. 우리가 이들 즐거움을 인정할 때, 우리는 하나님을 놀라운 발명품의 천재적 창조자로 인정하는 것이다. 이러한 축복들을 '세상적'인 것으로 치부하고, 이들을 ─하나님이 아니라─ 사탄이 고안한 것처럼 부적절한 것으로 취급하는 믿음을 경계하도록 하자. 하나님이 주신 좋은 즐거움을 부인하게 하는 원수의 덫에 빠지는 것을 거부하도록 하자. 그렇지 않으면 우리는 더럽고 추한 쾌락에 취약해질 수밖에 없다(Thomas, 2009).

"마치 청년이 처녀와 결혼함같이 네 아들들이 너를 취하겠고 신랑이 신부를 기뻐함같이 네 하나님이 너를 기뻐하시리라"(한글개역, 사 62:5).

"저희가 좋은 것으로 만족하다가"(한글개역, 시 104: 28).

"이러므로 나는 삶을 즐기라고 권하고 싶다. 왜냐하면 해 아래서 먹고, 마시고, 만족하는 것보다 더 나은 것이 없기 때문이며, 하나님께서 그에게 주신 전 생애 동안 기쁨이 있을 것이기 때문이다"(쉬운성경, 전 8:15).

"즐거움은 인류를 위한 하나님의 계획에 속하는 것이다. 하나님은 당신 자신과 우리 모두의 즐거움을 귀하게 여기신다. 그리고 그의 구원하시는 사랑의 열매로서 우리에게 즐거움을 주는 것을 즐거워하신다."(Packer, 1993) 영성신학자 게리 토마스(Thomas, 2009)는 우리는 구속의 눈으로 이 세상의 즐거움과 좋은 은사(선물)들을 바라볼 필요가 있다면서 다음과 같이 쓰고 있다.

"우리의 즐거움은 하나님께 즐거움을 가져다준다. 우리의 즐거움을 하나님과 연결시키는 것, 즐거움을 예배에 이르는 합당하고 복된 행로로 보는 것은 우리의 영혼을 세워주고 우리의 경건을 강화시킨다. 하나님으로부터 분리된 즐거움은 우리를 고통과 비참함으로 인도한다. 우리의 즐거움을 하나님을 기쁘게 하는 한 방법으로 바라보는 것은 서서히 우리가 즐거워하는 것의 모습을 바꾸어놓기 시작한다."

"이러한 경향이 점점 더 줄어들고 있기는 하지만, 나는 성적 즐거움을 폄하하는 것처럼 보이는 목회자들에게 피곤함을 느낀다. 하나님은 우리를 성적 즐거움을 위해 고안하셨다. 그리고 하나님은 우리에게 두뇌화학물질과 신체 호르몬을 주셔서 계속 거듭거듭 돌아가고 싶게 만드셨다. 물론 우리는 섹스에 관심이 있다! 하나님께서 우리를 그런 식

3. 기독교에서 보는 성: 성은 거룩하고 아름답고 좋은 것이다

으로 만드셨다. 성욕을 정죄하는 대신에, 사람들이 거룩한 성적 친밀감에 의해 강화되고 축복받은 삶을 살도록 도와주자. 성적 즐거움을, 즐거운 생각을 하시고 즐거움을 주시는, 하나님이 주시는 너그럽고 놀라운 선물로 볼 수 있도록 하자"(Thomas, 2009, pp.55-56).

C.S. 루이스의 말처럼 "쾌락은 하나님의 발명품이지 악마의 것이 아니다. 즐거움은 우리의 감정을 자극할 때, 영광의 한 줄기 광선이 된다. 그것을 경배의 통로로 만들라. 부부의 즐거움을 거룩한 경배의 통로로 바꾸라." 부부사이에 아무런 육체적 즐거움과 친밀감이 존재하지 않는다면, 부부 두 사람이 가졌던 모든 감정적이고 영적인 친밀감도 역시 사라질 것이다. 하나님을 반-쾌락적인 분으로 소개하는 것은 즐거움(쾌락)을 창조하시고 우리에게 영원한 즐거움을 약속하시는 하나님을 욕되게 하는 것이다. "즐거움을 혐오하는 것은 탁월한 영성을 주장하는 것과 거리가 멀뿐 아니라, 사실은 … 교만의 죄에 해당한다. 즐거움은 하나님의 선하심에 대한 우리의 감각을 증진하고, 그분에 대한 우리의 감사를 깊게 하며, 다음 세상에서 경험하게 될 보다 더 풍요로운 즐거움에 대한 소망을 강하게 하기 위해 신적으로 고안된 것이다"(J. I. Packer).

우리가 더 '신령해질수록' 우리의 성이 더 감소되어야 하는 것이 아니다. 우리의 섹슈얼리티는 영적이고, 경건한 인격의 한 부분이며, 그것은 좋은 것이다(Penner, 1981). 악은 성을 오용하고 남용하는데서 오는 것이지, 성 자체가 나쁜 것이 아니다.

부부사이의 성은 아름답다

풀러신학대학교의 기독교윤리학 교수였던 고 스미디스Lewis Smedes 박사는 "창조적인 성생활은 천국의 기쁨과 아름다움을 반영하는 것"이라고 하였다. 즐거운 성생활은 천국의 기쁨을 시식하는 것과 같다는 말이다.

"그러므로 사람이 부모를 떠나 그의 아내와 합하여 그 둘이 한 육체가 될지니 이 비밀이 크도다 나는 그리스도와 교회에 대하여 말하노라"(한글개역개정, 엡 5:31-32). 여기에서 말하는 '커다란 비밀, 심오한 비밀'은 이것이다.

아담과 하와에서 다윗과 밧세바, 그리고 호세아와 고멜까지 아무도 몰랐던 것은 남편과 아내 사이의 성적 친밀감이 언제나 신랑 되신 예수 그리스도와 그의 신부되시는 교회 사이의 친밀감을 나타내도록 의도되었다는 것이다. 바울은 부부 사이의 친밀감이 그리스도와 교회의 관계를 온전히 대표한다고 말하고 있다. 이동원 목사(1998)는 이를 3차원의 친밀감이라고 표현하였다. 3차원의 성생활은 우리의 영과 혼과 육이 모두 관계되는 성생활을 의미한다.

> 인간의 존재에는 세 가지 차원이 있다. 육체적 차원과 인격적 차원, 그리고 영적인 차원이다. 우리의 성생활이 창조주 하나님께서 의도하신 그런 만족스런 상태를 누리려면, 비단 육체적 차원뿐 아니라 그 육체적 차원을 실현하기 위한 더 높은 차원인 인격적, 영적 차원에서 성생활이 이루어져야 한다. 그렇지 않으면 우리의 성생활은 결코 창조주의 의도를 실현할 수가 없다(p.146).

3. 기독교에서 보는 성: 성은 거룩하고 아름답고 좋은 것이다

인격적인 만남은 성적인 만남과 다른 것이다. 영혼의 교통함 없이 몸과 몸을 섞는 것은 성을 크게 오용하는 것이다. 따라서 낯선 사람들 사이의 성은 성의 참된 의미를 배반하는 것이다.

인간은 오직 두 사람 사이에서만 성의 이상을 실현할 수 있다. 성경에서는 남녀의 성행위를 결혼생활 안에서만 묘사하고 있다. 인류 최초의 남녀로서 성적 합일과 연합을 추구한 아담과 하와는 '남자와 그 아내'로 표기되어 있다(한글개역, 창 2:24-25). 예수님도 결혼의 신적 기원을 강조하면서 한몸이 되는 대상을 '사람과 그 아내'(마 19:5)라고 밝히신다. 성행위는 어디까지나 하나님께서 짝지어주신 '결혼이라는 신적 제도' 가운데서 이뤄질 때 아름답고 좋은 것이다.

결혼은 계약이 아니라 하나님과 맺은 언약이다. 결혼은 한 남자와 한 여자, 그리고 그들의 하나님 사이에 평생을 함께 하겠다는 약속이다. 배우자와 한몸을 이룬 우리는 또한 하나님과 연합하여야 한다(로워리, 2003). 이 세상에서 가장 지혜로운 사람이었던 솔로몬은 "삼겹줄은 쉽게 끊어지지 아니하느니라"(한글개역, 전 4:12)로 말하였다. 하나님이 계획하신 언약결혼은 남자와 여자가 전능하신 하나님이 삼겹줄처럼 견고한 언약관계를 형성하는 것이다. 언약에 기초한 관계야말로 성공적인 결혼생활의 확실한 비결이다.

하나님이 결혼의 중심에 있을 때, 마음과 영혼 그리고 몸의 온전한 연합이 가능해진다. 한몸이 된다는 것은 한 사람이 다른 사람과 맺을 수 있는 가장 가까운 관계적 사건이다. 하나님께서 정하신 결혼의 질서에는 영혼과 마음의 연합, 감정의 연합, 그리고 육체적 연합의 세 가지 서로 다른 수준이 있다. 불행하게도 많은 결혼은 몸과 감정의 연합에 머무르고 있다(Arnold, 2002).

결혼은 사랑과 개인적 헌신에 대한 최종적인 표현이다. 따라서 성교 또한 그 맥락 안에서 이해되어야 마땅하다. 마찬가지로 성교는 그 사랑과 헌신의 최종적인 신체적, 정서적 표현이라 할 수 있다(Seamands, p.161). 우리는 정서적, 성적, 영적 친밀감을 분리해서 생각할 수 없다.

부부가 영적인 친밀감을 형성하게 되면 감정적인 친밀감의 기쁨과 만족은 엄청나게 커지게 되고, 그렇게 되면 성행위는 훨씬 더 아름답고 가치 있는 수준에 도달하게 된다. 결혼생활에서 영적인 영역은 참으로 많은 부부에게 영향력을 끼치고 있다. 부부가 함께 기도하고, 함께 말씀을 묵상하며, 함께 예배드린다면, 두 사람 사이의 사랑과 신뢰의 깊이는 인간적인 어떤 조언이나 교육을 통한 깊이와는 비교조차 할 수 없는 수준에 이를 것이다. 이것이 바로 육체적 하나 됨, 정서적 하나 됨, 영적인 하나 됨이다(조빔, 2005).

음행하지 말고 간음하지 말라고 가르치는 것도 필요하지만, 이제 교회는 성도들에게 '거룩한 성과 즐거운 성'에 대하여 가르쳐야 한다. "이렇게 아내를 기쁘게 하고, 저렇게 남편을 즐겁게 하세요"라고 가르쳐야 한다.

✤ **상담 사례 1:** 제 아내는 성생활은 추잡한 것이며 영적인 생활을 방해하는 것이라고 합니다. 그래서 그런지 제가 열심히 애무해주어도 전혀 반응하지 않습니다. 사실은 아내가 스스로 반응하기를 원하지 않

3. 기독교에서 보는 성: 성은 거룩하고 아름답고 좋은 것이다

는 것입니다. 행위 도중 어떤 기분이냐고 물으면 아무 느낌도 없다고 합니다. 저는 성이 하나님께서 부부에게만 허락하신 복된 선물로 이해하고 있는데 아내는 그렇지가 않습니다. 저는 우리 부부의 성관계가 아름답기 원하여 되도록 여러 가지 일들을 제안합니다. 그러나 아내는 도무지 관심이 없습니다. "난 아기만 가지면 돼요. 창녀들이나 하는 이런 일은 하나님도 싫어하실 거예요!"라는 것이 아내의 말입니다. 제가 이 여자를 택한 것이 잘못이었다는 생각을 문득문득 합니다. 그러나 저는 결혼식 날에 그녀를 죽을 때까지 사랑하겠다고 서약한 일을 기억하고 있습니다. 그렇지만 성생활은 날이 갈수록 즐거움도 재미도 없어집니다. 어떻게 하면 좋겠습니까?

❖ **상담 사례 2**: 제게 필요한 것은 남편의 관심입니다. 제 남편은 저보다 차에 더 관심이 있습니다. 차를 닦고 청소하는 데는 2시간 이상 들이면서 저에게는 거의 시간을 할애하지 않습니다. 잠자리에 들 때까지 그는 나를 거들떠보지도 않습니다. 말하려고 하면 대답도 하지 않습니다. 그러다가 밤이 되면 침실에서 갑자기 나를 애무하기 시작합니다. 그때 저는 그냥 도망가고 싶은 심정일 뿐입니다.

💕 성sex과 성별gender과 성애sexuality

성은 생리적인 개념으로 재생산 구조나 염색체, 호르몬, 신체적 특징을 설명할 때 사용하는 말이다. 성은 촉각, 미각, 시각, 후각의 문제로 단순히 육체적 섹스의 차원에서 이해할 수 있다. 반면에 성별은 남성적인 것과 여성적인 것과 관련하여 사회적, 문화적, 심리적 요인을 지칭할 때 사용하는 말이다. 성이 유전적으로 결정되는 것이라면, 성별은 사회적으로 학습되는 것이다.

성경은 하나님께서 성별과 성애의 창조자이심을 계시하고 있다 (창 2:18-25; 잠 5:15-19; 고전 7:1-5; 히 13:4).

성별이라 할 때는 남성과 여성의 사회적 역할을 주로 지칭하는 말이다. 반면에 성(性)이란 글자처럼 몸과 마음이 합쳐진 개념이다. 섹슈얼리티는 우리를 남자 또는 여자로 만드는 우리에 대한 모든 것을 포함한다. 성애(섹슈얼리티)는 우리의 신체적인 면 뿐 아니라 감정, 사회적 관계, 가치관, 윤리, 도덕, 그리고 영적인 믿음을 총칭하는 말이다(Stinnett, 2000). 생물학적인 성이 인격적 애정의 차원으로 높아질 수 있는데, 섹슈얼리티는 우리 내부에서 관계와 친밀함, 교제를 향한 움직임을 총칭하는 개념이다(Smedes, 1996).

성애와 영성은 밀접하게 연결되어 있다. 성은 세속적이고 일상적인 것으로, 영성은 종교적인 것으로 나누어 생각하는 것은 이원론적이고 영지주의적인 사고다. 성은 신성하고 거룩한 것이다. 복음주의자 가드너(Gardner, 2002)는 그 이유를 다음과 같이 요약하고 있다.

- 섹스는 신성하고 거룩한 사건이 되어야 한다.
- 성적 친밀감은 그리스도와 교회 사이의 신비스러운 친밀감을 나타내고 경축하는 것으로 이해되어야 한다.
- 성교의 사건 속에 들어가는 것은 하나님을 예배하고 축하하는 한

방법이다.
- 섹스의 일차적 목적은 하나 됨을 창조하고 재창조하는 것이다.
- 성적 친밀감의 각 행위는 결혼언약을 지속적으로 갱신하는 것이다.

우리는 다른 사람의 사랑을 받고 다른 사람에게 알려지며 다른 사람을 사랑하고 아는 것을 갈망한다. 「성애와 성스러움」*Sexuality and the Sacred*이라는 책의 서문에서 넬슨Nelson과 롱펠로우(Longfellow, 1994)는 이렇게 말한다.

> 성은 하나님이 의도하신 것으로 우리의 영성에 지엽적인 문제이거나 해가 되는 것이 아니라, 도리어 그 영성에 온전히 통합되는 기본적인 차원이다. 인간의 성은 … 근본적으로 고독 안에서가 아니라 깊은 관계를 맺으며 우리의 운명을 발견하라는 하나님의 초대다. 우리는 인간됨의 기본적인 에로스로서 성을 경험하는데 이는 고독에서 벗어나 하나님과 세상과 더불어 친밀한 대화와 친교를 나누라고 촉구하고 초대하며 유혹한다(p.14).

바울은 우리에게 부부간의 성생활이 경건과 얼마나 밀접한 관계가 있는가를 말해주고 있다(고전 7:1-5; 히 13:4). 바울의 교훈으로부터 찾아볼 수 있는 중요한 성관계의 원리들을 요약하면 다음과 같다.

- **결혼 관계 안에서 이루어지는 성교는 선하고 거룩하다.** 하나님은 성교를 격려하며 성교를 하지 않을 때 일어날 수 있는 유혹에 대하여 여러 곳에서 경고하고 있다. 성교를 통해 얻는 만족과 즐거움은 식욕의 충족과 같이 금지된 것이 아니다.

- **성욕은 자신의 만족만을 위해 있는 것이 아니라 배우자의 만족을 위해 있는 것이다.** 부부는 자신의 몸에 대한 권리가 자기가 아닌, 배우자에게 있음을 알아야 한다. 물질적인 면에서와 같이 성관계에서도 주는 것이 받는 것보다 복되다는 원리가 적용된다. 성교의 가장 큰 즐거움은 배우자의 만족으로부터 온다.
- **성교는 규칙적이고 계속적이어야 한다.** 사람마다 적정한 성교 빈도는 다르겠지만 부부의 어느 한쪽이라도 성적 긴장이 해소되지 않아 배우자가 아닌 다른 데서 만족을 찾으려는 유혹을 느끼지 않을 만큼 충분히 자주 성교를 해야 한다.
- **남편과 아내는 항상 상대의 성욕을 만족시켜 주어야 한다.** 이때에도 자신의 만족보다 항상 상대방의 만족을 구해야 한다. 성욕은 지나친 음욕에 의해 지배되어서도 안 되지만, 상대의 성욕이 지나치다는 핑계를 내세워 마땅한 요구를 무시해서도 안 된다. 사랑은 자기의 유익을 구하지 않는 것이다.
- **부부간의 성교에서는 어떤 경우라도 "당신이 … 하지 않는 한 나는 당신과 관계를 갖지 않을 거예요" 등의 흥정을 해서는 안 된다.** 부부간에 어느 쪽도 이러한 흥정을 할 권리가 없다. 결혼한 부부에게 있어서 자기의 몸은 더이상 자기의 것이 아니라 배우자의 것이기 때문이다.
- **부부간의 성교는 평등하고 서로 보답하는 것이다.** 바울은 성교에서 남편이 아내보다, 혹은 아내가 남편보다 더 권리가 있다는 것이 아니라고 말한다. 부부는 동등한 입장에서 결합할 권리와 의무

3. 기독교에서 보는 성: 성은 거룩하고 아름답고 좋은 것이다

가 있다(Mack, 1985, p.112-113).

우리가 성경에서 배울 수 있는 또 하나의 원리는 "성경은 누구와 성관계를 해야 할 것인가를 제한하셨으나 어떻게 성적 친밀감을 누릴 수 있는가를 제한하지 않으셨다. 두 사람의 합의하에 여러 가지 체위와 기교를 사용할 수 있다"(정동섭, 2010)는 것이다.

성과 신앙을 별개의 문제이며 성관계는 그저 인간적인 욕망의 발로라고만 생각할 것이 아니라, 하나님 안에서 기쁘게 누릴 수 있는 것이다. 남편과 아내가 성관계를 통해 기뻐하고 즐거워할 때 하나님도 그 모습을 바라보시며 함께 기뻐하신다(김지철, 2011). 우리 인간의 성sexuality은 우리가 더 '신령해질수록' spiritual 축소되어야 할 어떤 것이 아니다. 이것은 영적이고 경건한 사람들의 한 부분이며 좋은 것이다.

우리는 죄의식 없이 물리적, 육체적 성관계를 즐길 수 있다. 그런데 남자와 여자가 성적 관계를 가질 때, 그 안에는 본질적으로 더 깊이 영적으로 실현되는 것이 있다. 신체적이나 영적인 경험 어느 하나에 성관계를 제한하지 말라. 그것은 영적으로나 육적으로나 다 의미가 있다(Thomas, 2003, p.275).

성애sexuality와 영성spirituality

우리는 영성이 진정한 섹슈얼리티를 개발하는 데 적합할 뿐 아니라 필수적이라고 믿는다. 어떤 사람들은 섹슈얼리티와 영성을 긴밀히 연결시키는 것은 고사하고 한 문장에서 나란히 다루는 것을 보고 충격을 받기도 한다. 우리들 대다수는 성애와 영성은 서로 아무런 관계가 없는, 서로 반대되는 실체인 것처럼 생각하도록 가르침을 받아왔다 (Balswicks, 1999).

서구문명에서도 이것은 흔히 적대적인 관계에 있는 것으로 생각되어 왔다. 그리고 이러한 견해는 교회의 지지를 받아왔다. 최근에 성경학자들과 신학자들은 이 둘 사이의 화해 가능성은 제기하면서 성에 대한 건강한 태도에 대해 현실적인 논의를 할 수 있는 길을 열어놓고 있다.

성경은 섹슈얼리티를 긍정하고 있지만, 우리 문화는 에로티시즘을 증오하는 성적 억압으로 기울거나 쾌락주의적이고 만족을 모르는 성적 탐닉에 치우치는 우를 범하였다. 성애와 영성은 서로 비슷한 면이 있다. 둘 다 자아를 부인하거나 자아를 긍정하는 자세를 취하기 때문이다. 자아를 긍정하는 체계는 잘 통합된 연인을 만들어내고, 자아를 부정하는 체계는 무능한 연인을 생산하며, 자기중심적인 체계는 중독된 연인을 만든다(Schnarch, 1997).

성은 육체적 행위 이상의 것이다. 섹스는 정서적이며 영적인 경험이다. 가족관계전문가 스몰리(Gary Smalley, 2008)는 말한다.

> 깊은 만족으로 가는 열쇠는 성애와 영성을 연결하는 것이다. 바꾸어 말하자면, 성애와 영성은 함께 가는 것이다. 성적으로 가장 만족해하는 여성은 또한 가장 영적인 여성이다. 섹스의 자연스런 한 부분인 영적 차원이 빠진다면, 즐거움과 쾌락의 한 부분을 놓치는 것이다(p.163).

3. 기독교에서 보는 성: 성은 거룩하고 아름답고 좋은 것이다

목회자이며 결혼상담가인 헤론(Robert Herron, 2000)도 같은 취지로 말하고 있다. "성애는 영성과 멀지 않다. 이 두 가지가 별개로 떨어져 있는 것처럼 보이지만, 실제로는 아주 긴밀하게 연결되어 있다. 이 두 가지는 우리 존재 안에 통합되어 있다. 필요한 것은 개방된 수용과 감사다. 섹슈얼리티(성애)는 영성과 마찬가지로 피자처럼 주문할 수 있는 어떤 것이 아니다. 사랑하는 마음에서 우러나와야 하며 조심스레 양육되어야 하는 것이다. 두 가지 다 순수하고 깊게 하려면 현재에 초점을 맞출 것을 요구한다. 진정으로 영적이고 온전하며 다른 이에게 주의를 기울이는 신령한 사람이라면 배려하는 연인으로 나타날 것이다"(p.79).

당신이 이를 깨닫든 깨닫지 못하든, 당신의 영적 생활은 당신의 성생활에 영향을 미친다. 건강한 영적 생활은 당신의 관계와 태도, 그리고 감정에 영향을 미친다. 당신의 결혼에서 영적인 연결감을 유지하는 것이 중요한 이유가 여기에 있다.

성을 더러운 것, 피해야 할 것을 생각하는 이들 중에는 "성생활 없이도 얼마든지 부부생활이 가능하다"고 믿는 이들도 있다. 이에 대해 기독교상담학자 권수영(2007) 교수는 답한다. "물론 그럴 수 있다. 그러나 만약 성생활이 없는 부부라면 진정한 하나 됨의 비결을 누리지 못하고 있는 부부일 것이다. 아마도 형식적인 부부생활을 하거나 정서적 이혼상태에 빠져든 부부일 가능성이 많을 것이다. 부부는 정기적으로 성생활을 해야 한다"(p.81).

대다수의 여성은 육체적 존재로서 영적으로 살기 위해 두 영역을 분리하려 시도하고 있다. 성행위 같이 육체적인 것이 하나의 구획을 이루고, 기도하는 것과 같이 영적인 것들이 다른 하나의 구획을 이룬다. 경건한 여성이 되고자 하는 열정으로 인해 분열된 삶을 사는 것이다. 많은 여성이 이 덫에 걸려 넘어지고 있다. 한 여성은 이렇게 표현했다.

"그것은 마치 이층집에 살고 있는 것과 같아요. 위층은 영성이고 아래층은 섹슈얼리티에요. 두 층 사이에는 내 영적 자아를 성적 자아와 분리시키는 벽돌담이 있어요. 나는 경건한 사람이고 싶기 때문에 제 자신이 너무 세속적이 되는 것을 허용할 수가 없어요. 성행위는 분명히 세속적인 것 아닌가요."

이것은 정말 잘못된 위험한 생각이다. 하나님은 우리를 성적인 존재로 만드셨을 때 우리의 섹슈얼리티가 우리의 영성에 통합되도록 하셨다. 우리의 영성과 성성은 하나의 전체로서 깨지지 않는 원을 형성한다. 영적인 것과 성적인 것이 통합되게 하셨다. 그렇지 않다면 왜 굳이 남편과 아내의 육체적 결합을 그리스도와 교회의 연합(엡 5:31-32)에 비유하였겠는가?

성상담자 린다 딜로우(2010)는 말한다.

> 영적 친밀감과 기쁨은 성적 친밀감이나 기쁨과 반대되는 것이 아니다. 실제로 성적 연합이 주는 기쁨의 한 가운데서 영적 친밀감을 발견할 수 있다(p.35).

C.C.C.의 세계총재 부인 보네트 브라이트Vonette Bright는 영성과 섹슈얼리티의 통합에 대해 이렇게 묘사하였다.

"남편과 함께 누운 침실에서 그를 만족시키면서 동시에 성령이 충만하게 하는 것은 성경을 가르치거나 사역을 할 때에 성령으로 충만해야 하는 것만큼이나 중요한 일이다."

결혼의 영적인 차원은 부부애의 성장과 건강을 위한 실제적인 자양분이 된다. 영적인 발견에 함께 헌신하는 것보다 결혼에서 하나 됨과 의미 있는 목적의식을 증진시키는 데 더 큰 역할을 하는 요인은 없다. 이것은 우리 영혼의 궁극적 갈증이다.

기도하는 부부가 성적으로 더 만족하다

수많은 부부들이 함께 기도할 때 그들의 관계가 더 강화되고 깊어졌음을 고백하였다. 가장 행복한 부부는 함께 기도 하는 부부다. 함께 교회에 출석하고, 함께 예배드리고, 함께 성경을 공부하는 부부는 상당히 높은 성적 만족과 더 많은 성적 환희를 이야기했다(패로트, 1998).

결혼연구가 스탠리와 마크맨(1999)은 어디에 가장 멋진 섹스가 있는가를 알아보기 위해 미국 전역에서 전국적인 전화조사를 실시하였다. 그들이 발견한 것은 결혼한 사람들이 독신보다 더 자주 섹스를 하고 더 즐긴다는 것이다. 가장 만족스러운 섹스는 평생을 함께 하기로 헌신한 '당신이 사랑하는 사람' 과 하는 것이다.

"좀 이상하게 들릴지 모르지만, 결혼생활에서 기도와 섹스 사이에는 아주 긴밀한 관계가 있다. 우선 기도의 횟수가 성적인 친밀감(성교)의 횟수보다 결혼 만족도에 대한 더 강력한 지표가 된다. 함께 기도하는 부부는 그렇지 않은 부부보다 성생활에 더 큰 만족을 얻을 가능성이 90%나 더 높다. 또한 배우자와 기도하는 여자는 오르가즘을 더 많이 경험할 가능성이 높다"(패로트, 1998).

공교롭게도 성을 우상시 하는 것과 성에 대해 강박적 죄의식을 갖는 것은 같은 결과를 낳는다. 즐거움 때문이건, 절망 때문이건 계속 자신에게만 집착하게 된다. 반면 성을 주신 하나님께 감사할 때 우리 마음은 하나님을 행한다. 성이 부적절한 죄로 흐르는 한 우리는 성관계를 통해 영적인 유익을 얻을 수 없다. 이 놀라운 경험을 주신 하나님께 감사하는 것은 매우 중요하다.

성을 사용하고 생각하는 방식은 결국 그것을 하나님의 선물의 하나로 보게 하든지, 이기적 욕망을 채우는 수단으로 보게 하는 것으로 귀결된다. 결혼에 대한 하나님의 이상 밖의 섹스—탐하고 취하는 "차지하고 말거야" 하며 사람을 이용하는 것—는 노골적으로 하나님을 무시하는 것이다.

우리는 아내와 함께 있을 때 느끼는 즐거움과 육체적, 영적 친밀함을 의심할 게 아니라 깊은 감사와 외경심을 가질 필요가 있다(Thomas, 2003. p.272).

바울은 그리스도인들에게 "음행과 온갖 더러운 것과 탐욕은 너희 중에서 그 이름조차도 부르지 말라 … 오히려 감사하는 말을 하라"(엡 5:3-4)고 하였다. 우리는 순수한 사랑과 진실된 친밀감 대신에 성을 취하거나 착취하거나 격하시키거나 대체시키기를 거부해야 한다. 섹스는 회피해야 할 죄가 아니라 감사함으로 누려야 할 선물이다. 하나님께서 성애라는 선물을 주셨다면, 우리의 참된 감사는 이를 다루는 방식에 의해 드러날 것이다(Ingram, 2003).

3. 기독교에서 보는 성: 성은 거룩하고 아름답고 좋은 것이다

성과 예배

성이 우리의 모든 영역에 영향을 미친다면 당연히 성은 우리의 경건에도 영향을 미친다(Gardner, 2002). 신약에서의 예배는 두 가지 요소로 이뤄진다. 하나님께서 그의 백성을 위해 하신 일을 인정하고 우리가 우리 삶을 어떻게 사는가에 의해 드러나는 하나님이 우리를 위해 행하신 것에 대한 우리의 반응이다. 다시 말해서 예배는 하나님의 임재를 인정하는 만큼 간단하고 내가 매일같이 내 삶을 살아가는 방식이 내가 하나님께 드리는 예배가 된다는 깨달음만큼 심오하다는 것이다(롬 12:2). 우리가 어떻게 배우자를 대우하고, 어떻게 사랑하고 섬기는가, 그리고 성적으로 우리가 그들을 어떻게 접근하는가가 모두 하나님을 예배하는 방법이라는 것이다.

「내면세계의 질서와 영적 성장」의 저자 고든 맥도날드(1985) 목사는 말한다. 우리가 서로 친밀감을 누리는 것처럼, 우리는 하나님과도 이와 같은 친밀감을 누린다. 두 가지 친밀감에 이르는 길은 서로 매우 흡사하다. 이 친밀감이 저 친밀감에 대해 우리에게 말해준다.

"이런 식의 사고에 어떤 이들은 충격을 받을 수도 있을 것이다. 그러나 성관계가 결국 지고한 부부간의 성사(성례)가 될 수는 없는가? 교회예배 의식이 지난주에 우리 삶 가운데 있었던 하나님의 일들을 경축하고 예상되는 봉사의 한 주를 소망 가운데 바라보듯이, 성적 포옹이 결혼에서 기본적으로 같은 경험을 제공할 수는 없는 것인가? 육체적 애정의 폭발적 순간은—만일 그것이 앞에서 말한 '아는' 범주에 속하는 것이라면—결혼생활 중 가장 순결할 순간이 될 수 있을 것이다. 전

인격적인 '앎' 이야말로 하나님이 우리를 창조하실 때 의도하신 모든 것을 가장 밝게 부각시켜 주기 때문이다"(p.151).

재미있는 것은, 옛날 사람들이 이 한 가지에서는 옳았다는 것이다. 그들은 섹스와 예배를 연결시켰다. 그러나 그들은 진리를 적용하면서 큰 실수를 범했다. 그들은 성을 주신 하나님을 예배하는 대신에 섹스를 경배하였다. 호세아 시대에 바알과 몰렉 숭배에서 우리는 두 가지 극단을 찾아볼 수 있다. 먼저 바알교는 그 땅의 종교였다. 고멜과 같은 이방 신전의 창기들은 땅이 비옥해지고 육축이 번성하게 해달라고 바알 신에게 기도하면서 그 기도를 극적으로 표현하는 방편으로 예배 중인 남자들과 몸을 섞었다. 성이 신격화된 것이다. 우리 시대에도 성적 만족과 쾌락을 예찬하는 것, 섹스만을 위한 섹스 관행에서 바알숭배가 나타나는 것을 볼 수 있다. 반면에 몰렉 숭배는 가나안 족속의 예배행위가 가장 변태적인 것으로 표현된 것이었다. 성은 악마화되었고, 세속화되었으며, 변태적인 것이 되었다(스티븐스, 2011).

섹스를 하나님을 가리키는 피조물 가운데 놀라운 것으로 인정하는 대신에, 그들은 선물을 오용함으로 피조물의 한 부분을 우상으로 만들었다. 우리의 문화도 같은 실수를 범하고 있다. 성적 음행의 중심에는 예배의 태도가 깔려있다. 그러나 그것은 아주 잘못된 대상을 예배하는 것이다. 성적 음행 중에 우리는 다른 사람을 희생하면서 우리 자신을 예배한다. 결국 성적 음행이란 나의 욕구, 나의 권리, 나의 욕정, 그리고 나를 예배하는 것이다. 그것은 사랑이 아니다.

사람들이 이렇게 성을 신성시하거나 세속화시키는 것과 대조적으

3. 기독교에서 보는 성: 성은 거룩하고 아름답고 좋은 것이다

로 성경은 성을 성례전화sacramentalize라 한다. 어떻게 그렇게 하는가? 성을 적절한 자리에 위치시킴으로써 그렇게 하며, 그 적절한 자리는 바로 언약이다. 성은 결혼언약에 주어진 하나님의 선한 선물이다(스티븐스, 2011, p.161).

성 혁명의 시대 - 성적 혼란의 시대

"이처럼 신성하고도 엄청난 성의 의미에도 불구하고 오늘날 우리는 결혼과 무관한 성적 자극으로 충만한 세계에 살고 있다. '우리는 거의 섹스를 호흡하고 있다고 말 할 수 있는 정도의 문화 속에 살고 있다!' 텔레비전에서는 결혼한 부부의 성교보다 결혼하지 않은 파트너 간의 성교를 24배나 더 자주 방영하고 있다. 노골적인 성교를 보여주는 비디오나 CD가 상점에 즐비하며, 유선 텔레비전과 인터넷의 발달로 안방에서도 온갖 자극적인 성교 장면들을 생생하게 볼 수 있게 되었다. 불륜과 성적 자극의 강도가 상업성과 직결되어 있으므로 영상 매체들에는 더 노골적이고 자극적인 장면들이 경쟁적으로 등장하고 있다. 창조주가 축복으로 주신 거룩하고 아름다운 성, 평생 지속될 수 있는 값진 성의 기쁨을 사탄은 추하고 더러운 성, 순간적 쾌락과 영원한 후회를 가져오는 저질 싸구려 상품으로 변질시키고 있다. 사탄은 … 절제된 본능의 아름다움을 자유를 가장한 방종으로 속이고 있다."[최희열(양승훈), 2005, pp.28-29].

전통 사회에서 성은 은폐되었고 가족의 영속과 종족번식을 위한 도구로 간주되었다. 가족 중심의 문화 속에서 남녀 간의 사랑은 무시되었다. 그러나 근대화와 더불어 남성과 여성 개인의 사랑이 중요시되기 시작했고, 성은 사랑의 행위로 인식되기 시작하였다. 현대사회에 들어오면서 성은 억압에서 해방되어, 억제되고 은폐되어야 할 것에서 마땅히 추구해야 할 그 무엇으로 현대인에게 다가왔다. 현대인은 '성과 사랑'의 홍수 속에서 표류하고 있다고 해도 과언이 아니다. 현대는 가히 성 혁명의 시대라 해도 과언이 아니다.

성은 텔레비전, 잡지, 광고, 음악, 문학, 극장, 영화, 예술, 그리고 통속적 대화에서 중심이슈다. 그리고 사업, 교육, 정치, 교회에서도 자주 등장하는 화제다. 〈도가니〉와 인화학교 사건, 계속되는 성희롱, 성폭력이 하루가 멀다 하고 보도되고 있다.

현대 문화에서 성적 자극을 피하려면 은둔자로 살아가야 할 것이다. 하나님께서 우리의 즐거움과 친밀함을 위해 만드신 좋은 선물이 너무나 많이 오용되고 남용되고 있다.

특히 대중매체가 안고 있는 문제점은 여성을 성적으로 이미지화 한다는 점이다. 이러한 성적 이미지들은 여성에 대한 시각에 영향을 미친다. 그리하여 여성을 인간으로 보는 것이 아니라, 성적 대상물로 보도록 유도한다. 이것은 삶에서 다양한 역할들을 수행하는 인간으로서의 여성의 권리를 침해하는 것이다.

킬번(Jean Kilbourne, 1999)은 미디어에 묘사되고 있는 섹스 이미지의 해로운 결과를 집중적으로 연구하고 다음과 같은 결론을 내렸다.

"미디어가 미치는 해로운 영향은 성을 홍보하는 것보다는 하찮은

3. 기독교에서 보는 성: 성은 거룩하고 아름답고 좋은 것이다

것으로 추락시키는 것과 더 관련되어 있다. 문제는 그것이 죄스럽다기보다 인위적이고 냉소적이라는 것이다. 우리는 사이비-성을 제공받아서 우리의 독특하고 진실된 성을 발견하는 것이 훨씬 더 어려워지고 있다는 것이다. 가장 심각한 것은 텔레비전이 매 4분마다 성적 내용을 방영하면서도 책임과 성에 따르는 신체적 결과, 섹스에 지속적으로 따르는 정서적 영향은 언급하지 않는다는 것이다. 성에 대한 왜곡된 이미지에 익숙한 현대인은 현실에서의 성생활에 실망과 불행감을 느낄 수밖에 없다는 데 현대인들의 비극이 있다"(p.109).

가정사역자 찰스 셀(Sell, 2003)은 자기가 상담한 어느 남편의 불평이 성적 욕망(음욕)에 대해 교회에 퍼져있는 전형적 태도를 보여 준다고 말하고 있다. "나의 아내는 아주 독실한 신앙인으로 보이며 성경공부 반을 전전하면서도 저를 성적으로 굶기고 있어요. 물론 저는 신앙이 좋은 아내를 원하지만 성욕이 왕성한 부인도 원해요. 왜 그녀는 둘 다가 될 수 없나요?" 남편은 아내가 경건하고 하나님께 헌신되어 있기를 원하지만, 섹시하고 쾌감을 즐길 줄 아는 아내를 원할지도 모른다. 이런 아내 상에 모순이 있을 필요가 없다. 남자는 강하면서도 부드러울 수 있고, 여자는 경건하면서 동시에 관능적이고 육감적일 수 있는 것이다.

어느 남편은 아내가 성적으로 반응적이지 않은 것 때문에 느끼는 고통을 다음과 같이 표현하였다. 교회 내의 많은 남편의 심정을 대변하고 있다고 생각한다.

"우리 내외에게는 도움이 필요합니다. 저는 우리의 모든 문제가 한 가지 원인에서 비롯되었다고 생각합니다. 저의 아내는 저와 성교하기를 원치 않는데 저는 이것을 받아들일 수가 없습니다. 이 상황은 우리 결혼생활 18년 내내 지속되었습니다. 우리는 현재 한 달에 한 번 정도 관계를 하고 있습니다. 이것은 제가 아내로 반응하게 만들려는 여러 날 동안의 힘겨운 시도 뒤에 이뤄지는 거지요. 그리고 그것은 사랑하는 행위가 아니라, 아내 쪽에서 굴복하거나 의무적으로 치러주겠다는 태도지요. 저는 아내를 사랑합니다. 그녀는 훌륭한 아내이며 어머니이자 친구입니다. 저를 육체적으로 사랑하지 않는다는 것만 빼면 말입니다. 아마 저의 아내가 저를 사랑하지 않기 때문에 저에게 반응하지 않는 것일지 모른다는 사실에 직면하기가 저는 두렵습니다. 저는 제 자신에게 여러 번 물어보았습니다. 너는 무엇을 위해 아직 결혼을 유지하는 거냐? 저에게는 답이 없습니다. 어떻게 해야 할지 모르겠습니다."

무관심은 사랑의 적이다. 광적으로 극적으로 반응하라는 것이 아니다. 부드럽게 단순하게 즉흥적으로 사랑스럽게 반응해준다면, 아내는 말과 행동으로 남편의 성애에 반응하게 된다.

결혼 안에서 누리는 성적 친밀감은 언제나 좋은 것이다. 성적 관계에서 우리는 즐거움을 주며 영과 몸이 연합한다. 우리는 결혼했든 독신이든, 음욕(욕정)을 통해, 상대방을 착취하는 것이다. 음욕은 사실 친밀감을 회피하며 도망가는 행위다. 그러므로 성적 욕구는 좋은 것이고 하나님이 주신 것이다. 그러나 음욕은 이기적인 것이고 우리의 죄악된 본성에 속한 것이다(골 3:5; Ghent & Childerston, 1994).

성에 대한 왜곡된 인식은 건전한 성생활을 방해한다. 우리는 성을 쾌락의 도구로 인식해서는 안 된다. 부부사이의 성은 아름다운 것이나

3. 기독교에서 보는 성: 성은 거룩하고 아름답고 좋은 것이다

하나님은 음행과 간음을 정죄하고 심판하신다고 하였다. 바울은 경고하고 있다. "하나님께서는 여러분이 성적인 모든 죄를 피하고 거룩하고 순결하게 살기를 원하십니다. 자기의 아내를 거룩하고 존귀한 마음으로 사랑하십시오"(쉬운성경, 살전 4:3-4). 왜곡된 성은 경계해야 한다. 다시 말하면 성 문제에서 양 극단 즉, 성적 억압이나 쾌락주의적 성 탐닉 같은 위험 인자는 피해야 한다. 성은 하나님이 주신 선물이다. 성생활은 부부에게 주신 친밀한 의사소통 도구이며 아름다운 사랑의 도구이다.

제2의 성혁명이 필요하다

1960년대에 제1차 성혁명은 무책임하고 자유로운 섹스를 부르짖었다. 그러나 칩 잉그램(Ingram, 2003) 목사는 우리가 제2의 성혁명으로 하나님의 부르심에 응답해야 한다고 호소하고 있다. 제2의 성혁명은 성애에 대해 새롭게 생각하기, 새로운 방식으로 이성의 매력을 끌기, 그리고 새로운 방식으로 이성과 관계 맺기의 세 가지 전선에서 동시에 일어나야 한다(p.185).

성격 차 vs 성 격차

성공적인 결혼은 개인의 건강과 행복의 증진에 기여하는 더 강력한 요인 중의 하나다. 우리나라의 행복도가 178개국 가운데 102위에 머물고 있는 이유는 결혼생활에 만족하는 이들이 그리 많지 않다는 데 그 중요한 원인이 있다.

2010년 우리나라의 이혼율이 9.5% 증가했고 결혼율은 5.4% 감소했다는 보도가 있었다. 우리나라의 가정은 그리 행복하지 않다. 많은 가정이 흔들리고 있으며 이혼위기에 직면해 있는 가정이 늘어가고 있다. OECD 국가 중 두 번째로 높은 이혼율을 기록하고 있다는 것이 이를 말해주고 있다.

전 세계적으로 볼 때, 전체 부부 중 약 25%만이 행복하게 살고, 50%는 자녀들 때문에, 가계재정 때문에, 그리고 사회적 종교적 책무 때문에 마지못해 어쩔 수 없이 동거하고 있고, 나머지 25%는 별거하거나 이혼한다고 한다. 결혼하는 커플 중 1/4정도만이 행복하게 산다는 것이다. 높은 이혼율이 시사하는 바는, 옛날에는 이혼이 유별난 현상이었는데, 지금은 그렇지 않다는 것이다. 그만큼 성공적이고 행복한 결혼을 찾아보기 어렵다는 것이다.

우리나라 사람들이 이혼하는 원인 중에 성격 차이가 50% 이상이라고 한다. 그런데 그 성격 차이를 조금 더 깊이 들어가 보면 성sex격차이가 있다. 이혼하는 한국인들의 50%가 성생활의 불만을 이혼사유로 꼽는 것으로 나타났다. 성생활의 만족이 가정을 견고하게 할 수 있다는 사실을 단적으로 보여주는 사례라 할 수 있다(이동원, 1998). 기독교상담학자 로렌스 크랩Crabb은 "결혼문제의 가장 큰 원인이 대화의 부족에 있다면, 그 두 번째 원인은 성 문제라고 할 수 있다. 부부 사이의 불화가 침실만큼 극명하게 나타나는 곳은 없다"고 진단하였다.

남성의 경우, 성의 중요성을 더 인식하는 경향이 있으며, 남성이 여성보다 성적 요인에서 더 큰 갈등을 겪는 것으로 나타난다. 중년기 이

3. 기독교에서 보는 성: 성은 거룩하고 아름답고 좋은 것이다

후에는 여성이 더 성적 갈등을 느끼는 것으로 양상이 바뀌기도 한다.

목회상담자 김병태(2002) 목사는 다음과 같이 쓰고 있다. "부부 사이에 성생활의 차이가 가져다주는 갈등은 심각한 편인데도 쉽사리 표현할 수가 없다. 자존심이 상하기도 하고, 부끄러운 일이라고 생각하기 때문이다. 유교적인 사고체계를 가지고 있는 한국풍토가 그렇지만, 특히 그리스도인에게는 이원론적인 사고가 있어서 성에 대해 말하는 것이 육적인 것에 대해 관심이 많은 것으로 오인될 수 있기 때문에 다른 사람에게 말하기가 어렵다. 그러나 부부는 성적인 부분에 있어서 서로 터놓고 대화를 나눌 수 있어야 한다. 배우자의 성적 필요가 무엇이고, 어떤 자극을 좋아하고, 어떤 자극을 싫어하는지에 대한 진솔한 대화를 통해 상대방의 마음을 알 수 있고, 상대방의 필요를 채워줄 수 있다"(p.114).

4. 우리나라 결혼생활 실태

2007년 말 미국 교민사회를 대상으로 결혼실태조사가 처음으로 이뤄졌다. 이민생활을 하는 우리나라 사람들은 건강한 결혼을 어떻게 이해하는가? 우리나라 사람들이 생각하는 건강한 결혼의 지표는 재정적 안정, 성공적인 자녀를 두고 있는 것, 함께 놀면서 질적 시간을 보내는 것, 의사소통 능력, 상호신뢰와 존경 등이다. (소극적인 의미에서 외도, 폭력, 마약, 알코올, 도박중독이 없는 가정을 순기능가정으로 이해하고 있다).

"나의 직계 가족 중에 이혼한 사람이 있다"는 문항에 43%가 "그렇다"고 대답했다. 50%는 "우리에게는 심각한 가족/결혼 문제가 있다"고 대답했다.

99%의 응답자는 다시 태어난다면 지금의 배우자와 결혼하지 않을 것이라 응답했다. 오직 3%만이 스스로 건강한 가정생활을 하고 있다고 응답했다.

많은 한국인들은 겉으로는 결혼하였지만, 속으로는 이혼한 상태에 있다. 법적인 이혼은 하지 않았지만 정서적인 이혼 상태에 있는 부부가 많다는 것이다.

가부장적이고 위계적이었던 1세대 부모는 사랑 없는 결혼을 참았지만, 동반자 결혼을 원하는 2세대 젊은 부부들은 애정 없는 결혼을 참아내지 않는다. 그들은 보다 친밀한 관계를 누리기를 기대한다. 특히 그리스도인 부부에게 정서적으로, 성적으로, 그리고 영적으로 친밀감이 없는 결혼은 실패한 결혼이나 다름없다.

〈KBS 아침마당〉의 고정 출연자 김병후(2003) 박사는 우리나라 이혼율이 초스피드로 높아지는 진짜 이유를 **가부장적 위계질서를 고집하는 남자들과 평등한 관계를 소원하는 아내들 사이의 '가치관의 차이'**라고 진단했다. 한국가정법률상담소 곽배희(2004) 소장에 의하면, 민법 840조 6호에 말하는 '더이상 혼인생활을 할 수 없는 중대한 사유'가 폭행, 배우자의 외도, 생사불명, 경제적 무능, 가족에 의한 학대 등 13가지로 집약될 수 있었는데, 시대상황이 바뀌면서, 1990년대 이후에는 **'성격이 맞지 않는다, 애정이 없다, 대화가 안 된다, 가정에 불성실하다, 폭언을 한다, 거짓말을 한다, 인터넷 중독이다'** 등 32가지로 늘어났다고 한다.

요즘 유행하는 우스갯소리 가운데 '나이에 따른 부부의 잠자는 유형'이라는 것이 있다. 30대 부부는 마주 보고 잔다. 그러다가 40대가 되면 각자 천장을 보고 잔다. 50대가 되면 서로 등을 지고 잠을 잔다. 이렇게 등을 돌리고 자는 부부는 서로 만나기 위해서 지구를 한 바퀴 돌아야 한다. 60대 부부는 서로 다른 방에 들어가서 잔다. 70대 부부는 서로가 어디서 자는지도 모른 채 잠자리에 든다. 그러나 부부가 함께 있어도 고독하다. 부부는 정서적으로, 육체적으로, 영적으로 연결감을

4. 우리나라 결혼생활 실태

누리지 못한다면 수준미달의 결혼이라 할 수 밖에 없다.

우리나라 가정은 왜 이혼에 취약한가? 전문가들은 가부장적 위계질서와 여자를 무시하는 태도, 고부간의 갈등1, 그리고 집단주의와 체면문화/수치심2을 든다.

게리 콜린스(2008)가 지적한대로 "때때로 성 문제가 가장 먼저 결혼생활을 불화로 이끈다. 부부 갈등, 혹은 부부 사이가 멀어지는 경우 제일 빈번하게 생기고 자주 발생하는 것이 성적 갈등인 것 같다. 이 일은 분노, 실망, 후회, 공포, 혹은 긴장을 많이 만들어내 서로 더이상 성관계에 만족하지 않도록 만든다. 성과 결혼은 어느 나라에서나 대단히 밀접하게 섞여 있어 다양한 갈등을 야기하고 있다"(p.396).

결혼전문가 송길원, 김향숙 부부(2010)는 우리나라의 결혼실태를 다음과 같이 진단한 적이 있다.

> 성에 대한 무지와 대화의 부재가 아름다워야 할 부부의 침실을 악몽과 같은 시간으로 만들어 버린다. 이혼하는 두 가지 이유는 성격 차 아니면 성 격차다. 성격 차는 싸우기라도 하지만 성 격차는 수면 밑에 가라앉아 있다. 부글부글 끓어오르는 거대한 에너지가 잠재해 있다가 성격 차라는 통로를 통해 폭발하는 것이다. 성sex 격차를 극복하는 일은 성격 차를 극복하는 일보다 더 시급하다(p.106).

---

1. 혈연을 중시하는 유교문화로 인해 어머니와의 관계는 하늘이 정해준 것이지만, 아내와의 관계는 사람이 정해준 것이라 믿고 있다.
2. 재정적 책임을 다하면 남편은 외도해도 괜찮다고 생각한다. 애정이 없는 결혼에서, 아내는 온 정력을 자녀에게 쏟는다. 체면문화 때문에, 자신의 문제에 솔직하기 어렵고 외부의 도움을 구하는 것을 꺼린다. 부부간의 성 문제는 전화상담의 주 메뉴이지만, 교회 내에도 성경적 성교육은 거의 이뤄지지 않고 있다.

우리나라 부부의 성생활만족도

2011년 말 여성정책연구원에서 조사한 바에 의하면, 한국 여성의 결혼행복도는 7점 만점에 4.92점으로 나타났다. 10점 만점에 7점정도 된다는 말이다. 여성의 생활만족도가 이처럼 낮은 이유는 무엇인가?

2006년 2월 한국의 어떤 제약회사는 세계 4개국(한국, 일본, 미국, 프랑스)의 30대, 40대, 50대 기혼 여성 1,200명을 상대로 실시한 '부부생활 만족도' 조사 결과를 발표하였다(세계일보, 2006년 2월 10일).

그 결과에 따르면 부부 간 대화에 대한 만족도와 성생활만족도에서 프랑스와 미국의 부부들이 만족도가 75%, 72%로 가장 높았고, 이들에 비해 일본(53%)과 한국(52%) 부부들의 만족도가 상당히 낮은 것으로 나타났다. 원인이야 어쨌든 '함께 생활하고 있지만 부부가 함께 마주 앉아 대화를 나누지 않는다'는 가정이 대단히 많은 것으로 드러났고, 성생활만족도에서도 순위는 비슷하게 나타났다. 미국과 프랑스 부부들은 75%, 85%의 만족도를 보이는데, 한국과 일본은 40%, 39% 정도의 만족도를 보이는 것으로 나타났다.

배우자와의 성생활에 만족하지 못하는 비율이 남성과 여성이 모두 낮았지만 여성의 경우가 더 심각하였다. 한국과 일본 여성의 경우 배우자와의 성생활에 만족하는 비율이 30%에 불과해서 프랑스(80%)나 미국(65%)에 비해서 굉장히 낮은 수준의 만족도를 보이고 있다. 한국 부부의 만족도가 낮은 이유에 대해서 남성의 경우는 '성관계 횟수가 적다' 거나 '아내의 관심이 없고 기교도 부족하다' 가 많았다. 우리나라 여성의

4. 우리나라 결혼생활 실태

경우 '남편이 이기적으로 혼자만 만족하고 전후의 로맨틱한 분위기를 만들려고도 하지 않는' 점을 지적하였다.

행복한 결혼생활을 유지하기 위해서는 성생활에 대한 만족이 요구된다. 부부상담전문가 송정아(2006) 박사는 성상담을 요청해 온 자매에게 다음과 같이 조언하고 있다.

만족한 성생활이 결혼에 중요함에도 불구하고 "이렇게 중요한 성생활이 유교 문화권 아래 있던 우리 한국 여성들, 특히 경건에 이르고자 하는 믿음 좋은 그리스도인들에게는 잘못된 개념으로 인식되어져 왔다. 성은 부끄러운 것, 수치스러운 것, 또는 불경스러운 것으로 생각해 왔다. 그러나 하나님은 성을 결코 그러한 의미로 우리에게 주신 것이 아니다. 섹스의 창시자인 하나님은 성관계를 통해서 정신적인 공허함 뿐 아니라 육체적인 공허함도 서로 채우며 만족을 누리도록 성적인 욕구를 허락하셨다. 물론 이 성관계는 결혼이라는 테두리 안에서 이뤄져야 한다. 행복한 결혼을 위해서는 아름다운 성생활이 유지되어야 하겠고 아름다운 성생활을 하기 위해서는 자매님의 생각 속에 자리 잡고 있는 부정적인 생각을 제거하는 것이 필요하다. 성행위는 불결하고 추악한 것이 아니라 아름답고 신성한 것이며 부부간의 성행위를 통한 즐거움이나 기쁨은 창조주 하나님이 부부에게 주신 선물이다"(p.245).

바이엘헬스케어Bayer Healthcare가 한국 등 14개 국가 18세 이상 여성 1만 4,049명을 대상으로 2006년 4월부터 7월까지 성생활에 대해 조사한 결과 한국 여성이 성생활에 가장 적극적인 것으로 나타났다. 한국의 40대 이상 여성 중 66%가 바이털섹슈얼(건강한 성생활을 즐기고 파트너와 성적인 문제가 생겼을 경우 이를 대화 등 다양한 방법을 통해 적극적으로 해결하려는 사람)인 것으로 조사되어 Vital Sexual Woman 1위를 차지했다. 반면에 한국 중년 남성의 바이털섹슈얼 비율이 26%로 조사된 14개국 중 가장 낮게 나타나 대조를 보이고 있다.

중년심리학자 정석환(2007) 교수에 의하면, 중년의 성적 관계를 어렵게 하는 요소는 첫째, 성적 무지와 잘못된 신화(편견들), 둘째, 과거와의 비교(젊은 시절 관계 횟수와의 비교), 셋째, 자녀양육과 가족 내의 환경, 넷째, 스트레스와 결혼갈등의 문제, 다섯째, 일중독과 피곤의 연속, 여섯째, 부부간의 솔직한 대화의 부족과 친밀감의 결여 등을 들고 있다. 그런데 많은 부부들은 서로에 대한 의무에 바쁜 나머지 부부 간의 언어 중 가장 소중한 언어인 성의 언어를 잊어버린 채 살게 될 수 있다(p.85).

수년 전에 〈Time〉지에 아주 재미난 설문조사 결과가 실린 적이 있다. 미국에서 여러 계층의 사람들을 대상으로 성적 만족도가 제일 높은 그룹이 어떤 부류의 사람들인가를 조사한 결과 이른바 복음적 그리스도인들의 성적 만족도가 가장 높은 것으로 나왔다. 결혼의 테두리 안에서 성에 대한 금기의식이 없이 신앙생활을 하는 성도들이 성적으로 더 만족스런 생활을 할 수 있다는 매우 구체적인 증거가 나온 셈이다(이동원, p.152).

우리나라의 행복도를 높이기 위해서도 우리는 즐거운 성에 대한 교육이 절실히 요구된다고 하겠다. 남편과 아내는 모두 '사랑과 성'을 즐기고 싶어 한다. 하지만 남성은 '성에서 사랑으로' 여성은 '사랑에서 성으로' 라는 순서에 차이가 있다(고혜이, 2010). 남녀 간의 이런 미묘한 심리차이가 때로는 부부관계에 대한 심각한 오해를 불러일으키고 파멸로 치닫게 하는 경우도 있다. 우리 주변에는 기본적 무지와 오해로 인해 만족한 성생활을 누리지 못하는 이들이 의외로 많은 것 같다.

우리는 정보의 홍수 시대를 살고 있다. 성에 대한 정보도 넘쳐나고 있다. 그런데도 교회는 성을 터부시하고 있고 많은 부부는 안개 속을 헤매고 있다 해도 과언이 아니다. 「聖스러운 性에 成功하자」의 저자 김종철(1999) 박사는 말하고 있다. "이제는 한국 교회가 성을 더이상 밀실에 가두어 두지 말고, 성에 대한 올바른 성경적 근거를 찾아 하나님께서 주신 거룩하고 신비하고 아름다운 성을 가르치는 일에 앞장서야 한다"(p.24).

5. 남편과 아내는 어떻게 사랑해야 하나?

　결혼은 쉽지 않다. 어떤 의미에서 결혼은 사람이 세상에서 할 수 있는 가장 큰 모험이다. 러시아에 "싸움터에 나갈 때는 한 번 기도하고, 바다에 나갈 때는 두 번 기도하라. 그리고 결혼을 할 때에는 세 번 기도하라"는 속담이 있다고 한다. 가족문화가 다른 두 남녀가 각자의 가족문화를 융합하고 수정하고 보완하여 자신들만의 새로운 가족문화를 만들어 가는 과제는 쉽지 않다. 우리는 누구나 낭만적 환상과 기대를 가지고 결혼하지만 지루하고 단조로운 일상생활과 싸우는 적응과정에 성공하기는 쉽지 않은 게 사실이다. 누군가는 결혼을 '사랑'이라는 천상의 단어를 '일상'이라는 땅의 단어로 접목시키는 것이라고 했다.

　가족치료사 라슨(Larson, 2003)에 의하면, 모든 결혼은 낭만적 사랑인 밀월단계와 현실을 직면하게 되는 환멸단계, 그리고 후회와 포기, 즉 해체 또는 만족하며 적응하는 선택의 단계를 거친다(p.2).

1. 밀월단계

　우리는 누구나 엄청난 기대와 환상을 가지고 결혼을 시작한다. 낭만적 밀월의 단계는 첫눈에 반하는 사랑과 만남으로 시작된다. 사랑에 빠지는 현상은 일종의 정신병과도 같다. 뇌세포에서 도파민, 노르에피네프린, 페닐에칠라민PEA 등 사랑호르몬이 방출되어 화학반응을 일으켜 황당한 착각을 하게 된다. 사람을 포함한 모든 포유류의 애착신경계는 뇌하수체에서 분비되는 바소프레신과 옥시토신에 의해 작동된다. 상대방이 매력적으로 보이고 마음을 독점하고 싶은 마음이 생긴다. 서로 비슷한 점에 끌리고, 서로 다른 점에도 호감을 느끼게 된다.

낭만적, 열정적 사랑은 "나 아닌 다른 존재와 하나가 되고 싶은 강렬한 갈망의 상태로서, 두 존재의 분리는 끝없는 절망감과 불안감, 그리고 무엇으로도 채워지기 어려운 허전함을 불러일으킨다." 이 단계에 있는 부부는 "당신 없이는 못 살아"라고 고백할 것이다. 한마디로 열정적인 사랑은 기쁨과 고통의 끊임없는 물결침이라 해도 과언이 아니다(함인희, 1998). 이 기간은 대개 18개월에서 2년 정도 계속된다고 한다. 시간이 지나면서 심각한 갈등에 직면하게 된다.

사람들은 결혼할 때 피차 서로 공유하고 좋아하는 것, 상호보완적이면서 서로 다른 것, 전혀 보완적이지 않으며 대부분의 갈등을 야기하는 차이점이라는 세 가지 원자재를 가지고 시작한다(David Mace). 그러나 적응의 단계를 지나면 차이점이 부각되면서 서로 거슬리는 실망과 환멸의 단계가 오게 되어 있다.

어느 누구나 결혼에 대한 환상적 장밋빛 꿈을 갖고 시작한다. 남자라면 결혼 전에는 마음대로 섹스를 할 수 없으므로 결혼하면 언제든지 마음만 먹으면 섹스를 할 수 있다는 기대감을 갖는다. 또 여자는 성에 대한 환상보다는 포근하게 자기를 돌봐주고 보호해주며 자상하게 보살펴주며 사랑해줄 '남편'이란 존재를 꿈꾸며 결혼을 계획한다. 그러나 이러한 기대는 머지않아 좌절에 직면하게 되어 있다.

2. 환멸단계

우리는 서로 다른 기대를 가지고 결혼한다. 자기 자신에 대한 기대, 배우자에 대한 기대, 그리고 결혼생활에 대한 기대가 그것이다 그러나 이것은 서로 상충되어 나타난다. 막상 결혼하고 나면 차츰 환상을 깨어지고 부부생활을 이어가기 위한 현실적 문제에 부딪치게 된다. 그래서 두 사람의 적응은 쉽지 않다. 오죽했으면 결혼은 해도 후회, 안 해도 후회라는 말이 나왔겠는가!

처음에 끌렸던 배우자의 매력이 점점 눈에 거슬리는 불편한 차이점으로 느껴진다. 그래서 여유로움은 게으름으로, 꼼꼼함은 치사함으로, 차분함은 답답함으로, 융통성은 변덕스러움으로 느껴진다. 상대방은 그대로인데 그를 바라보는 내 인식이 바뀐 것이다. 비슷한 점과 다른 점 모두가 갈등의 불씨가 된다.

그리고 경제문제, 가사문제, 성격문제, 생활습관 문제, 친인척 문제, 자녀문제 등 생활문제를 직면하게 된다. 부부는 좋은 경험과 힘든 경험, 나쁜 경험을 모두 같이 나누는 동반자이다. 불편하게 느껴지는 다른 점이 두 사람 사이에 부정적 감정을 키운다. 이때 필요한 것이 갈등을 창조적으로 활용하는 대화의 기술이다.

부부는 불편하게 느껴지는 차이점을 나의 욕구나 바램에 맞게 억지로 바꾸려고 힘을 쓰게 되면 상대는 필사적으로 저항을 하게 된다. 그러면 이것은 부부싸움으로 점점 커지게 된다. 다툼의 단계가 시작되는 것이다. 이는 낚시꾼이 낚싯대를 잡아당기면 잡힌 고기는 필사적으로 저항하는 것과 같다. 양극화 현상이 일어난다. 그리고 잔소리가 심해진다.

"왜 집안을 그렇게 어지럽히기만 해?"

"말 막하지 마라."

"카드 함부로 쓰지 마라."

"반찬 좀 제대로 해라."

부부는 점점 분노와 증오심 같은 부정적 감정이 증폭된다.

"저 인간이 내 생각을 하기나 하나?"

"내가 원래 생각했던 것보다 더 뚱뚱하잖아. 내가 어떻게 그것을 몰랐지?"

"나는 결혼하면 저 여자도 함께 돈 벌러 나갈 줄 알았지. 돈은 나 혼자 벌어야 하고, 생활비는 늘 모자라고!"

"잠만 제대로 못자면 얼마나 화를 내고 투정을 하는지. 저것이 누구를 닮은 걸까?"

개성이 뚜렷하고 자기주장이 강한 현대의 젊은 부부 사이에 이혼율이 높은 것은 이 양극화 현상 때문이다. "당신 없이는 못 산다"라고 하던 부부가 이제 "당신 때문에 못 살아"라고 고백하게 된다.

갈등과 성생활 문제. 부부갈등이란 부부간의 의견이나 관심의 불일치를 말하며 부부관계의 충족되지 못한 욕구가 존재함을 의미한다. 부부의 성생활 문제는 부부갈등으로 인한 하나의 증상이다. 성관계는 부부의 정서적, 정신적 상태에 예민하게 반응한다. 그러므로 친밀한 관계에서는 자연스럽게 성관계가 늘어나지만, 불화가 생기면 성관계 자체에 흥미를 잃기도 하고 심할 경우 성관계를 혐오스럽게 느끼는 사람도 있다(박성덕, 2011).

불화가 심각한 부부일수록 자신의 이성과 감정이 옳다는 생각에 빠져든다. 서로 상대방을 인정하지는 않고 배우자가 잘못되었다고만 비난한다. 내 주장은 옳고 네 주장은 틀렸다는 생각이 점점 강해진다.

문제는 부부 갈등이 있느냐 없느냐가 아니라, 모든 부부들에게는 갈등이 있게 마련이다. 중요한 것은 이 갈등을 어떻게 해결하는지가 관건이다. 서로 공감하고 반영하는 대화로 이해와 타협에 이르지 못하면, 두 사람의 분노와 절망감이 극에 도달하게 된다. 조그만 일로 부딪쳐도 부부싸움이 격화된다. 그리고 어떤 노력을 해도 관계가 좋아질 것 같지 않다는 비관적인 생각에 빠져 배우자를 외면하고 싶어지고, 또 이혼을 심각하게 고려하게 된다.

결혼 7년차가 되면 부부갈등의 긴장도가 가장 높아진다. 상대방에 대한 짜증, 신경질, 화, 분노, 원망과 같이 부정적인 감정이 많아진다. 배우자의 얼굴만 봐도 '참 따분한 얼굴, 참 나태한 인간, 참 능력 없는 사람, 참 참을성 없는 사람'이라는 생각을 하게 된다.

타협의 여지가 전혀 없는 막다른 골목에 다다른 상태를 '관계의 덫'이라고 한다. 절망감과 무력감을 느낀다. 모든 책임이 배우자의 나쁜 행동과 괴팍한 성격에 있다고 믿게 된다. 배우자를 '이기적이고, 무책임하며, 거짓말쟁이고, 믿을 수 없고, 인간으로서 기본자질이 부족하고, 정신적으로 미성숙하고' 등등 험담에는 끝이 없다.

이러지도 저러지도 못하고 혼란스러워 하는 극도의 양가감정 상태에 빠지게 된다. 아이들 양육문제, 현실적 경제문제, 이혼 후의 적응문제를 생각하면 가슴이 답답해지고 막막해진다.

이때 제3자의 도움이 필요한데, 대다수의 부부들은 도움을 청하지 않고 그냥 방치해 둔다. 한 사람이 이혼이나 별거를 결심하게 되면 '역시 저 사람이 잘못되었고, 도저히 개선의 기미가 안 보이며, 그래서 어떠한 희생을 치르더라도 헤어지는 것이 맞다' 는 생각을 굳히게 된다.

감정은 이성보다 더 중요한 기능을 한다. 감정은 모든 생명체의 기본적 신호체계로서, 말보다도 더 중요한 의사소통의 도구다. 감정은 두 사람 사이의 관계가 좋은 지 나쁜 지를 알려주는 매우 중요한 신호다.

연구결과에 의하면, 행복한 부부는 일상생활에서 긍정적 감정을 훨씬 더 많이 나누고 있고, 갈등 시에 생기는 부정적 감정을 잘 조절할 줄 알고 있으며 갈등을 해소하고 분노의 감정을 처리하면서 오히려 긍정적인 감정을 경험하고 있는 것으로 밝혀졌다.

가트맨(1994) 박사는 비난과 방어, 경멸, 담쌓기(냉담)를 관계를 망치는 네 가지 지름길이라고 했다.

수십 년 이상 결혼생활을 해온 부부도 상대방의 생각을 자신의 생각에 끼워 맞추려 들면서 말다툼을 되풀이 한다. 불행하게도 부부싸움의 대부분이—정확하게 말하자면 69%가— '지속되는 문제' 에 속한다고 한다. 두 사람의 차이를 인식하지 못하고, 혹은 알고 있더라도 그러한 차이를 있는 그대로 인정하지 못하고 계속하여 자신의 방식과 자신의 것을 주장할 때 이러한 갈등은 심화된다. 그러나 커플 사이의 다름과 닮음은 때에 따라 긍정적인 자원이 되기도 하고 혹은 갈등의 원인이 되기도 한다. 행복한 부부들이라고 과연 의견 차이가 없을까? 혹은 갈등을 모두 다 해결하고 살아가고 있을까? 진실은 결코 그렇지 않다는 것이다.

남녀 간의 사랑을 기본적으로 구분한다면, 열정적인 사랑(낭만적 사랑)과 동반자 사랑(동료애 또는 우애적 사랑)으로 구분된다. 현대의 부부들은 연애감정 때문에, 즉 강렬한 성적 끌림(매력), 타인 배제성, 사랑하는 사람의 개인적 특성 이상화하기, 그리고 환희에 의해 특징지어지는 사랑 때문에 결혼했다. 그러나 이러한 사랑은 2년 이상 지속되지 않는다. 반드시 콩깍지가 벗겨지고 상대방의 단점에 눈뜨게 되는 단계가 오게 마련이다. 환멸의 단계는 반드시 오게 되어 있다. 문제는 이때 별거와 이혼을 선택하는 것이 아니라 동반자로서 친밀한 관계를 맺어가는 우애적 사랑을 배워야 한다는 것이다.

환멸의 단계가 지속되다 보면 우리는 선택을 해야 하는 결단의 기로에 서게 된다.

3. 선택의 단계

선택의 단계에서 부부는 해체(이혼)와 체념 속 적응, 또는 만족하며 적응하는 쪽을 선택한다(Larson, 2003).

세 번째 단계에 도달할 때쯤이면, 부부는 결혼에 이상이 있다는 것을 감지한다. 실망과 불평 속에 그들은 자문한다. "이제 우리는 어떻게 해야 하나?" 그들 앞에는 세 가지 대안이 있을 뿐이다.

어떤 이들은 별거와 이혼을 통해서 관계를 해체시키는 쪽을 선택한다. 배우자를 바꿔치는 쪽을 선택하는 것이다. 다른 사람들은 불만족스런 결혼을 하루하루 견디며 살아간다. 전문가들은 이를 '체념한 가운데 적응한다'고 한다. 이런 결혼에 사랑은 별로 없다. 체념한 결혼에서 부부는 점차 멀어져 간다. 생활에 대해 별로 나누는 것이 없이, 자녀들 때문에, 아니면 종교적 의무 때문에 같이 산다.

가정사역의 선구자 데이비드 메이스(David Mace, 1982)는 현대의 부부가 우애적 결혼에 성공하려면 효과적으로 기능하는 의사소통체계와 창조적인 갈등해소 기술이 필요하다고 하였다. 구체적으로 말해서, 부부는 매일 같이 자신의 경험과 삶을 의미 있게 나눌 수 있어야 하며, 무엇보다 분노와 차이를 파괴적으로가 아니라, 건설적으로 해소하고 협상하는 법을 배워야 한다(Dennis Guernsey, 1975).

지혜로운 사람들은 우애적이고 배려하는 사랑을 배우는 쪽을 선택한다. 전문가는 이를 '만족하며 적응한다'고 한다. 오래 참고 인내하는 이타적인 사랑을 시도하는 것이다. 그래서 결혼의 성공은 적합한 배우자를 찾는 데 있는 것이 아니라 적합한 배우자가 되어가는 데 있다고 하지 않는가! 결혼은 낭만적이고 우애적이며 이타적인 세 가지 형태의 사랑의 합작품이다. 만족하며 적응하려면 당신의 현재 상황을 인식하고, 보다 만족스러운 결혼을 위해서 향상시켜야 하는 영역을 직시하여야 한다. 변화시킬 수 없는 것은 받아들이고 서로 변화를 시도하는 과정이 필요하다.

부부는 갈등을 조정하는 법, 다시 말해 갈등을 악화시키지 않는 방법, 그리고 갈등이 있음에도 불구하고 최대한 잘사는 방법을 배워야 한다. 갈등을 다룰 때 어떻게 대화하는가가 무엇보다 중요하다. 부부관계에서 만족을 유지하는 유일한 길은 효과적인 의사소통과 갈등관리기술이다. 우리에게 필요한 것은 싸우지 않고 대화하는 법, 분노를 처리하고 해소하는 관계기술이다.

오해는 결혼생활의 자연스러운 부분이다. 남자와 여자가 아무리 사랑한다 해도, 갈등은 겪게 마련이다. 두 사람이 언제나 똑같은 것을 원할 것이라고 기대하는 것은 비현실적이다. 부부관계에서 갈등은 불가피하다.

신혼부부의 37%가 결혼 후에 배우자를 더 비판하게 되었다고 인정했다. 그리고 30%는 말싸움이 늘었다고 했다. 타협하여 문제를 해결할 줄 아는 부부에게는 갈등이 부부간의 친밀감을 더 깊게 해줄 수 있다. 그 비결은 '공정하게 싸우는 법을 아는 것'이다. 갈등대화를 할 때 무엇보다 중요한 것은 먼저 부정적 감정을 진정하고 부드럽게 대화를 시작하는 것이다.

갈등의 위기는 '내가 이를 어떻게 처리하느냐'에 따라 위험스럽기도

하지만 성장의 기회가 될 수도 있다(Howard Clinebell). 결혼생활의 행복은 갈등을 극복함으로써 획득된다. 그러나 그것은 갈등을 오직 창조적으로 이해하고 극복할 때만 가능한 것이다(David Augsburger). 이렇게 하려면 우선 차이와 다름을 나쁜 것으로 생각하지 않고 오히려 긍정적인 것으로 수용하는 의식의 전환이 필요하다. 갈등을 창조적으로 해소하면 부부는 이를 친밀감을 위한 원자재로 사용할 수 있게 된다(David Mace).

대화전문가 최성애(2010) 박사는 부부관계를 회복시키는 방법으로 부드러운 말투로 시작하라, 상대의 장점을 찾으라, '다행일기'를 쓰라, 결정적 순간에 현명한 선택을 하라고 권하고 있다. 원수 되는 대화, 멀어지는 대화를 피하고 '다가가는 대화'를 하라. 대화기술을 구체적으로 배우기 원하는 독자에게 최성애 박사의 「행복수업」과 하워드 마크맨의 「우리에게 필요한 12시간」을 읽어보라고 권하고 싶다.

성적 적응의 어려움. 모든 부부는 성에 대한 어느 정도의 두려움과 불확실성을 갖고 결혼생활을 시작한다. 이것은 성경험이 있는 사람들에도 마찬가지다. 그리고 동시에 성적인 생활이 흥미롭고 끊임없이 만족을 가져다줄 거라는 희망과 기대감도 동시에 가지고 있다. 그러다가 성적인 어려움에 처하기가 쉽다. 그것은 정확한 지식의 부족, 성에 대한 억압적 태도, 성적 욕구의 차이, 사생활에 대한 불충분한 기회, 비현실적인 기대감 등으로 말미암아 발생한다. 바쁜 생활방식, 배우자가 느끼는 무감각, 그 밖의 결혼생활의 갈등으로 인해 부부들은 성생활에 방해를 받게 된다. 이런 것이 해결되지 않으면 결혼은 거의 예외 없이 어

5. 남편과 아내는 어떻게 사랑해야 하나?

려움에 직면하게 된다.

　결혼생활에서 섹스만큼 당혹감과 마음의 상처를 안겨주는 것은 없으며, 거절은 마음의 유대를 끊는 잠재적 요소를 가지고 있다. 그래서 부부들은 이 문제에 대해 이야기하기를 꺼리게 되고, 설령 이야기를 나누어도 솔직하지 않은 표현을 씀으로써 상대방의 진의를 파악하지 못하는 경우가 많다.

　심리학자들의 연구결과에 따르면, 아무리 천생연분의 부부라 해도 결혼한 지 평균 2년이 지나면 상대방에 대한 설레는 감정이 식으면서 상대의 벌거벗은 모습을 있는 그대로 받아주지 못한다고 한다. 사랑에 빠져 있던 연애기간에는 감정적으로 서로에게 매료되어서 상대의 결점이 눈에 뜨이지 않는다. 아침에 일어나서 눈 붙이기까지 온종일 같이 있고만 싶다. 손을 잡을 때도 서로의 피가 통하는 것 같고, 함께 보내는 시간이 황홀하고 행복해서 마치 천국에서 사는 것만 같다.

　낭만적 사랑은 이상한 안경을 끼게 하기 때문에 구리를 황금으로, 가난함을 풍족함으로 보이게 한다. 그러기 때문에 눈에 난 다래끼조차도 진주알같이 보인다고 하지 않았던가! 그러나 연애감정이 사자지고 현실에 눈을 뜨게 되면 상대의 모습이 눈에 거슬리기 시작하면서 실망하고 환멸을 느끼는 단계가 오게 되는 것이다.

　서로에 대한 열정이 사그라지기 시작하면서 자신들의 결혼이 일시적 열병에서 이루어졌다는 후회가 엄습할 때 부부는 다음 세 가지 선택에 직면하게 된다. 비참한 삶이지만 배우자와 함께 계속 살아갈 것인가? 이혼하고 새로운 삶을 시작할 것인가? 비록 연애감정은 사라졌지만 이제부터 본격적으로 (우애적인) 참사랑을 배워서 만족함으로 적응할 것인가?

그래서 「사랑의 기술」 저자 에리히 프롬은 사랑에 대해 말한 적이 있다. "어떤 사람을 사랑한다는 것은 결코 강렬한 감정만은 아니다. 이것은 결단이고 판단이며 약속이다. 만일 사랑이 감정뿐이라면, 영원히 서로 사랑할 것을 약속할 필요가 없을 것이다. 감정은 다가왔다 사라져 버리는 것이다."

낭만적 사랑은 결혼이라는 관계를 이룩시킬 수 있지만, 헌신과 우애적 사랑만이 성공적인 결혼을 향해 계속 비행하게 하는 데 충분한 열량을 공급할 수 있다. 오랜 기간 결혼을 연구한 하워드 마크맨 교수는 말한다. '누구나 열정적인 사랑으로 한 쌍의 커플이 되지만, 처음의 관계를 지속적으로 유지하지 못하는 경우가 대다수' 라면서 '남녀의 사랑을 유지하기 위해서는 사랑 자체뿐 아니라 좋은 관계를 유지하기 위한 기술이 필요하다.'

배우자를 사랑할 때, 우리는 감정으로만 사랑하지 말고, 지식을 따라, 이해심을 가지고, 하나님의 말씀을 따라, 하나님이 주신 사명으로 서로 사랑해야 한다. 현대의 우애적 사랑에서 성공하려면 서로에 대한 지식과 기술, 특히 대화기술과 갈등해소기술이 필요하다. 그래서 사도 베드로는 일찍이 "지식을 따라 너희 아내와 동거하라"(벧전 3:7)고 권면했던 것이다.

행복한 결혼은 우정에 성생활을 가미한 것이라는 말이 있다. 동료애(우애적 사랑)는 고도의 친밀감과 강력한 헌신의 기초 위에서 서서히 발전하는 사랑이다. 청춘의 열정이 결혼에 이르게 해 준다면, 깊고 애정 어린 우정의 기초 위에 세워진 동반자 사랑은 지속적이고 성공적인 관계를 만들어주는 견고한 토대가 된다. 감사한 것은 우리가 이런 사랑을 배워서 습득할 수 있다는 것이다. 행복한 부부는 배우자를 '나의 가장 절친한 친구'라고 고백한다. 그러기 위해서는 배우자에 대해 더 많은 것을 알고, 서로에 대해 호감과 존중을 쌓으며, 그를 더 많이 배려할 수 있어야 한다. 좋은 친구가 되기 위해서는 산책이나 외식과 같이 함께 하는 시간을 가져야 하며, 매일 자신에게 있었던 경험세계를 대화를 통해 나눌 수 있어야 할 것이다.

아버지 학교 운동을 주도하고 있는 김성묵(2010) 장로는 부부사이의 우정의 중요성을 이렇게 강조하고 있다.

> 부부생활을 윤택하게 만드는 가장 중요한 두 가지 요소를 들라면, 나는 우정과 성생활을 꼽겠다. 우정은 친구가 되어 간다는 의미로 부부는 깊은 우정을 나누는 사람들이기 때문이다. 그러나 친구보다 더 정서적으로 친밀하고 영적으로도 깊어질 수 있는 것은 성적인 연합이다. 부부생활은 영적인 연합, 정서적인 연합, 육체적인 연합을 통해서 하나가 되어 가는 것이다. 몸은 두 개지만, 하나의 인생을 살아가는 것, 그것이 결혼생활이다(p.88).

성공적인 결혼은 낭만적, 우애적, 이타적 사랑이라는 세 가지 유형의 사랑 모두를 필요로 한다. 결혼생활을 한 권의 책으로 본다면, (낭만적) 사랑에 빠진 감정은 서론에 불과하다. 본론은 이성과 결단으로 이뤄지는 우애적이고 이타적인 성숙한 사랑이다. 사랑하려면 지식과 기술이 필요하다. 누구든 작은 일이라도 상대에게 호감, 존중, 감사, 배려 같은 긍정적인 말과 행동을 자주하면 안정되고 행복한 친구관계를 이어갈 수 있을 것이다.

많은 사람들은 사랑을 받는 것으로 오해하지만 사랑은 본질적으로 주는 것이다. 상대방의 생명과 성장에 보탬이 되는 것을 주는 것이다. 먼저 사랑을 주어야 사랑을 받을 수 있다. 상대방에게 요구하기에 앞서 남편은 아내를, 아내는 남편을 먼저 사랑하고 섬기는 법을 배워야 한다.

❈ 우리 부부는 성생활에 어느 정도 만족하고 있는가? ❈

문항을 읽고 일이 발생하는 빈도에 따라 ( )속에 점수를 적는다.
(이러한 일이 전혀 없으면 0, 거의 없을 때에는 1, 가끔 그럴 때에는 2, 흔히 그럴 때에는 3, 항상 그럴 때에는 4를 적어 넣는다.)

1. 성에 대해 배우자가 나보다 관심이 더 많다. (　)
2. 배우자는 나보다 성에 관심이 없다. (　)
3. 배우자에게 성에 대해 말하기가 어렵다. (　)
4. 우리는 성적 관계에 있어서 만족을 모른다. (　)
5. 배우자가 성적 관계에 너무 집착하기 때문에 내가 다정스럽게 대하기가 어렵다. (　)
6. 우리는 서로 성에 대해 선호하는 방법이 다르다. (　)
7. 배우자는 나를 통제하거나 벌주는 데 성을 무기로 삼는다. (　)
8. 배우자는 나의 성적 욕망에 무감각하게 대한다. (　)
9. 우리는 산아제한에 의견이 일치하지 않는다. (　)

부부행복과 성적 만족의 상관관계

"당신의 행복을 위해서 무엇이 필요하다고 생각하는가? 무엇이 당신의 삶을 의미 있는 것으로 만든다고 생각하는가?" 「행복의 조건」의 저자 조지 베일런트는 '단란한 가족, 원만한 인간관계가 행복의 열쇠'라고 결론을 맺고 있다. 행복지수가 가장 높은 사람들은 공통분모로 흔히 예상되는 돈, 건강, 학력, 직업, 외모 등은 그 사람의 행복지수와는 결정적인 상관관계가 없는 것으로 나타났다. 오히려 놀랍게도 가족관계(부모/부부/자녀)가 좋은 사람, 그중에서도 부부관계가 좋은 사람이 가장 행복한 사람이라는 사실이 밝혀졌다(오제은, 2011).

행복한 부부는 사랑하는 일에 성공한 부부다. "사랑하는 데는 여러 가지 방법이 있다. 섹스는 그 가운데 하나다. 사랑의 성적 표현에는 여러 가지가 있는데, 성교는 그중 하나다." 행복도를 높이는 데 성적 만족도는 도움을 줄 수 있는가? 행복한 성생활은 건강한 관계를 유지하는 데 중요한 역할을 한다.

결혼생활에서의 성의 중요성에 대한 설문조사에 따르면, 성적인 만족도와 결혼 만족도는 일치한다는 결과가 나왔다(Parrott, 2003). 성생활을 긍정적으로 평가한 부부가 결혼생활도 긍정적으로 평가했으며, 성생활을 부정적으로 평가한 부부는 결혼생활을 부정적으로 평가했다. 결혼생활에서 성관계의 횟수와 질은 전체적으로 좋은 부부관계를 유지하는 데 필수적 요인이라는 말이다.

헌신은 만족스러운 성생활을 누리는 행복한 부부들의 주된 특성이다. 세계적인 성연구가 매스터스와 존슨은 자신들의 임상경험을 바탕으로, 만족스런 성생활에 기여하는 가장 중요한 요인은 단연 헌신이라고 결론을 내렸다. 배우자가 상대방에게 깊이 헌신하고 있음을 알 때 남자든 여자든 성적 반응이 더 좋아지는 경향이 있다. 헌신은 신뢰와 심리적 편안함을 불러오며, 그것은 다시 성생활에서 배우자에게 아낌없이 자신을 내어줄 수 있는 안전한 분위기를 창출한다.

또한 성관계를 시작할 때 서로의 관계는 부부간의 성적 만족도에 아주 중요한 요인이 될 수 있다. 또한 성관계를 할 때 소극적인 자세로 임하는 여성들보다 적극적인 여성들이 성생활에 더 만족한다고 한다 (Parrott, 2003).

우리는 어떻게 하면 부부생활의 만족도를 높일 수 있는가?

기본적으로 네 가지 방법이 있다. 첫째, 언어적 측면- 자신의 마음을 얼마나 여는가? 둘째, 감정적 측면- 상대방의 결점을 어느 정도 관용하는가? 셋째, 신체적 측면- 스킨십을 얼마나 자주 하는가? 넷째, 영적인 측면- 초자연적인 세계에 얼마나 열려있는가? 성생활은 이 가운데 신체적 측면에 속하는 것이다.

아메리칸 대학에서 연구한 바에 의하면, 행복한 부부는 성생활이 결혼생활을 긍정적으로 유지하는데 15~20%의 영향을 주는 반면에, 불행한 부부는 성 문제가 불화원인의 50~70%를 차지한다고 한다. 행복한 부부는 성관계를 기쁨과 친밀감을 얻는 하나의 방편 정도로 생각했다. 하지만 불화부부는 성에 대해 매달리고 성관계 자체를 부부갈등의

5. 남편과 아내는 어떻게 사랑해야 하나?

가장 중요한 원인으로 생각하는 성향이 있었다(Johnson, 2010).

1994년 미국 시카고 대학의 권위 있는 연구팀은 3,342명을 대상으로 실시한 성행위에 대한 조사결과를 발표하였다. 인터뷰를 통한 질적 연구의 결과는 다음과 같은 사실을 드러내고 있다(Warren, 1995).

- 일부일처 부부가 그들의 성관계에 훨씬 더 만족하고 있다.
- 결혼한 사람의 88%가 그들의 성관계에서 커다란 신체적 쾌감을 누리고 있으며, 85%는 정서적 분야에서도 똑같이 긍정적인 경험을 보고하고 있다.
- 혼외의 성은 잘못된 것이라는 강력한 합의가 이뤄져 있다. 결혼한 사람 중 94%가 지난 한 해 동안에 오직 한 명의 파트너―자신의 배우자―를 상대하였다.
- 만족스러운 성생활은 전적으로 오르가즘을 경험하는 것에만 의존하는 것은 아니다. 남자의 75%에 비해 여성의 29%만이 성교 중에 항상 오르가즘을 경험한다고 답하였다. 그러나 성생활이 신체적으로, 정서적으로 '매우' 만족스럽다고 답한 남자와 여자의 비율은 똑같이 40%였다.
- 압도적인 숫자의 미국인들이 그들의 성적 습관에서 이례적으로 전통적인 것이 드러났다. 예를 들어 모든 응답자의 95%가 지난번 섹스를 했을 때 아내의 질을 통해 성교했다고 답했다. 그리고 85%는 지난 해 성교할 때마다 그렇게 했다고 말했다. 미국인들이 다양한 성적 모험을 즐긴다는 이야기는 전적으로 부정확한 것으로 드러났다. 미국은 성적 다양성을 추구하는 나라가 아니다.

- 연구는 모든 미국인이 한결같이 AIDS에 걸릴 위험이 있다는 염려는 근거가 없는 것이다. 일반인들은 대도시에 살고 있는 동성애자들이나 마약복용자들과 계속적 성접촉을 하고 있지 않다.
- 그러나 여섯 명 가운데 한 명의 응답자는 성병에 걸린 적이 있다고 답했다. 여자들이 남자보다 더 많이 감염되었는데, 여러 파트너와 보호받지 못하는 섹스를 한 사람들이 더 쉽게 성병에 감염되었다.
- 조사에 참여한 자들 중 남자의 12%와 여자의 17%가 12세 이전에 자기보다 더 나이가 많은 사람에게 성적 접촉을 당했다고 응답하였다. 이 사람들은 더 높은 수준의 성적 역기능과 일반적 불행을 보고하였다.
- 조사에 참여한 사람들 중 0.1%의 여성과 2.8%의 남성만이 자신을 동성애자라고 밝혔다.
- 결혼한 부부들의 성교 빈도수와 길이는 인종과 종교, 그리고 교육배경을 초월해 놀라울 정도로 일관되었다. 빈도와 시간은 참여자들의 나이에 영향을 받았는데, 평균 빈도는 한 달에 4~8번이었고, 매 성적 경험의 시간은 15분에서 1시간인 것으로 밝혀졌다.

성적으로 만족한 부부

결혼생활이 행복한 부부의 주요 강점은 그들의 성적 관계의 질이다. 성생활은 부부관계의 질을 반영한다. 행복한 부부는 불행한 부부보다 배우자로부터 받는 애정의 양에 훨씬 더 만족하고 있는 것으로 드러났다. 그들은 또한 자신들의 성관계가 만족스럽고 충만하다는 데 동의

한다. 그들은 또한 배우자가 외도를 할지 모른다는 염려를 거의 하지 않는 것으로 드러났다(Olson, Olson-Sigg & Larson, 2008).

성관계는 부부가 관계의 다른 측면에 대한 만족정도를 반영하기 때문에 정서적 온도계의 역할을 한다. 다시 말해서 좋은 성적 관계는 흔히 부부간의 좋은 정서적 관계의 결과다.

「환상적인 가족 만들기」라는 책에서 닉 스티네트(Stinnet, 2004) 박사는 "가족생활 전반에 걸쳐 서로 고마워하는 마음 없이는 행복한 성생활을 할 분위기가 형성될 수 없다. 성적인 만족은 가정에 스며 있는 사랑, 감사, 그리고 애정의 분위기에서 온다"고 하였다(p.87). 부부의 성생활은 관계의 핵심을 드러낸다고 해도 과언이 아니다. 정서적으로 좋은 관계를 누리는 부부는 최고의 육체적 관계를 누린다. 성애는 개방적이고 솔직한 의사소통에 근거한 정서적 친밀감에서 나오는 것이기 때문이다.

이것은 통계 자료들을 통해서도 잘 드러나고 있다. 근래 2,000여 명의 부부들을 대상으로 한 조사에서는 57%가 부부생활에서 성적 만족이 매우 중요하다고 했고, 10쌍의 이혼하는 부부들 중 4쌍은 성적인 불만과 갈등이 원인이라는 통계도 있다. 부부간의 원만하고 애정 깊은 관계가 만족스런 성생활을 만들기도 하지만, 반대로 만족스런 성생활이 원만하고 애정 깊은 관계를 만드는 것을 돕기도 한다. 그레이(Gray, 1996)의 말처럼 "섹스를 즐기려면 우선 두 사람의 관계가 원만해야 한다는 것이 정설이지만 가끔씩 멋진 섹스를 하면 그들의 관계는 놀라울 만큼 더 좋아진다."

결혼상담을 요구하는 부부의 80%는 성적으로 만족하지 못하고 있다. 심지어 매우 행복한 결혼이라 할지라도, 부부의 약 반 정도가 어떤 성적 문제나 성적 역기능을 보고하고 있다(Worthington, 1989). 정신과 의사 송수식(2002)은 십 년, 이십 년 결혼생활을 한 부부 중에 오르가즘을 경험한 사람은 50%도 되지 않는다고 했다. 그러나 남편과 아내 사이에 존재하는 친밀감의 양과 질은 가족의 기능을 결정짓는 가장 커다란 단일 요소다.

한국 성과학연구소와 리서치 플러스, 조선일보, 한국화이자 공동으로 2005년 4월 5대도시 기혼여성 1,000명 대상으로 설문조사 실시하고 2003년 기혼 남성 1,613명을 대상으로 비교 검토한 자료에 따르면 결혼생활 만족도와 성생활만족도의 상관관계는 아주 밀접한 관계가 있었다. 성생활이 만족스러워야 결혼생활도 만족스럽다는 것이 밝혀졌다.

'성생활에 만족한다'는 기혼 여성 가운데 '결혼생활에 만족스럽다'고 응답한 사람은 82.6%로 높았으며 불만족은 1.2%에 불과했다. '성생활에 불만족 한다'는 기혼 여성 중에 '결혼생활에 만족한다'고 응답한 사람은 11.3%였으며 53.5%는 '불만족하다'고 답했다(이춘, 2005). 이는 결혼문제의 65% 이상이 성과 관계가 있음을 말해준다. 그리고 또한 성적 만족은 성교를 하는 시간의 길이와 비례하며 성교의 빈도수와 성적 만족은 비례한다.

그리스도인 부부는 성생활에 대체로 만족한다

다행히 대다수 그리스도인 부부들은 성생활에 '만족' 하거나 '아주 만족' 하고 있다. 〈오늘의 기독교〉Christianity Today지의 한 연구보고서에 따르면, 응답자의 53%가 이 두 범주에 해당된다. '불만족'이나 '아주 불만족'으로 답한 사람은 각각 20%와 9%에 지나지 않는다(토마스, 2011).

세상에 널리 퍼져 있는 고정관념은 그리스도인 여성이 성에 대해 청교도적인 혐오감을 느끼고 자신의 몸에 수치심을 갖고 있다는 것이다. 사람들은 흔히 성적으로 억압되어 있는 아내들이 섹스를 필요악 정도로 생각하고 잠자리를 의무적으로 대할 것이라 생각한다.

그러나 모든 성 실태조사에서 나타나는 것은 일관성 있게 가장 성적으로 만족한 여성은 보수적인 개신교인들이라는 것이다. 종교적인 여성이 항상 오르가즘을 경험하는 여성 중에 높은 점수를 보여준다. 만족도가 가장 낮은 것은 아무런 종교도 갖고 있지 않은 여성들로 드러났다(Strobel, 2002).

과학자들은 아마도 보수적인 개신교 여성들은 결혼의 거룩함을 굳게 믿고 있는데다 성생활을 남편에 대한 그들의 사랑의 표현으로 믿고 있기 때문일 것이라고 분석하고 있다. 성적 불감증에 대한 고정관념은 성경에 근거한 것이 아니다. 그것은 하나의 신화에 불과하다.

만족한 성생활은 모든 그리스도인 부부의 특권이다

성생활은 한 남자와 아내를 부부로 함께 묶어주는 중심 가닥이라고 흔히들 말한다. 그러나 성생활의 가닥은 다른 관계의 가닥들과 밀접하게 연결되어 있다.

결혼한 사람의 50% 이상이 성적인 부적응이나 기능장애를 경험하고 있다. 만족스러운 성생활이 부부의 행복에 중요한 역할을 하고 있음

분명하다. 행복한 결혼생활은 우정에 성생활을 가미한 것이다. 문제 있는 가정에서 성이 차지하는 비율은 90%이고, 건강한 부부관계에서 성이 차지하는 비율은 10% 정도다(고전 7:33-35; 잠 5:18-19).

결혼문제의 가장 큰 원인이 대화의 부족에 있다면 그 두 번째 원인은 성 문제라고 할 수 있다. 부부사이의 불화가 침실만큼 극명하게 나타나는 곳은 없다(Lawrence Crabb, Jr.).

성생활이 만족치 못하다면 다른 영역까지 악영향을 미쳐서 부부관계 중 약 90% 정도는 나빠질 것이다(Jack Jayhall).

문제가 있는 부부의 90% 이상이 사실 성 문제로 어려움을 겪는다. 그러나 행복한 가정에서 성이 차지하는 비중은 10%밖에 되지 않는다(Charles Sell).

성생활에 대한 불만으로 남편은 57%, 아내는 67%가 이혼을 생각했다는 보고가 있다. 부부의 성은 더이상 침실 안에 숨겨진 문제가 아니다. Bed Time(침실에서의 시간)이 Bad Time(악몽의 시간)이 될 수가 있다.

성적 만족은 부부를 강하게 결속시키는 중요한 수단 중 하나다. 조셉 래시티 목사(2003)는 성적 욕구가 좌절된 남편들은 공허감과 좌절감을 과로나 과소비, 텔레비전 시청, 식탐, 과도한 취미생활 같은 삶의 다른 영역이나 활동에 지나치게 몰두함으로 해결하려는 성향을 갖게 된다고 지적하고 있다.

남편이 성에 대한 욕구는 그의 육체에 관한 한 필수적인 부분이다. 따라서 아내가 남편의 성적 욕구를 거절하는 것은 그를 거부하는 것이다. 그러므로 남편의 성적인 부분을 거부하면 그의 존재의 나머지 부분에도 영향을 받는다(p.144).

만족한 성생활의 비결

성생활이 만족한 행복한 부부는 어떤 공통점을 지니고 있는가? 수천 쌍의 행복한 부부를 대상으로 25년간 연구를 거듭한 스티네트(Stinnett, 2000) 박사는 다음과 같은 결론을 내리고 있다.

> 매우 만족스런 성관계의 비결은 단순하다. 비결은 테크닉에 있는 것도 아니고 매력적인 외모에 있는 것도 아니다. 비결은 부부사이에 전반적으로 좋은 상호관계를 개발하는 데 있다. 순수하게 고마움과 찬사를 표현하고, 피차 배려하고 애정적이며, 고도의 헌신과 사랑을 공유하는 부부는 성적 반응도를 높이는 데 기여하는 상호 분위기를 연출한다(p.147).

무엇보다도 남편들은 아내의 몸을 만지기 전에 그의 마음과 감정을 만지는 법을 배워야 한다. 그리고 아내들은 기쁨으로 반응하며 자신을 남편에게 내어주는 법을 배워야 할 것이다. 다음 설문은 은퇴한 남편이 스스로를 점검해보라고 만든 것이지만 모든 남편에게 해당되는 자기점검 목록이다.

✤ 자기점검 목록 ✤

나는 은퇴 후 사랑받을 수 있는 남편인가? (해당항목 당 1점)

1. 아내에게 '사랑한다' 혹은 '고맙다' 는 표현을 자주 한다. (   )
2. 아내와 정서적인 친밀감을 유지하기 위해 노력한다. (   )
3. 나는 어떤 일을 결정하기 전에 아내와 의논한다. (   )
4. 은퇴자금을 계획적으로 모으고 있다. (   )
5. 아내의 가사를 돕거나 가사를 분담하기 위해 노력하고 있다. (   )
6. 아내의 건강을 챙기는 편이다. (   )
7. 아내에게 언어폭력이나 육체적 폭력을 쓰지 않는다. (   )
8. 부부싸움을 하고 나면 먼저 화해를 시도한다. (   )
9. 아내를 자주 칭찬하는 편이다. (   )
10. 성생활에서 아내의 마음 상태를 신경 쓴다. (   )

채점과 의미
8점 이상: 사랑받을 가능성이 높습니다.
5~7점: 좀더 노력이 필요합니다.
5점 이상: 은퇴 후 찬밥 대접을 받을 가능성이 높습니다.

(자료: 두란노 아버지학교)

6. 성을 만드신 하나님의 본래적 의도

성애는 인간됨의 피할 수 없는 본질적인 측면이다. 우리의 정체성은 섹슈얼리티를 포함하는 우리의 육체적 실존으로부터 분리될 수 없는 것이다. 인간이 된다는 것은 성적인 존재가 되는 것이다. 우리는 다른 방법으로 존재할 수가 없다. 출생으로부터, 우리의 정체감은 남자 아니면 여자로 드러나게 되어 있다. 우리가 비성적 존재이기를 선택한다면, 우리는 반드시 심리적으로, 영적으로 해를 입게 된다. 다른 사람으로부터 당신을 구분하게 하는 독특성에는 남성 아니면 여성이라는 인격의 신비가 반영되어 있다.

하나님은 우리를 성적 존재로 창조하셨다. 동물도 역시 성적 존재다. 그러나 동물은 오직 출산을 목적으로 교미한다. 모든 하나님의 피조물 가운데 오직 인간만이 사랑을 축하하기 위해 관계한다. 비록 하나님께서 우리로 "생육하고 번성하라"(창 1:28)로 명령하셨지만 '아기를 만들기 위해서' 뿐만 아니라 '사랑을 만들기 위해' 수천 번을 성교할 수 있도록 창조하셨다(Wahking & Zimmerman, 1994, p.11).

결혼은 남자와 여자에게 주신 하나님의 선물이다. 결혼의 목적은 인간의 사회적 속성을 만족시키기 위한 것이었다. 아담은 동료가 없이는 외롭다는 것을 경험으로 알게 되었다. 창세기 2장은 상호관계 속에 있는 남녀의 가치를 강조하고 있으며, 남자와 여자는 똑같이 하나님의 형상대로 지음을 받았다고 선언한다. 그리고 동산에서 즐기며, 동물을 돌보고, 동반자 관계를 누리라고 여자를 창조하셨다고 기록하고 있다 (Kaiser,1983).

❖ 하나님은 본래 다음과 같은 8가지 의도로 결혼이라는 제도를 만드셨다(Rainey, 1990)

1. 남자와 여자는 하나님의 형상을 반영하며 서로를 보완하게 되어있다(창 1:27-28).
2. 한 남자와 한 여자는 언약 속에 결혼하여 평생을 함께한다 (마 19:4-9; 고전 7:39).
3. 남자와 여자는 가치에서 동일하다(창 1:27; 갈 3:28).
4. 남편과 아내는 경건한 자녀를 번성시켜야 한다(창 1:28).
5. 남편과 아내에게는 신적으로 부여된 역할이 있다(엡 5:22-33; 벧전 3:1, 7).
6. 남편은 아내의 머리가 된다(고전 11:3; 엡 5:23).
7. 남편은 결혼에서 희생적으로 섬기는 지도자가 되어야 한다 (고전 11:3; 엡 5:25-29).
8. 아내는 지원적인 조력자가 되어야 한다(창 2:18; 고전 11:8-9).

우리는 남자, 아니면 여자로 지음을 받았다. 성은 우리의 자아의식, 즉 우리가 하나님의 피조물이라는 인식에 있어 기본적인 것이다. 세상에서는 성을 하나의 '물건'이나 하나의 '행동'으로 생각할지 모른다. 그러나 기독교적인 성윤리는 성을 하나님 안에 있는 삶의 중요한 부분으로 본다. 성이란 본질적으로 우리가 남녀로서 하나님 앞에서 살아가는 삶의 양식이다(Hart, 1997, p182).

구약학자 개럿(Duane Darrett, 1993) 박사는 말했다.

성경이 독자로 하여금 건강한 사랑의 즐거움을 발견하도록 긍정적 가르침을 주지 않고 간음하지 말라, 음행하지 말라 등 금지의 차원에서만 성을 언급하였다면 성경 자체가 불완전한 책이 되었을 것이다(p.367).

성경이야말로 성을 배울 수 있는 가장 좋은 교과서다. 성의 창조자에게서 성을 배우지 못한다면 누구에게서 성을 배울 수 있겠는가? 성경은 우리에게 무엇을 가르치는가? "성에 대한 성경의 참된 메시지를 알기 위해서는 우리의 성과 우리의 성생활이 복음 안에서 어떻게 받아들여지는가를 알아야 한다"(Smedes, 1996). 하나님은 섹스의 창조자이시며, 그가 창조한 다른 것과 마찬가지로 그것도 좋다고 선언하셨다. 결혼을 위한 하나님의 계획에는 침실이 포함되어 있다(Dennis Rainey). 하나님께서는 결혼생활에서 성을 즐기라고 분명히 말씀하셨으며 아담과 하와 역시 타락 전까지 온전한 관계를 누렸다(창 1:28).

구약에는 부부 간의 사랑과 성이라는 주제만을 다루는 책이 있다.

클라인(Meredith Kline, 1959)이라는 구약학자는 묻고 있다. "교회는 왜 인간의 사랑과 결혼을 칭송하는 노래가 경전 안에 포함되어 있는 것에 대해 실족해야 하는가? 이 주제가 인간의 관심사 중에 중요한 위치를 차지하는 것을 고려할 때, 하나님께서 '책망과 바르게 함과 의로 교육하기' 위해 주신 책 속에 성을 이와 같이 자세하게 다룬 책이 없다면 오히려 이상하지 않겠는가?"

아가서는 우리에게 무엇을 가르치는가?

하나님께서는 아가서에서 성을 경축하셨으며, 가능한 한 부부가 함께할 것을 말씀하시고 침상은 순결하니 더럽히지 말라고 말씀하셨다(히 13:4). 하나님은 분명히 결혼 안에서의 성애를 긍정하고 계시다! 따라서 건강한 성생활을 영위하는 것은 마치 초강력 접착제처럼 부부의 결속력을 강화시킨다.

노우호(1993) 목사는 아가서song of songs를 '노래 중의 노래' 라고 소개하면서 "이 장르는 한 남자와 한 여자의 순수 무구한 사랑을 그리고 있다. 이 노래가 이루어진 사랑인지 아니면 이상적인 사랑을 그린 것인지는 명확하지 않지만, 남녀 간의 아름다운 사랑은 하나님의 선물이다. 이성간의 사랑은 한 없이 아름다운 것이다"라고 소개하고 있다(p.54).

레노바레 성경(2006)에서는 "아가서는 하나님의 형상대로 창조된, 최고의 피조물인 남자와 여자의 사랑을 표현하고 있으며, 남녀 간의 순

6. 성을 만드신 하나님의 본래적 의도

수하고 진실한 사랑을 노래하기 위해 기록됐다. 오늘날 부부간의 신성한 사랑을 경시하는 모든 사람들을 향하여 외치는 경고의 메시지다. 아가서를 액면 그대로 수용하는 것은 몸과 감정과 성을 영성과는 별개로 취급하는 것에 대한 일종의 구제책이다. 아가서는 우리의 영성을 체현한 찬양이다"(p.1120)라고 소개하고 있다.

아가서는 솔로몬과 술람미 여인과의 사랑을 너무 노골적으로 표현하고 있다. 그래서 오랜 세월 동안 아가서의 정경성의 문제가 대두되기까지 하였다. 그 동안 많은 아가서 강해자들은 아가서를 풍유적으로 해석하였다. 그들은 남자를 하나님이나 예수님으로, 여자를 이스라엘이나 교회 혹은 성도 개인으로 이해했다. 그러한 관점으로 해석하면 이 책은 남자와 여자간의 친밀한 관계와는 전혀 관계없이 오직 하나님과의 관계만이 부각된다. 따라서 유대인 성경학자들은 아가서를 하나님과 새 이스라엘과 교회에 대한 상징으로 해석했다. 교부 오리겐은 아가서를 하나님을 향한 영혼의 강렬한 갈망을 암시하는 책으로 이해하였다.

몸과 영혼을 분리된 존재로 이해한 이원론적 신플라톤주의의 영향으로 교회는 몸을 무시하거나 약화시킬 때 영혼이 더 잘 될 수 있다고 가르쳤다. 성을 긍정적이고 창조적으로 보기 시작한 것은 종교개혁 이후라고 할 수 있다. 오늘날 '몸' '영혼' '영' 의 용어는 서로 분리된 것이 아니라 인격 전체의 다른 측면을 논하기 위해 사용된다. 몸과 감정과 성은 영성과 별개로 취급되어서는 안 된다. 아가서는 우리의 영성을 체현한 찬양이다.

최근에 와서는 아가서는 1차적으로는 부부관계에 대한 교훈을 주고 있으며, 2차적으로 하나님과 성도의 사랑을 교훈하고 있다고 보는 것이 대세가 되고 있다. 결혼관계는 성경 전체를 통해 우리와 하나님 간의 관계를 지칭하는 은유다. 유대교 신학자(Marcia Falk, 2004)나, 천주교 신학자(Christopher West, 2008), 복음주의 신학자(Tremper Longman III, 2001)는 모두 최근에 출간한 주석서에서 아가서를 우선적으로 남녀 간의 사랑을 노래한 시로 접근하고 있다.

「가족이 함께 읽는 성경」(2010)에서는 아가서를 이렇게 소개하고 있다. "어떤 학자들은 아가서를 이스라엘에 대한 하나님의 사랑, 또는 교회에 대한 그리스도의 사랑을 노래한 것이라고 본다. 그러나 대다수의 학자들은 이 책을 단순히 한 남자와 한 여자 사이의 깊은 감정을 보여주는 애정시를 모아놓은 것으로 본다. 이것은 인간의 사랑과 결혼에 대한 아름다운 그림이다."

싱가폴 성서대학 총장이며 중국계 구약학자 앤드루 황(Andrew Hwang, 2002) 박사는 그의 박사논문 〈노래 중의 노래: 아가서〉에서 아가서를 문학적, 문자적으로 해석하는 것이 자연스러운 접근임을 주장하면서 다음과 같이 쓰고 있다.

> 아가서는 성령의 감동으로 기록된 말씀이다. 아가서는 '구속함을 받은 성애'의 그림을 우리에게 보여주고 있다. 여기서 기록한 사랑의 묘사는 섹스의 에덴으로의 복귀를 보여준다. 자세히 살펴보면 이 노래에서 동산, 기쁨, 샘, 흐르는 물, 동물, 식물, 과일과 같이 창세기에 나오는 언어와 개념들을 발견한다. 아가서 4장 12절에서 5장 1절은 이 책의 정점이라 할 수 있다. "내 누이, 내 신부는 잠근 동산이요 덮은 우물이요 봉한 샘이로구나"(아 4:12).

6. 성을 만드신 하나님의 본래적 의도

여기서 신부는 '잠근 동산'(비밀의 동산), '덮은 우물' 그리고 '봉한 샘'(울타리를 두른 샘)으로 묘사되고 있다. 이 본문에서 '동산'이 네 차례나 언급되고 있다(아 4:12, 16; 5:1). 샘과 우물은 동산과 같은 의미로 사용되고 있다. 모두 섹스의 맥락에서의 여성의 몸(성기: 질)를 가리킨다"(아 2:8; 4:12-16).

결혼문제 전문가 조셉 딜로우(1998)는 말한다. "동산은 그녀의 몸 가운데 가장 은밀한 부분을 상징한다. '동산'(정원)은 술람미의 질을 뜻한다. 잠겼다는 말은 한 번도 출입이 없었다는 의미로서, 술람미는 처녀라는 뜻이다. 오직 동산의 적법한 주인만이 안으로 들어갈 수 있다. 솔로몬은 아내의 성기를 시적이고도 상징적인 아름다움이 가득하다는 것을 묘사하기 위해 '동산'이라는 단어를 쓰고 있다. 다른 한편으로 솔로몬은 아내의 질을 '봉인된 샘'이라고도 표현한다. 역시 적법한 주인이 아니면 마실 수 없기 때문이다"(pp.139-141).

잠언 5장 15~18절에서 나오는 '네 우물에서 나오는 물' '샘물' '도랑물'은 모두 아내로의 성적 접근성을 가리킨다(Hwang, 2002). 솔로몬은 여성의 질을 봉인된 샘으로, 그리고 남성의 성기를 우물과 샘으로 묘사하고 있다. 여인은 덮어놓은 우물과 막아버린 샘이다. 그녀는 남편만을 위해 고이 보전되고 있는 것이다(Gary Smalley, 2008, p.119). 이러한 의미에서 아가서에서 신랑은 신부의 정절과 성적 배타성, 그리고 무엇보다 그녀의 처녀성을 칭찬하고 있다. 그녀는 봉인된 샘이다. 아무도 그녀에게 접근한 적이 없다.

미국 동남침례신학대학교 총장 에이킨(Daniel Akin, 2003) 박사도 우리가 자신의 순결을 배우자를 위해 지킬 때 하나님께서 기뻐하신다면서 다음과 같이 주석하고 있다. "솔로몬은 그의 아내를 비밀의 동산, 덮어 놓은 우물, 울타리를 두른 샘으로 묘사하고 있다. 다른 남자들에게 그녀는 잠겨있으며 봉인된 샘이었다. 그러나 그녀는 남편에게는 활짝 열려있었으며 언제나 접근이 가능했다"(p.149). 솔로몬이 술람미 여인을 누구나 갈 수 있는 공원이 아니라 남편만 들어갈 수 있는 거룩한 비원 secret garden, 부정한 것을 차단하는 덮은 우물이며, 신비롭고 경이로운 봉한 샘이라고 묘사하는 것은 조금도 놀라울 것이 없다!

부부의 성은 창조주가 주신 동산과도 같다. 동산(정원)은 관심과 정성을 쏟아야 하는 아름다운 영혼의 안식처다. 성은 삶의 중요한 부분이며, 관심과 사랑으로 가꾸어야 할 영역이다. 아내는 남편의 비밀스런 기쁨의 정원이다. 열쇠 없이는 들어갈 수 없는 즐거움의 약속이고, 가려졌지만 반짝이는 분수다. 오직 남편에게만 만족을 줄 수 있는 울타리 속의 샘물이다(프리드릭센, 2008).

깊은 감정을 나누고 싶은 강력한 욕망이 드러나 있다. 그녀가 '동산'으로 묘사되는 가운데, 그녀는 남편을 자기의 동산으로 들어와 온갖 맛있는 과일을 맛보라고 초청한다(아 4:12-5:1). 이 여자, 목자의 '우물' '동산' '포도원'은 온전히 그의 것이다(아 6:8-9; 8:12). 남자의 포옹에 대한 즐거운 감각(아 2:6; 8:3)이 달콤한 입술의 보드라움(아 4:11), 그의 입의 달콤함(아 5:16)과 함께 자연의 풍경과 봄의 향기를 배경으로 그려지고 있다. 이 모든 것이 인간의 성을 위한 신학이며 부부간의 사랑을 경축하는 것이 아니라면, 무엇이란 말인가(Kaiser, 1983)?

창세기 2장 22~25절에 나오는 성적 사랑에 대한 짧은 묘사가 아가서의 사랑노래에서는 확대되고 확장되어 나타난다. 남자와 여자는 에덴동산에서 처음 한몸이 되었다. 이제 또 다른 동산에서 에덴의 감각적 사랑은 확대되고 깊어진다. 아가서의 첫째 목적은 신학적이고 도덕적인 것이다. 여기에 등장하는 연인들은 높은 도덕성을 지닌 인물들이다. 혼인 전까지의 순결과 성적 자제력을 보여주고 있다. 둘째로, 인간적 친밀감을 축하하고 있다. 구약에 성교를 가리키는 단어로 자주 등장하는 '알다'(know, 한글킹제임스, 창 4:1, 17, 25; 삼상 1:19)는 다른 사람을 친밀하게 경험적으로 아는 것, 즉 신체적, 정서적, 영적으로 아는 것을 의미하고 있다. 노래는 이와 같은 친근한 앎을 축하하고 있다. 결혼한 부부는 아가서로 그들의 친밀감을 만끽해도 좋다. 셋째로, 인간의 사랑은 종종 신적인 사랑에 대한 유비로 사용될 때가 있다. 성경은 종종 하나님과 이스라엘, 그리스도와 교회의 관계를 남편과 아내의 관계에 비유하고 있다. 여자는 신랑을 위해 순결을 지킨다. 마찬가지로 그리스도인은 그리스도를 위해 순결을 지킬 것을 가르침 받고 있다"(pp.24-25).

하나님은 우리의 성행위를 통해 영광 받기도 하시고 모독을 당하기도 하신다. 부부사이를 견고하게 만들기도 하고 갈라놓기도 한다. 즉 성행위에는 엄청난 선 또는 이루 말할 수 없는 악이 내재되어 있다. 많은 연구들은 가정문제 또는 이혼의 주요원인 가운데 하나가 바로 섹스라고 일관되게 밝히고 있다. 따라서 우리는 성이 지니고 있는 힘에 대하여 면밀하게 살펴보는 지혜가 필요하다(맥클러스키, 2005).

결혼(성)의 세 가지 목적은 자녀생산(출산)과 하나 됨(친밀감), 그리고 성적 즐거움(쾌락)이다. 총체적 의미에서 성은 일반적으로 생명과 사랑, 그리고 쾌락이라는 세 가지 기능을 가지고 있다고 할 수 있다. 성기를 통한 성생활에는 출산, 연합, 즐거움이라는 세 가지 목적이 있다(Collins, 2008).

창세기 2장 24절에 의하면, 성의 일차적 목적은 자녀출산(재생산)이나 쾌락(즐거움)이 아니고, 하나 됨이다. 개신교에서는 "생육하고 번성하라"(창 1:28)는 명령에 담겨있는 자녀 생산을 결혼의 이차적이 목적으로 본다. 모든 것을 고려할 때, 거룩한 성적 만남의 일차적 목적은 신성한 육체적, 정서적, 영적 친밀감 즉, '하나 됨'을 창조하고 축하하는 것이다. 가정사역의 창시자 데이비드 메이스(1986)가 주장한 것처럼 "결혼의 이차적인 목적은 부모가 되는 것이다. 그러나 일차적 목적은 동반자 관계, 즉 우애관계를 누리는 것이다." 리치필드(2002)는 이것을 "대화, 나눔, 우정: 깊이 아는 관계를 누리는 것"(창 2:24; 4:1)이라고 표현하였다. 당신의 결혼에서는 이 목적이 성취되고 있는가?

연결감과 즐거움을 위한 성

인간의 성욕은 사랑과 연합에 대한 인간의 욕구를 반영한다(Erich Fromm). 친밀감과 연결감에 대한 욕구는 성관계 전반에 엮여 있으며 단순한 섹스의 신체적 측면보다 더 강력한 것이다.

섹스에는 고독(외로움)을 없애버린다는 목적이 있다. 성에는 출산을 위한 생산적인 성과 친밀감을 위한 쾌락적인 성의 두 가지 측면이 있다. 섹스는 가장 자연스럽게 친밀감을 증진하는 매개체다. 우리의 성적 관계가 서로에 대한 사랑의 절절한 표현일 때, 우리는 우리 존재의 모든 부분에 스며드는 친밀감(함께 함)을 경험하게 된다.

포르노나 성폭행에서 보듯이, 성관계가 친밀감 없이 존재할 수 있는 것은 사실이다. 그러나 친밀감이 결여된 성관계가 당사자에게 만족과 충만감을 가져다주는 예는 거의 없다.

섹스는 즐거움을 위한 행위일까? 가장 명백한 대답은 분명 아가서에서 찾을 수 있다. 결혼 안에서의 성적 쾌락은 당연한 것으로 기대되며 격려되고 있다(Penner, 1981). 이 책은 생생한 시적 언어로 결혼한 연인들 간의 육체적 성관계의 즐거움을 묘사한다. 이 묘사들은 노골적이지만 전혀 불쾌하지 않다(아 7:1-10).

이원론 사상의 영향을 받은 서양교회가 한 때 아가서를 하나님과 그의 백성 간의 언약적 친밀감만을 묘사한 것으로 해석한 적이 있었다. 그러나 그렇지 않다. 하나님이 그 '야하고 노골적인' 성적 표현이 난무하는 아가서를 성경으로 우리에게 주신 것은 하나님과 백성 간의 언약적 친밀감을 보여주실 뿐 아니라, 인간들의 결혼도 그런 성적 친밀감에 이르는 것이 바람직하다는 것을 가르치기 위해서이기도 하다 (조은숙, 2006).

성을 가장 잘 즐기는 사람은 하나님을 사랑하고 순종하는 사람들이다. 주님을 사랑하고 서로 사랑하는 남편과 아내는 성의 즐거움을 주고받으며 참으로 즐기는 사람들이다(아 1:13; 4:12-16; 5:1).

「창조설계의 비밀」의 저자이며 세계적 기독교변증학자 리 스트로벨

(2002)은 다음과 같이 쓰고 있다. "하나님은 섹스가 배우자 사이의 아름다운 결속과정의 일부가 되기를 의도하셨다. 그는 성을 출산만이 아니라 쾌락과 즐거움을 위해서도 고안하였다. 성경은 성교가 남편과 아내로 하여금 독특한 하나 됨을 경험하도록 허락한다고 말하고 있다(창 2:24). 우리의 섹슈얼리티가 사랑하며 안전하고, 신뢰로 가득하며, 영속적이며 안전한 결혼이라는 환경의 맥락에서 표현될 때, 하나 더하기 하나는 하나가 되는 신비스러운 수학등식이 성립된다"(p.104).

「부부도 잘 모르는 부부의 성」에서 조셉 딜로우(1998)는 말한다. "자유로운 성행위로 안내하는 결혼생활 지침서와 선정적인 안내서들이 범람하는 요즈음, 아가서라고 하는 작고 아름다운 책은 다른 어떤 책보다 주목할 만한 가치가 있다. 하지만 사람들은 이 책을 잘못 이해하고 있을 뿐 아니라 아주 소홀히 여기고 있다. 우리를 남자와 여자로 창조하신 그분이, 우리가 남자와 여자로서 서로에게 가장 잘 반응할 수 있는 방법 또한 세세하게 가르쳐주셨다는 사실을 깨닫는 사람은 많지 않다"(p.7).

영어성경 NIV역의 아가서 서문은 이렇게 말하고 있다. "하나님이 에덴동산에서 이미 창조하신 부부간의 사랑은 좋고 순결한 것이다. 노래 중의 노래(아가서)는 사랑에 대한, 한 남자와 한 여자 사이의 부부사랑에 대한 노래다. 두 주인공, 사랑하는 자와 사랑받는 자는 공개적으로 그들의 사랑의 모든 측면, 특히 육체적 측면에 대해 이야기한다. 그들의 사랑은 배타적이며 즉흥적이며 열렬하다. 신·구약 성경이 모두 결혼을 하나님과 그의 백성의 관계를 묘사하는 데 사용하기 때문에, 이 책의 메시지는 하나님께 대한 우리의 사랑을 더 발전시킬 수 있다"

6. 성을 만드신 하나님의 본래적 의도

(p.725). 아가서는 두 연인 사이의 반응을 기록하고 있다. 함께 할 때와 떨어져 있을 때의 갈망과 열정적 감정을 기술하고 있다. 그들은 서로에 대한 깊은 육감적 느낌을 묘사하고 있다. "나의 사랑하는 자는 내 품 가운데 몰약 향낭이요"(한글개역, 아 1:13). "내 사랑아 너는 어여쁘고 어여쁘다"(아 1:15). "나의 사랑하는 자야 너는 어여쁘고 화창하다"(아 1:16). 남자가 반응한다. "나의 누이, 나의 신부는 잠근 동산이요 덮은 우물이요 봉한 샘이로구나"(아 4:12). 여자가 응답한다. "나의 사랑하는 자가 그 동산에 들어가서 그 아름다운 실과 먹기를 원하노라"(아 4:16). 이와 같은 본문에 대해 논평하면서, NIV 성경은 말한다. "이 책의 중심에는 강렬한 인간의 감정이 있다. 육감적 기쁨은 입맞춤과 안아줌, 듣고 보고 냄새 맡는 것에서 온다. 느낌들은 우리에게 주신 하나님의 선물이다. 감정들은 우리가 마음껏 누리라고 창조하신 것이다"(p.729).

연세대학교 구약학자 김영진(2010) 박사는 그의 책 「가장 아름다운 노래 아가서」에서 아가서의 성격에 대해 이런 결론을 내리고 있다. "아가서는 구약성경 다른 책에서 숨기고 있는 책임적인 인간의 관능적 사랑에 대하여 다루고 있다. 아가서는 인간의 가장 아름다운 사랑을 나타내는 성적인 노래이면서 동시에 거룩한 노래이다. 왜냐하면 진실 된 사랑의 역할은 하나님께서 창조하신 두 피조물을 결합하는 역할을 하기 때문이다"(p.42).

라브리선교회 총무 성인경 목사는 「부부의 성」 추천사에서 "아가서는 세상의 금욕주의와 쾌락주의 저 건너편에서 찾아낼 수 있는 품위가 넘치는 기독교 성담론의 진수"라고 했다.

잠언의 경우도 마찬가지다. 솔로몬은 말한다.

> "네가 젊어서 취한 아내를 즐거워하라 … 너는 그 품(가슴)을 항상 족하게
> 여기며 그의 사랑을 항상 연모하라"(잠 5:18-19; 딤전 4:4; 6:17).

하나님은 우리가 서로의 몸을 탐색하고 피차의 매력과 흥분, 그리고 클라이맥스에 기뻐할 것을 즐기도록 의도하신 것이 분명하다. 여기에서 우리는 부끄러움이나 죄책감이나 쑥스러워함 같은 것은 찾아볼 수 없다. "나의 친구들아 먹으라 나의 사랑하는 사람들아 마시고 많이 마시라"(한글개역, 아 5:1). 하나님은 친밀한 성교의 장면을 보시고 기뻐하신다. "그는 열정을 보신다. 사랑의 샘에서 실컷 마시라고 초청하신다. 그는 즐거움의 신음소리를 들으신다. 연인들이 가장 은밀한 곳을 애무하는 것을 지켜보신다. 하나님은 우리가 우리의 육감적이고 관능적인 쾌감 속에 즐거워하며 만끽하기를 원하신다"(Akin, 2003).

신약은 성적 욕구가 하나님의 섭리 가운데 주어진 것임을 시사하고 있다. 고린도전서 7장 9절은 "만일 절제할 수 없거든 결혼하라. 정욕이 불 같이 타는 것보다 결혼하는 것이 나으니라"고 말씀한다. 왜 그런가? 인간 내부에 만들어놓은 이 자연적 욕구를 해소하는 방법은 결혼 안에서의 성행위밖에 없다. 부부간의 성교는 이 성적 욕구를 해소하도록 하나님이 본래 정하신 방법이다. 바울은 남편과 아내가 서로에게 육체적 즐거움과 만족을 주기를 거부할 때 성적 즐거움을 빼앗고 있는 것이라고 가르친다(고전 7:2-5). 결혼하면 남편과 아내는 서로에게 그들의 몸을 대가 없이 주어야 하며 성적으로 억제하지 않도록 해야 한다(마 19: 4-6;

고전 7:1-9; 살전 4: 1-8).

「결혼행전」의 저자 팀 라헤이 목사(2005) 부부는 신약에 나타난 성관계의 중심원리를 다음과 같이 요약하였다.

- 남편과 아내 둘 다 결혼을 통해 만족을 얻어야 할 성욕구와 동기를 지닌다.
- 사람은 결혼하면 자기 몸을 배우자가 주장하게 해야 한다.
- 남편이나 아내 그 어느 쪽도 배우자의 성적 필요를 거부하지 못한다.
- 부부의 성생활은 하나님께서 인정하신 것이다.

유대인의 탈무드에서, 부부들은 아가서를 함께 읽고, 함께 성관계를 하고, 예배를 드리러 가라고 격려 받고 있다. 히브리인들은 성적인 사랑은 하나님을 찬양하는 것과 양립할 수 없는 것으로 생각하지 않았다(Wahling & Zimmerman, 1994).

부부는 성관계를 통해 그 사랑과 기쁨을 나누어야 한다. 이것이야말로 우리를 지으신 하나님의 계획이며 행복한 결혼의 원리인 것이다.

7. 성에 미친 사회 속의 올바른 '성의 신학'

　성은 상당히 폭발성이 있는 주제다. 그래서 폭발물과도 같다. 이것은 사람에게 친구가 될 수도 있고 적이 될 수도 있기 때문이다. 그리고 섹스는 사람의 종이 될 수도 있고, 주인행세를 할 수도 있다. 사실 섹스는 중립적 성격을 지닌다. 그것을 사용하는 우리가 조력자나 파괴자로서의 그 궁극적 신분을 결정하는 것이다(Gordon MacDonald, 1985).

　'신학'이라는 말은 '기독교신앙이 한 가지 주제에 대하여 가지고 있는 기본적 믿음(신념)'을 가리킨다. 비록 성경이 섹스에 대한 책은 아니지만, 성경에는 성의 목적, 성의 오용에 대한 경고, 아가서에 제시되어 있는 이상적 친밀감에 대한 아름다운 그림 등 성과 섹슈얼리티에 대한 한몸 신학이 포함되어 있다.

　성에 대해서는 기본적으로 금욕주의, 쾌락주의, 성경적 복음주의의 세 가지 신학적 입장이 있다. 첫째는 성의 가치를 평가절하하여 동물적 본능정도로 취급하거나 필요하지만 혐오스러운 것으로 치부하는 입장이다. 타락한 성은 악한 것이므로 억제하고 금기시해야 한다는 관점으로 율법주의적 관점이라 할 수 있다. 고린도 교회는 성은 좋은 것도 아니고 중요한 것도 아니라는 잘못된 태도를 보였다. 결혼한 부부들은 특별한 이유도 없이 성관계를 회피하였고 외도도 특별히 심각한 것으로 취급하지 않았다(고전 7:1-5, Anne Atkins, 1987). 오늘날 기독교인들 가운데서도 되도록 성에 관한 것은 이야기하지 않는 것이 좋고 되도록 멀리하는 것이 경건한 그리스도인의 자세인 것처럼 생각하는 이들이 있다.

반면에, 쾌락주의자들은 성의 가치를 과대평가하여 성을 신격화하기도 한다. 무율법주의적이고 반율법주의적 관점이라 할 수 있는 것으로 성은 허용되고 해방되어야 한다는 입장이다. 오늘날 많은 성해방주의자들, 그리고 진보적인 기독교인들 가운데 이런 관점을 지닌 이들이 많이 있다.

억압된 성과 일시적으로 즐기는 성, 두 가지 다 성을 인격적 삶의 발전과 분리시키며, 양쪽 모두 성을 생물학적 기능으로 격하시킨다. 성을 적으로 보느냐, 장난감으로 보느냐의 차이점일 뿐이다(Smedes, 1996).

이와 같은 두 개의 극단적 입장을 피하려는 성경적이고 복음주의적인 그리스도인의 관점은 무엇인가? 하나님이 우리를 성적 존재로 만드셨다는 것을 수용하면, 우리는 성을 비하하지도 않을 것이고 신적으로 우상시하지도 않을 것이다. 성을 인하여 하나님을 찬양하게 되면, 우리는 성을 너무 가볍게 취급하지도 너무 심각하게 취급하지도 않을 것이다(Hollis, 1976).

물론 타락한 성은 억제되어야 한다. 그러나 "창조된 본래의 성은 창조된 목적 그대로 허용될 뿐만 아니라 오히려 선용되고 축복되어야 한다"(이동원, 1998). 성은 우리의 정상적인 부분으로 용납되어야 할 뿐 아니라 하나님으로부터의 선물이며 축복으로 수용되어야 한다. 어떤 의미에서 성의 생물학적이고, 쾌락적인 성격에 동의하지만, 성적 경험의 풍성함이나 온전함은 관계의 결과이지, 관계의 시작이거나 전체가 아니라는 입장이다. 저자는 이것이 성에 대한 가장 균형 잡힌 성경적 관점이라고 믿는다. 필자는 성경적 복음주의자의 관점에서 그리스도인 부부의 성에 대해 말하려 한다.

우리는 성이 범람하는 시대에 살고 있으며 현대인들은 성적 자극에 무차별적으로 노출되어 있다. 현대는 인격을 물질화하는 비인간화의 시대다. 마틴 부버Martin Buber는 인격으로서의 '너'를 '그것'으로 전락시키고 있다고 지적했다. 현대인은 성을 인격과 분리된 생리적 성만을 보는 시각에 한정시키고 있다(Karl Barth).

필자는 성과 영성은 불가분의 관계가 있다고 믿는다. 그래서 부부가 성생활을 개선하기 위해 의도적인 노력을 하는 것은 거룩한 하나 됨의 축복, 나아가 바른 경건을 유지하는 데 매우 중요하다. 부지중에 우리의 삶 속으로 파고드는 영지주의의 올무에 빠지지 않기 위해서라도 그러하다. 스토아 철학자들의 주장과 같이 '육체는 영혼의 감옥'이 아니며 창조주의 목적을 위해 선하게 사용될 수 있는, 사용되어야 하는 도구다. 하지만 세상만사가 다 그렇듯이 하나 되는 기쁨과 축복은 저절로 하늘에서 떨어지는 것이 아니다.

하나님께서 자기 백성을 다루시는 '연극'에는 창조, 타락, 구속, 영화라는 네 개의 주요 '막'이 있다. 이 연극에는 앞의 막이 끝나야 다음 막으로 넘어가지 않는다. 이전 막이 계속되는 중에 새로운 장이 펼쳐진다고 할 수 있다.

초대교회 시절의 영지주의 이단과 마찬가지로 오늘날의 이단들도 영계spiritual reality는 본질상 좋은 것이고 물질계physical reality는 본질적으로 악한 것이라고 가르친다. 그래서 바울은 음식과 성에 대한 부정적 견해를 책망하고 있다(딤전 4:3). 바울은 이 본문에서 성을 창조의 관점에서 먼저 다루고, 다음으로 타락의 관점에서, 그리고 마지막으로 구속사적 관점에서 접근하고 있다.

하나님은 그의 창조로 선한 일을 시작하셨다. 타락이 창조에 먹칠을 하였지만, 하나님의 놀라운 창조의 실재는 타락에 의해 영향을 받았지만 계속되고 있다. 그러다가 예수 그리스도의 탄생과 삶, 죽음, 그리고 부활을 통해서, 하나님의 구속의 역사가 연극에 침투해 들어오면서, 창조와 타락의 실재를 모두 변화시킨다. 그러나 창조는 타락과 마찬가지로 모든 것 아래 깔려있는 실재이기도 하다. 창조-타락-구속은 삶 전체를 볼 수 있는 중요한 도식이다. 그리고 이것은 우리의 성을 하나님의 눈을 통해 볼 수 있는 본질적인 부분이다(Jones & Jones, 1993).

창조질서 속의 성

첫째는 영지주의 이원론과는 반대로 하나님의 성에 대한 태도는 긍정적인 것이다. 우리의 몸은 창조주로부터의 '좋고 놀라운 선물'이라는 것이다. 창조는 우리의 육체적 실존은 타락의 결과가 아니며, 태초부터 하나님께서 의도적으로 고안한 것임을 가르친다. '한몸'이 된다는 것은 성교가 우리의 불순종한 죄악 된 인간의 본성의 결과가 아니라 우리를 위한 하나님의 한몸 계획과 디자인의 일부라는 것을 말한다 (Penner,1996, p.50). 기독교는 성을 긍정하는 유일의 종교라 해도 과언이 아니다. 하나님께서는 아담과 하와, 성기와 출산에 필요한 모든 장기를 보시고 "심히 좋다"고 선언하셨다. 성은 좋은 것이다. 왜냐하면 성을 만드신 하나님이 선하시기 때문이다.

둘째로 성육신의 교리는 그리스도께서 육신을 입고 이 땅에 오셨음을 가르친다. 육체를 갖는 것이 본질적으로 나쁜 것이라면, 완전히 거룩한 하나님이 왜 육체를 취하였겠는가? 셋째로, 부활의 교리는 육체적 실존이 악하다는 관념을 배격한다. 성경은 우리가 한몸으로 영생을 누리게 될 것이라고 가르친다(빌 3:20-21; 고전 15:35-44, 53-54).

기독교는 인간의 육체에 대해 매우 긍정적이다. 심지어 성령을 모시고 있는 인간의 육체를 하나님의 성전이라고 했다. 바울은 우리가 우리의 몸으로 하나님께 영광을 돌려야 한다고 가르치고 있다(고전 6:20).

인간의 성은 사람이 통제할 수 없는 어떤 무서운 힘이 아니다. 그것은 도덕이나 종교의 범주를 벗어나는 어떤 추동도 아니다. 오히려 성경은 처음부터 이를 '좋다'고 불렀으며 하나님의 선물로 다루고 있다. 구약학자 월터 카이저(Kaiser, 1983)가 지적한 것처럼, 비록 성경에서 완곡어법을 사용하여 남녀의 성기를 '하체'(레 18:6-7)로, 남자의 성기를 '포피'(출 4:25) 또는 '환도뼈' '허벅지' '넓적다리'(창 24:2, 9)로 표현하지만, 신체의 어떤 부분을 '포피'(삼상 18:25)나 '유방'(아 4:5; 7:3)으로 지칭하는 데 얌전을 빼거나 조금도 주저하지 않는다. '젊어서 취한 아내를 즐거워하라'는 잠언 5장의 짧은 알레고리가 보여주듯이 성은 즐기라고 주신 것이다(p.193).

타락질서 속의 성

타락은 사람으로 자신의 성에 대해 부끄러움을 느끼게 만들었다. 우리의 행위가 아니라, 우리의 존재 자체에 대해 수치심을 느끼는 것은 타락의 영향이다. 타락은 우리의 성적인 삶에 이기심과 교만이라는 왜곡을 가져다주었다. "질병과 출산의 고통, 그리고 죽음이 모두 세상과 우리의 관계 속에 들어오게 되었다. 우리는 성을 우상처럼 예배할 수 있는 사람들이 되었다. 우리는 우리의 이기적 쾌락을 위해 성을 물건처럼 취급할 수 있게 되었다"(Jones, 1993). 성폭행과 강간 등에서 볼 수 있듯이 타락이 인간의 육체를 잘못된 방법으로 사용하게 한 것은 사실이다.

고린도는 육체를 '악한 것'으로 보는 아테네인들의 철학에 영향을 받고, 헬라인들은 육체의 모든 자연적인 본능과 욕구를 멸시하는 경향을 가졌다. 고린도의 어떤 기독교인들은 만일 사람이 진정한 그리스도인이 되려면 육체적인 일을 금하고 결혼을 하지 말아야 한다고 주장했다. 또 다른 극단적인 주장을 하는 사람들은 성 자체를 악한 것으로 생각했기 때문에 결혼한 자들은 자기 배우자와 어떠한 성적인 관계를 가져서는 안 된다고 주장했다(고전 7:25-28).

바울은 디모데에게 편지했을 때 '결혼을 금하는 것'은 '귀신의 가르침'이라고 말했다(딤전 4:1, 3). 이 가르침은 오늘날도 유효한 말씀이다. 현재도 귀신의 가르침을 따르는 이단은 결혼을 금하거나 부부사이에 성관계도 제한하고 있지 않은가!

7. 성에 미친 사회 속의 올바른 '성의 신학'

구속질서 속의 성

죄 사함을 받고 그리스도 안에서 새로운 삶을 사는 것은 우리 생활의 모든 영역에서 죄의 결과를 제거하는 출발점이 된다. 성을 포함하는 모든 것이 하나님의 말씀과 기도로 거룩하여 지기 때문에 하나님이 만드신 모든 것이 선하다(딤전 4:4). 우리는 우선 우리가 행한 것에 대해 죄 사함을 받음으로써 우리의 섹슈얼리티를 거룩하게 해야 한다. 우리는 성령의 도우심으로 우리의 성적 차원을 포함하는 우리 자신을 하나님께 드려야 하며, 우리의 섹슈얼리티를 받아들이고 기뻐하여야 한다(Jones, 1993). 성은 남자와 여자가 황홀한 기쁨을 누릴 수 있도록 하나님이 준비해주신 것이기 때문이다.

그리스도인 임상심리학자 페너(Clifford Penner, 1981)가 말한 것처럼, 우리가 서로에게 우리 자신을 내어주는 과정에는 전 인격—지성, 감정, 몸, 영, 의지—이 관여한다. 몸은 악하고 영혼보다 덜 귀하다는 이원론적 견해는 이제 종지부를 찍었다. 그리스도인은 몸, 인간의 성을 단지 '자연스런 현상'이나 아쉬운 필수품으로서만이 아니라, 책임 있게 사용하고 즐기고 누려야 할 하나님의 선물로 긍정할 수 있게 되었다 (p.42).

우리는 지금 구속질서 속에 생활하고 있다. 우리는 자신과 타인들에게 우리의 육체적 몸과 성적인 성품, 성적 즐거움을 위한 능력이 모두 하나님으로부터의 좋은 축복이라고 확신시켜야 한다. 가정사역자 윌슨(Wilson, 2003)은 이를 '구원받은 성'라고 부르고 있다.

- 구원받은 성은 세상이 주는 어떤 것보다 영광스러운 것이며, 하나님에 의해 거룩한 결혼에 동참한 남자와 여자 사이에서만 즐길 수 있는 것이다.
- 구원받은 성이란 크리스천 남편과 아내 사이에서 맛보는 놀라운 친밀감으로 하나님에 의해 제정되고 축복된 것이다.
- 일단 구원받은 성이라는 개념을 이해하게 되면, 결혼한 부부인 우리를 해방시켜 출산, 재창조, 즐거움 및 의사소통을 위해 하나님께서 창조하신 것들을 온전히 누리게 한다.
- 구원받은 성은 자기 자신과 배우자를 기쁘게 하는 것을 탐구하고 발견하는 일에 헌신하는 것이다. 하나님께서는 우리가 자기 배우자와 육체적 친밀감을 나누는 것에 대해 무척 기뻐하신다.
- 남편과 아내 사이에서 누리는 친밀감이 천국에서는 수백만 배로 확대될 것이다. 사탄이 이처럼 영광스러운 경험을 왜곡시키기 위해 그토록 열심히 뛰어다니는 것은 하나도 이상한 일이 아니지 않은가! 사탄은 엄청난 시간을 들여 결혼한 부부들에게 즐기도록 허락된 아름다움과 기쁨을 빼앗기 위하여 온갖 노력을 다 하고 있다(p.198).

섹슈얼리티에 대한 성경적 관점은 감각적이고 관능적인 것에서 '빠져나갈 길'을 찾을 필요가 없다는 것이다. 우리는 몸을 예배하거나 폄하시켜서는 안 되며, 몸은 존중받고 사랑받아야 한다는 사실을 심각하게 받아들인다(Storkey, 1995).

이렇게 복음의 자유케 하는 면을 효과적으로 전하기 위해서는 우리 자신의 태도가 분명해져야 한다. 세상은 기독교의 성을 아주 좁게 생각한다. 그러나 우리가 부부들이 서로에게 쾌감을 주고 즐기는 것을 배울 수 있도록 도와줄 때, 성경은 보다 더 큰 기쁨, 더 큰 해방감, 더 큰 만족감을 가져오는 새로운 자유를 가르쳐줄 것이다(페너 & 페너, 1996).

성경은 그리스도인들이 사회와 나눌 수 있는 성에 대한 기쁜 소식이 있다고 가르친다. 그리스도로 말미암아 우리는 성을 축하할 수 있으며, 성적으로 책임 있는 행동을 할 능력을 갖고 있으며, 사랑과 성적 충족을 연결시킬 수 있게 되었다(Hollis, 1976).

올바른 성의 신학

첫째, 성은 창조주의 좋은 선물이다. 따라서 섹스는 신성하고 거룩한 사건이 되어야 한다. 둘째, 성적 친밀감은 그리스도와 교회의 신비스러운 친밀감을 나타낼 뿐만 아니라 축하라는 것으로 이해되어야 한다. 셋째, 성교의 사건으로 들어가는 것은 하나님을 예배하고 축하하는 방법이다. 넷째, 성의 일차적 목적은 하나 됨을 창조하고 재창조하는 것이다. 다섯째, 성적 친밀감의 각 행위는 결혼언약을 지속적으로 새롭게 하는 것이다(Gardner, 2002).

한편 풀러신학대학교의 볼스위크 교수 부부(Judith & Jack Balswick, 1999)는 우리가 성적 존재로 창조된 성경적 의미와 목적을 찾아야 한다면서, 진실 된 성생활로 인도하는 여섯 가지 기본적 원리를 다음과 같이 제시하였다(p.37).

1. 인간의 섹슈얼리티는 남녀의 차별화와 둘 사이에 이뤄지는 연합에 의해 확정되었다.
2. 섹슈얼리티는 사람을 자신과 타인, 그리고 하나님을 더 깊은 수준의 앎으로 인도할 의도로 주어진 좋은 선물이다.
3. 인간은 성적 즐거움을 위한 태생적 능력을 가지고 태어났으며, 인간의 섹슈얼리티는 정서적으로 돌아보고 배려하는 신뢰적인 가족환경 내에서 가장 잘 발달할 수 있다. 아가서는 성이 즐거움과 기쁨, 영교 그리고 축제를 위한 것임을 보여주고 있다.
4. 섹슈얼리티와 영성은 긴밀하게 연결되어 있다.
5. 타락 이후에, 섹슈얼리티는 왜곡되었고, 구속을 필요로 하게 되었다.
6. 그리스도께서는 회복을 제공하시고 진실한 성을 경험할 수 있는 우리의 잠재력을 새롭게 하신다.

처음 네 가지 원리는 창조와 관계된 원리이고, 다섯 번째는 타락, 여섯 번째는 구속과 회복을 다루고 있다.

가정사역자 이병준 목사가 지적한 것처럼 "성에 대해서 무조건적인 거부나 비판으로 일관하는 사람일수록 비합리적 신념으로 가득 차 있다. 이들의 관점은 대부분 불교적인 시각, 샤머니즘적인 생각, 유교적인 외식(外飾) 등 이원론적이다. 헬라철학 역시 육체는 악하고 영은 거룩하다는 이원론적 관점에 기초하고 있다. 그래서 초대교회 때 기독교에 많은 영향을 미쳤던 헬라철학은 우리에게 이원론적인 사고라는 비기독교적인 유산을 남겨주었고, 그래서 교회에는 지금까지 이원론적인 사상이 맥맥히 내려오고 있는 것이다. 하지만 기독교적 세계관에서는 영과 더불어 육체, 마음, 정서 등을 모두 하나님의 피조물로서 거룩하다고 보며, 이들은 서로 연관되어 있다고 본다. 부부의 성을 말할 때도 육체적인 부분만을 고려하지 않는다."

하나님은 자기 형상대로 지음 받은 인간을 생산하기 위해 성교를 선택하셨다. 그러므로 우리는 섹스에 대해 큰 존경심을 가져야 마땅하다. 빌리 그래함 목사가 해변가에 모여 있는 대학생들에게 말한 것처럼 "섹스는 좋은 것이다. 이것 없이는 우리 중 누구도 이곳에 있지 못할 것이다."

성의 생물학적 기능으로 인해 우리가 섹스를 수치스러운 것으로 격하해서는 안 된다. 사도 바울은 결혼과 성을 죄악시하고 금기시하는 거짓 선지자들을 비판했다. 사실 그는 이런 태도의 뿌리를 '미혹하는 영과 귀신의 가르침'(딤전 4:1)에서 찾았다. 이런 자들이 '결혼(혼인)을 금할 것'이라고 하였다. 그는 "하나님이 지으신 모든 것이 선하다"고 우리에게 상기시키고 있다.

너무나 오래 동안 많은 그리스도인들은 성에 대해 거짓된 죄책감과 비기독교적인 관념에 영향을 받아왔다. 특히 이원론적인 사고가 강한 이단에서는 육신은 악하고 영혼은 선한 것으로 보아 혼외정사는 물론 결혼 후의 성관계조차도 모두 악하게 여겼다. 이들은 육신을 죄의 통로로써 악한 것으로 여기고 심지어 악 자체라고까지 말한다. 그러므로 성관계는 자손 번식과 성적 유혹을 피하기 위한 방편, 즉 일종의 필요악으로 간주하고 있다.

영국의 부부상담 전문가 셀린 휴즈(Selwyn Hughes, 1983)는 「하나님이 원래 의도하신 결혼」이라는 책에서 다음과 같이 쓰고 있다. "그리스도인 부부를 상담해온 지난 여러 해 동안, 나는 사람들이 성이라는 주제에 대해 가지고 있는 이상한 관념에 대해 거듭 놀랄 수밖에 없었다. 성경의 분명한 가르침에도 불구하고 많은 사람들은 성과 거룩은 상극적인 주제라고, 성과 기독교 신앙은 섞을 수가 없는 것이라고 생각한다. 한 여성은 나에게 섹스는 '하나님이 보시지 않을 때' 어두움 속에서 행해야 하는 것이라고 말했다. 기독교회는 그동안 성에 대한 여러 가지 비성경적인 결론 때문에 고통을 받아왔다. 다행히 이는 수정되고 있는 과정에 있다"(p.183).

우리는 몸을 통해 하나님께 영광을 돌리도록 지음을 받았다. 남편과 아내는 한몸이 됨으로써 하나님의 형상을 빚어가고 하나가 되는 기쁨을 누릴 수 있다. 감사하게도 이제 우리는 성의 아름다움과 기쁨을 묘사하고 있는 성경의 가르침을 따라잡을 수 있게 되었다. 어떤 그리스도인은 자기는 너무나 '신령' 해서 섹스를 충분히 즐길 수 없다고 말한다! 이러한 생각은 이단적일 뿐만 아니라 거의 신성모독에 해당한다. 이는 하나님이 깨끗하다 한 것을 더럽다고 하는 것이며, 하나님이 "심히 좋다"고 하신 것을 나쁘다고 하는 것이다(Seamands, p.162).

이제 그리스도인은 결혼이라는 테두리 안에서 하나님께서 선하게 창조하신 성을 마음껏 누릴 수 있는 자유인이다. 그 자유함으로 인해 우리는 더이상 죄책감이나 수치심을 느낄 필요가 없으며 서로의 벗은 몸에 대해 부끄러워하지 않아도 된다. 기독교인들이 억압되고 편협하다는 것은 속설에 불과하다. 사실 기독교적인 결혼생활은 부부가 성적 자유와 쾌락을 최대한으로 누리기 위해 필요한 안정감을 제공한다 (지글러, 1990).

지난 2년간 이단논쟁의 중심에 있었던 책 「하나 되는 기쁨」은 부부라는 안전한 관계 속에서의 성을 말하고 있다. 부부관계 이외의 성은 어떤 이유에서라도 허락되어서는 안 되며, 명백한 죄임을 밝히고 있다. 그러나 부부라는 안전한 울타리 안에서라면 성은 얼마든지 경험하고, 누리고, 창조적으로 활용해도 좋다는 것을 말하고 있다.

> "하나님의 뜻은 이것이니 너희의 거룩함이라 곧 음란을 버리고 각각 거룩함과 존귀함으로 자기의 아내 취할 줄을 알고 하나님을 모르는 이방인과 같이 색욕을 좇지 말고 이 일에 분수를 넘어서 형제를 해하지 말라"
> (한글개역, 살전 4:3-5).

바울은 성적 접촉이 결혼관계에 국한 되어야 한다고 주장하고 있다. 성은 결혼 밖에서는 그 의미를 상실한다. "우리가 열정적으로 찬양하고, 예배드리고, 강단에서 설교하는 것처럼, 침실에서도 열정적으로 사랑을 나누며 즐거워해야 한다"(맥클러스키, 2005). 양승훈 교수의 표현을 빌리면 "불은 용광로 속에 있는 한 뜨거울수록 유용하고, 사랑은 부부 사이에 있는 한 뜨거울수록 하나 됨을 증진시킨다"[최희열(양승훈), 2005, p.29]. 부부관계에서 성적 친밀감은 증진될수록 좋다는 것이다.

러셀Bertrand Russell은 이렇게 말한다. "행복한 부부사랑의 깊은 친밀감과 강렬한 우애관계를 경험하지 못한 사람들은 인생이 제공하는 가장 좋은 것을 놓치고 있는 것이다." 성은 결혼의 헌신이라는 제약 안에서 표현될 때 거룩과 신성의 수준으로 격상될 수 있는 것이다(Frost, p.281).

육체적 친밀감은 대다수의 부부에게 매우 중요하다. 사실 부부들은 성적 문제가 그들이 가장 중요하게 생각하는 세 가지 문제영역에 포함된다고 보고하고 있다. 그러므로 두 사람 사이의 육체적 친밀감을 유지하고 증진하기 위해 노력하는 것은 중요하다(Markman, Stanley & Blumberg, 1994, p.265). 성애는 격하시켜서도 안 되며 너무 우상시해서도 안 된다. 우리가 온전함을 추구하는 가운데 영적 온전함에 통합되어야 마땅하다(Balswick & Balswick, 1999).

결혼관계 안에서의 성애는 중요하다. 그러나 그 자체가 가장 중요한 것은 아니다. 가장 좋은 섹스는 사랑과 기쁨, 성장과 친밀감으로 가득 찬 관계에서 자연스럽게 흘러나오는 것이기 때문이다. 성애가 목적 그 자체가 될 때, 성애는 성기와 인격을 분리시키는 역할을 할 수 있다(Garland & Garland, 1986). 따라서 성경적 태도에서 성은 관계의 열매라는 입장으로 결혼 밖에서도 순결과 정절이 바람직하며 가능하다는 입장이며, 성적인 즐김은 결혼관계 안에서만 이루어져야 한다는 입장이다.

하나님의 음성 바로 듣기

세상은 하나님의 아름다운 선물인 성을 더럽혔다. 그분이 순수하게 만드신 것을 세상이 부패시켰다. 그분이 성스럽게 만드신 것을 세상이 타락하게 했다. 세상이 한 일은 잘못한 것이지만 우리가 세상에 신성모독을 허용하고 하나님의 아름다운 관점으로부터 멀어진다면 그 역시 잘못을 범하는 것이 될 것이다. 하나님은 남편과 아내가 벌거벗었으나 부끄러워하지 않고, 지극히 즐거움을 주고받는 중에 기뻐하고, 성행위가 주는 친밀한 하나 됨을 누리기를 바라신다.

당신이 어디에 있든지 하나님은 구속하시는 하나님이심을 확신하라. 우리는 구속질서 속에 살고 있다. 그분은 당신에게 자신의 선물이 에로틱하고 만족스러우며 자유롭고 아름다운 것이 될 수 있음을 보여 주려 하신다. 그러나 당신이 부부의 성을 올바로 누리기 위해서는 하나님의 음성과 충돌을 일으키는 어떤 메시지든 그것을 들려주는 마음의 테이프를 내버려야 한다.

당신은 하나님의 음성만을 들어야 한다. 오직 그 한 분만의 음성에 귀를 기울여야 한다. 우리의 영광스러운 하나님이 당신에게 말씀하실 것이다. 그분은 당신을 간절히 돕고 싶어 하신다. 그리고 당신이 원한다면 하나님은 당신의 삶 속에서 그분의 아름다운 선물을 구속하시고 모든 것을 새롭게 하실 것이다.

8. 하나님은 왜 우리를 성적인 존재로 만드셨는가?

　성경에서는 성이 금기시 되는 주제가 아니다. 성경에서는 거의 모든 책이 성에 대해 언급하고 있으며 특히 아가서는 노골적으로 성을 다루고 있다. 아담과 하와의 관계로 시작된 성경은 계시록에서 신랑 되신 예수님과 신부된 교회의 만남으로 끝을 맺는다. 이런 의미에서 성경(聖經)은 성이라는 주제를 중요하게 다루는 성경(性經)이라 해도 과언이 아니다. "하나님은 성을 좋아하신다. 그는 성을 발명하셨다. 우리는 우리 남편과 아내에 대하여 느끼는 매력 안에서 즐거워하도록 설계되었다. 부부가 몸을 섞음으로 사랑을 표현하는 능력은 순전한 사랑이신 하나님으로부터 주어진 선물이다. 그분은 우리가 서로에게 아무것도 숨길 것이 없는 결혼의 헌신 안에서 그것을 만끽하며 즐기기를 원하신다"(Lee, 2000). 성에 대한 성경의 가르침은 다음과 같이 요약할 수 있을 것이다.

1. 성은 하나님이 창조하셨고 좋은 것이다(창 2:24-25; 히 13:4)

　하나님은 그 지으신 모든 것을 보고 심히 좋다고 선언하셨다(창 1:31).

그러므로 성을 추하다거나 속되게 생각하는 것은 합당하지 못하다. 성은 존재의 원천이며 성의 양극성은 창조의 기초다. 히브리인들은 성교를 부끄러운 것으로 여기지 않았다. 반대로 섹스는 하나님이 선하시다는 증거이며 우리가 찬미하고 감사를 표현할 수 있는 그 무엇이다(Collins, 2008, p.396). "성이 하나님께서 주신 좋은 선물이라는 사실은 성에 대해 성경이 가르치고 있는 사실 중에서 첫 번째이자 가장 근본적인 것이다"David Mace. "하나님이 만드신 성은, 그것이 사용되어지는 조건이 창조주의 의도에 일치하기만 한다면 언제나 좋은 것이다."

하나님은 우리를 그의 형상을 따라 남자와 여자로 창조하셨다. 그러므로 우리의 성은 하나님의 '심히 좋은' 창조물 중의 한 부분이다. 우리는 남편과 아내로서 재생산을 위해 그리고 사랑을 경축하기 위해 성적으로 함께 할 자유가 있다. 인간은 여성의 호르몬 주기를 통해 성적 연합을 이룰 수 있는 이 지상의 유일한 피조물이다. 분명히 우리는 주로 사랑을 경축하기 위하여 그리고 가끔 아기의 잉태를 위해 성교를 하도록 하나님께서 설계하셨다(Wahking & Zimmerman, 1994, p.45).

남자와 여자는 단번에 하나님의 형상대로 함께 창조되었다. 칼 바르트Karl Barth는 "창세기는 우리의 성이 곧 우리 안에 새겨진 하나님의 형상이라는 점을 가르쳐주고 있다"고 해석하였다.

"하나님은 우리의 성기를 창조하셨다, 그리고 그것도 그의 형상의 일부를 반영한다. 하나님께서는 남자의 포피(음경), 음핵, 질, 고환(불알), 자궁, 정액, 정자, 난자, 유방, 유두, 음모, 입술, 혀, 눈, 그리고 기타 성적으로 관련되어 있는 기관들을 창조하셨다. 하나님의 창조물은 좋은 것이다. 하나님은 성욕과 성적 열정을 창조하셨으며, 이것은 그의 선한 일의 일부다. 당신은 얼마나 편한 마음으로 당신의 각 성적 기관과 성적으로 열정적인 감정에 대해 구체적으로 감사하는가?"(Wahking & Zimmerman, 1994, p.45).

기독교상담학자 게리 콜린스(2008)는 말한다. "성적 매력과 성적 느낌은 하나님이 만드신 것이고 죄악된 것이 아니라 좋게 여겨야 한다."

복음주의영성연구소장 게리 토마스(Gary Thomas, 2003)는 말한다. "하나님께서 육체를 만드셨다. 그분은 육체를 만들면서 놀라운 감각을 창조하셨다. 남자의 생식기가 다양한 기능을 가지고 있는 반면, 여자의 생식기 클리토리스(음핵)는 성적인 즐거움을 주는 기능만을 담당한다. 하나님께서는 여성에게 성적인 황홀함을 주시려는 한 가지 목적을 위해 이 기관을 계획해서 창조하셨다. 이것은 사탄의 생각이 아니라 하나님의 생각이었다. 그리고 하나님께서는 창조하신 모든 것을 보시고 '심히 좋았더라'(창 1:31)고 말씀하셨다"(p.270).

하나님은 우리에게 관계 속의 충족감을 누리게 하기 위해 성적 충동을 주신 것이지, 우리를 비참하게 하기 위해 성욕을 주신 것이 아니다. 결혼 내에서 성을 즐기는 것은 적합하고 합당한 것이다. 성행위는 아기를 만들기 위해서만 하는 것이 아니고 부부사이의 즐거움을 위해 의도된 것이다. 섹스는 하나님으로부터의 축복이다(Ghent & Childerston, 1994).

2. 하나님은 성을 일정한 목적을 위해 창조하셨다

하나님은 왜 섹스를 만드셨을까? 성의 주목적은 자녀생산과 부부의 연합을 이루는 것이다(아 7:1-10). 넓은 의미에서 성의 목적에는 출산, 친밀감 증진(union=one flesh: 연합), 정체성 확립, 신체적 만족과 즐거움의 제공(잠 5:18-19), 부도덕한 행위의 방지, 위로와 휴식이 포함된다. 가정 사역자 찰스 셀(2003)과 린다 딜로우(2010)는 하나님께서 성을 창조하신 목적을 일곱 가지로 요약하였다.

하나, 사랑과 친밀감(연합): "사람의 독처하는 것이 좋지 못하니"(한글개역, 창 2:18). "아내와 연합하여 한 몸을 이룰지로다"(창 2:24). 하나님은 말씀하신다. "나는 친밀한 하나 됨을 위해 성이라는 선물을 주었다." 성적 연합은 남자와 여자가 나눌 수 있는 인격적 교제에 있어서 육체적 차원의 절정이다. 성적 포옹 안에서 한몸이 되는 것은 하나의 강력한 형태의 의사소통이다. 하나님은 외로움을 해소하는 방법으로 대화, 함께 지냄, 손을 잡는 것 등으로 제한하지 않으시고 가장 만족스럽고 활발한 교제가 되는 방법을 먼저 알려주셨는데, 그것은 부부가 성관계를 통해 친근한 교제를 누리도록 하신 것이다.

이동원 목사(1998)는 말한다. "주님께서 남성과 여성으로 한몸이 되게 하신 것은 비단 육체적 결합만을 강조한 것이 아니라 인격적이고도 영적인 결합을 전제로 하고 있다는 사실을 한 번 더 강조할 필요가 있다. 진실로 성적인 결합은 전인격적인 교제의 가장 원색적인 한 상징이라 할 수 있다"(p.140).

둘, 생명의 창조: "생육하고 번성하여 땅에 충만하라"(창 1:28). 하나님께서 아담에게 '생육하고 번성하라' 고 명령하신 것은 성관계를 가지라는 명백한 명령이다. 하나님은 말씀하신다. "나는 너희가 나를 닮은 생명을 창조하도록 성이라는 선물을 주었다." 성에는 종족보존의 기능이 있다. 하나님은 성호르몬을 창조하였다. 부부의 성생활은 인간을 향한 하나님의 최초의 명령인 번성을 이루기 위한 신성한 과정이자 방법이다(창 1:27-28).

셋, 지식(경험적으로 앎): "마리아가 천사에게 말하되 나는 사내를 알지 못하니"(한글개역, 눅 1:34). 잘 알려진 대로 히브리어로 '알다'라는 단어는 '성관계를 갖다'는 의미로 사용되기도 한다. 성이라는 하나님의 선물을 통해 남편과 아내는 서로를 그 누구와도 다른 방식으로 친밀하게 '알게 된다' '아는' 경험은 남녀가 신체적 수준에서만 아니라 정신적, 정서적, 그리고 영적으로 관계하는 것, 즉 전인격적 의사소통을 의미하는 것이다.

넷, 정체성 확인: "자기 형상 곧 하나님의 형상대로 사람을 창조하시되 남자와 여자를 창조하시고"(한글개역, 창 1:27). 좋은 성관계 속에서 남자는 '당신은 나로 남자처럼 느끼게 해줘'라고 말할 것이고, 여자는 '당신은 나로 여자처럼 느끼게 해줘'라고 말할 것이다. 성은 우리의 자아감에서 가장 중요한 측면이 아니다. (우리는 무엇보다 하나님의 자녀다.) 그러나 결혼생활에서의 만족스런 성생활은 또한 남자와 여자로서의 정체감을 강화시켜준다.

다섯, 즐거움(쾌락): 성은 아담으로 하여금 그의 배필인 하와를 보고 "이는 내 뼈 중의 뼈요 살 중의 살이라"고 노래하게 한 기쁨을 위한 것이다. 하나님은 말씀하신다. "나는 즐거움을 위해 성이라는 선물을 주었다" 여성의 중요한 성기 구조 가운데 하나가 음핵이다. 생리학자들에 따르면, 이 음핵의 구조는 자극과 기쁨을 위한 기능 이외에 다른 기능은 전혀 없다. 음핵의 단 하나의 기능은 성적 쾌락이다. 하나님께서 주로 사랑을 성적으로 경축하라고 창조하셨다는 사실은 음핵을 창조하신 것에 분명히 드러난다. 이 기관은 재생산을 위해서나 병으로부터 보호하는 데 아무런 역할을 하지 않는다. 그곳을 부드럽게 만지면 단순히 기분이 좋을 뿐이다. 하나님께서 여성에게 성적 쾌감을 누리는 기관을 주신 것이다(Wahking & Zimmerman, 1994, p.45).

상담심리학자 콜린스(2008)는 말한다. "성기 결합은 행복감, 황홀경, 그리고 천국의 전 단계가 될 수 있는 강력한 연합의 경험이다. 커플이 하나님 앞에서 성관계를 가질 수 있고, 그들이 함께 할 때 하나님의 존재를 인식한다면 그 성경험에는 영적인 요소가 들어 있는 것이다."

솔로몬은 "사랑하는 아내와 함께 즐겁게 살라"(전 9:9)고 권면하면서 "너는 네 우물에서 물을 마시며 네 샘에서 흐르는 물을 마시라. 어찌하여 네 샘물을 집 밖으로 넘치게 하겠으며 네 도랑물을 거리로 흘러가게 하겠느냐 … 네 샘으로 복되게 하라 네가 젊어서 취한 아내를 즐거워하라"(잠 5:15-18)고 남편들에게 호소하고 있다.

우물이나 샘은 여인을 가리키지만 직접적으로는 여인의 음부를 가리킬 때가 많다. 아직 남자를 경험하지 못한 술람미 여인의 몸을 솔로몬은 '잠근 동산' '덮은 우물' '봉한 샘'이라고 표현한다(린다 딜로우, 2010). "나의 누이, 나의 신부는 잠근 동산이요 덮은 우물이요 봉한 샘이로구나"(아 4:12). 아마 이것은 여인을 성적으로 표현한 가장 함축적인 말일 것이다. 여인은 잠근 동산이니 누군가 그 동산의 문을 열고 들어가

8. 하나님은 왜 우리를 성적인 존재로 만드셨는가?

서 땅을 갈고 씨를 뿌리기를 기다리고 있다는 뜻이다. 또한 여인은 덮은 우물이요 봉한 샘이니 안에 물은 많으나 아직 흐르지 않는다는 뜻이다. 그러므로 여인은 남성이 우물의 덮개를 열고 물을 길어내어 즐기기를 기다린다. 여인은 남성에 의해 문이 열리고 물이 길어지기를 기다린다(양승훈, 2005, p.234).

여섯, 음행의 저지: "음행에 빠질 유혹 때문에 … 남편은 아내에게 남편으로서의 의무를 다하고, 아내도 그와 같이 남편에게 아내로서의 의무를 다하도록 하십시오."(표준새번역, 고전 7:2-3). 부부의 성생활은 성범죄에 빠지지 않도록 하기 위한 하나님의 예방장치이다(고전 7:1-9) 바울은 독신생활을 하면서 정욕이 불타게 되어 원치 않는 음행의 죄에 빠지는 것보다 차라리 하나님께서 허락하신 한 남편, 한 아내를 통해 육체의 성적 긴장을 해소하라고 적극적으로 권면했다. 하나님은 말씀하신다. "나는 유혹을 막는 방어책으로 성이라는 선물을 주었다." 심수명(2006) 목사는 말한다. "결혼생활에 있어 성관계는 하나의 의무이다. 결혼한 사람은 자기 배우자의 성적 긴장을 해결토록 도와야 할 책임이 있다"(p.338).

일곱, 위로와 치료, 그리고 휴식: "그 뒤에 다윗이 자기의 아내 밧세바를 위로하고 동침하니, 그 여인이 아들을 낳았다"(표준새번역, 삼하 12:24). 창세기 24장 6~7절에서 이삭이 모친 상을 당한 뒤에 아내와의 관계를 통해 위로를 얻는 장면 등을 보면, 배우자가 좋지 않은 일로 절망하고 있을 때, 스트레스나 슬픔이 있을 때, 육체적인 사랑을 나누는 것이 긴장을 풀어주는 역할을 함을 알 수 있다. 부부관계에서 하나님이 계획하셨던 것의 일부가 바로 위로다. 부부는 서로 사랑함으로써 위로하고 피로도 풀어줄 수 있다.

이들 목적은 매우 고상하고 긍정적인 성관view of sex과 실제적인 성관을 제시하고 있다. 거듭된 연구에서 그리스도인 여성이 비종교적인 여인들에 비해 훨씬 높은 성적 만족을 보이고 있는 것도 놀라운 일이 아니다. 이는 종교적인 여인들이 섹스를 하나님의 창조의 일부로 받아들이기 때문이다. 아내는 경건하면서도 감각적이며 관능적일 수 있는 것이다(Sell, 1982, p.99).

삼위일체 교리가 보여주듯이 "하나님은 친밀한 관계 속에 거하시는 분이시다. 그는 우리를 남자와 여자로 분명히 다르게 창조하셨다. 그리고 우리를 하나가 되라고 부르셨다. 성애는 전능하신 하나님의 거대한 은유로써 그분에 대한 특별한 통찰을 제공하고 있다"(Rosenau, Sytsma & Taylor, p.501).

기독교상담학자 원준자(2004) 교수는 성교를 다음과 같이 정의했다. "성교란 남편이 자기를 완전히 개방하여 자기의 것을 하나도 남김없이 몽땅 쏟아부어주는 것이며, 동시에 아내는 자기의 온 몸을 열어 하나의 허실도 없이 전부를 완전하게 받아들임으로써 두 몸이 완전히 밀착되어 한몸으로 연결되는 것이다"(p.105).

성교, 즉 '동침하다'(창 4:1; 삼상 1:19)와 '알다'(yada, 한글킹제임스, 마 1:25)의 의미는 성적인 결합을 할 때 상대를 가장 충분히, 깊이 알 수 있게 된다는 것이다. "긍정적인 성경험은 배우자에게 '당신을 사랑합니다. 당신을 필요로 합니다. 당신을 좋아합니다. 당신에게 나 자신을 드러내기를 원합니다. 당신의 모든 것을 알고 싶습니다. 당신의 모든 것이 좋습니다.' 등 여러 종류의 비언어적 메시지를 전달할 수 있다"(Charles Sell).

마이크 메이슨(Mike Mason, 1997)은 이 '완전한 벌거벗음'의 행위를 다음과 같이 묘사하고 있다.

다른 사람과 벌거벗는다는 것은 완전한 솔직함, 완전한 신뢰, 완전한 내어줌과 헌신에 대한 일종의 그림이며 상징적 드러냄이다. 그리고 마음이 몸과 함께 벌거벗지 않으면 그 행위 전체는 거짓이며 위선이 된다. 그것은 어처구니없는 비극적 모순에 참여하는 것이 된다. 몸은 주고 자신을 유보하는 행위가 된다. 인격적 만남 가운데 몸을 노출하는 것은 자신의 가장 깊은 비밀을 말하는 것과 같다(p.100).

성은 본질적으로 강력하다. "성은 다이너마이트다. 성이 높은 인격에 의해 여과되지 않으면 혼돈과 파멸을 가져오게 된다. 성은 관계성을 견고케 하는 과정이 될 수도 있으며, 사람들을 파괴하는 수단이 될 수도 있다"(Joseph Fletcher). 그러나 사랑으로 실행되면, 하나 됨을 표현하고 창조한다. 성의 첫 번째 목적은 출산이나 오락이 아니라 연합이다.

"남자와 여자가 성적으로 연합하는 것은 언제나 잠정적 육체적 결합에만 그치지 않는다. 우리가 의도했든 안했든, 성적 결합은 깊은 정서적, 심리적, 영적 차원에서 우리에게 영향을 미친다"(Lee, p.234). 심리적으로 말해서, 섹스는 하나의 매개체다. 이것은 단순히 쾌락이나 열정으로 축소될 수 없는 것이다. 인간은 성적 표현에 의미를 부여할 수 있다. 섹스는 인간의 감정과 의도를 위한 도구가 될 수 있다. 예를 들어 남자는 폭력적 성행위를 통해서 분노와 지배를 표현할 수 있다. 고상한 것일수록 그의 오용은 더욱 추잡한 것이 되기 때문이다.

성교에 대해 말할 수 있는 가장 의미심장한 것 가운데 하나는, 이것이 남편과 아내에게 말이나 다른 어떤 행위에도 비견될 수 없는 언어를 제공한다는 것이다. 사랑은 그 적절한 표현을 위해 하나의 언어를 필요로 하는데, 섹스는 그 자체로서 의미를 지닌다(Elton Trueblood).

3. 성은 결혼을 위한 것이다(마 19:4-6; 고전 7:1-9; 살전 4:1-8)

성의 사용은 오직 한 사람에 한해서만 허용된다. 그 한 사람은 바로 내 아내와 내 남편이다. 이 외의 그 어떤 사람과도 성관계를 맺어서는 안 된다. '젊어서 취한 아내'는 남편의 필요를 채워주는 '샘'이다(잠 5:16-19). 성경은 "남자들이여, 너희 연인과 결혼하라"고 하는 대신에 "남편들이여, 아내를 사랑하라"고 가르친다. "성은 결혼의 가장 중요한 부분이 아니다. 사랑이 있는 동반자 관계와 하나님과의 올바른 관계가 필수적 요인이다. 아가페, 필리아, 에로스, 이 세 가지 사랑 모두가 당신의 친밀한 우애적 관계에 있어야 한다(Douglas Rosenau, 1994). "가장 좋은 섹스는 당신이 사랑하는 배우자와 하는 것이다"(Joan Garrity).

"성교는 무엇보다도 부부의 사랑의 관계를 더 깊게 한다. 이것이 사실이 아니라면, 하나님은 우리 존재의 이 부분이 자녀생산의 시기를 넘어 오십 대와 육십 대, 칠십 대까지 생기발랄하게 지속되도록 허락하지 않으셨을 것이다"(Lee, p.235).

찰스 셀 교수는 브리지스Charles Bridges가 이미 100년 전에 다음과 같이 말했다고 인용하고 있다. "부부간의 사랑은 하나님께서 그의 자비

8. 하나님은 왜 우리를 성적인 존재로 만드셨는가?

가운데 우리에게 베푸신 지상의 축복 가운데 첫째가는 것이다. 그렇다면 당신의 것을 감사함으로 즐기도록 하라. 바른 이유로, 바른 때에, 바른 장소에서 하는 섹스는 하나님의 최대의 축복 가운데 하나다. 당신에게 바른 사람이 있는 것은 의문의 여지가 없으며 바른 시간과 바른 장소를 선택할 수 있다"(p.15).

좋은 섹스는 남편과 아내 모두가 성교를 통해 어떻게 서로에게 즐거움을 줄까를 생각하게 한다. 섹스는 자기만족을 챙기라고 주신 선물이 아니고, 서로의 필요와 욕망에 복종하는 가운데, 서로에 자신을 내어주는 방법이다. 성교는 당신의 남편이나 아내에게 사랑을 보여주는 가장 친밀한 방법이다. 그리고 그것은 서로를 위해 희생하는 것을 포함한다. 이렇게 부부는 서로에게 주는 법을 배워야 한다. 우리는 여러 가지 이유로 서로 다른 수준의 성욕을 경험할 수 있다. 특히 스트레스를 받는 시기나 자녀의 출산으로 성욕의 기복을 겪을 수 있다. 이때 희생적인 사랑은 자제를 보여주는 것일 수 있고, 상대방에게는 피곤함에도 불구하고 성교에 응하는 것이 될 수도 있다(Lee, p.239).

4. 성적 범죄, 즉 음행과 간음, 성적 괴롭힘(희롱)과 폭력은 강력한 정죄를 받고 있다(잠 5:1-11, 20, 23; 6:23-33; 7:5-27)

"결혼을 떠나 이뤄지는 섹스는 관계없이 이뤄지는 섹스다. 성은 부부의 침실을 위해 예정되어 있는 하나님의 선물이다. 섹스는 평생 한몸 관계에 헌신한 사람들에게 속한 것이다. 외도와 간음 등 이보다 못한 모든 것은 성에서 그 의미를 박탈하는 셈이다. 그것은 아무 할 말이 없는데 전화하는 것과 같다"(Charles Sell).

그리스도인이 삼가야 할 금지된 성행위에는 어떤 것이 있는가? 성경은 수간(레 18:23-30; 신 27:21), 동성애(레 18:22; 20:13; 신 23:17), 음행(살전 4:1-8) 등을 정죄하고 있다(Walter Kaiser). 이 외에도 조빔(2005) 목사는 성과 관련된 죄의 목록에 근친상간, 강간, 혼전 성관계, 부정, 매춘, 생리 기간 동안 성관계를 갖는 것 등을 제시하고 있다. 성경에서는 오늘날 문제시되고 있는 자위, 페팅petting, 피임, 낙태, 인공수정에 대하여는 일체 언급하고 있지 않다.

하나님의 모든 선물이 그렇듯이, 우리가 성을 창조주 하나님이 의도하신대로 사용하지 않을 수 있다. 우리가 외도를 하거나 자녀 또는 짐승과 수간을 하면, 이는 우리의 영 안에 소외감과 죄책감, 그리고 두려움을 만들어 낸다. 섹스의 오용은 그 자체로 상처와 고통, 그리고 자초하는 처벌을 가져온다. 반면에 섹스의 올바른 사용은 우리에게, 친밀감과 즐거움과 온전함을 가져다준다.

올바로 사용된 성으로부터 가장 심오한 만족과 가장 의미 있는 인간관계, 그리고 사람이 경험할 수 있는 가장 풍요로운 아름다움이 발생한다. 잘못 사용된 성으로부터 가장 심오한 실망과 가장 비극적인 인간관계와 인간에게 알려진 가장 혐오스러운 추함이 발생한다(Gary Collins).

5. 몸은 하나님께 속한 것이다

"너희 몸은 너희가 하나님께로부터 받은 바 너희 가운데 계신 성령의 전인 줄을 알지 못하느냐?"(한글개역, 고전 6:19). 주님께 속한 몸을 가지고 다른 사람과 결합하는 것은 '대역죄'에 해당한다(T.B.Maston). "그런 즉 너희 몸으로 하나님께 영광을 돌리라"(한글개역, 고전 6:20).

성은 우리의 자아의식, 즉 우리가 하나님의 피조물이라는 인식에 있어서 기본적인 것이다. 세상에서는 성을 하나의 '물건'이나 하나의 '행동'으로 취급할지 모른다. 그러나 **기독교적인 성윤리는 성을 하나님 안에 있는 삶의 중요한 부분으로 본다. 성이란 본질적으로 우리가 남녀로서 하나님 앞에 살아가는 삶의 양식이다**(Archibald Hart).

남녀관계의 일차적 목적은 관계성이다. 자녀생산, 생명의 잉태는 관계함의 결과적 산물이다. 두 번째 목적은 즐거움과 기쁨이다. 성적 쾌락은 부부관계에 자연히 수반되는 것이다.

이보다 더 좋을 수 없다. 부부가 자신들의 삶을 전폭적으로 나누는 가운데 성관계보다 더 아름답고 소중한 경험은 없을 것이다. 성교는 육체적인 행위 이상의 의미를 갖는다. 이것은 영적 관계의 상징이며, 두 사람이 완전히 하나 되는 것을 의미하며 표현한다. 성교는 부부의 연합을 확신하고 촉진시키는 수단이다(Dwight Small).

신혼 첫날밤에 성에 대하여 100% 만족을 꿈꾸는 사람은 결혼할 자격이 없는 사람이다. 부부의 성생활이란 여행과 같아서 서로 애정과 노력으로 계속 성장해 가는 것이지 하룻밤에 완전한 만족을 누릴 수는 없는 것이다. 서로 성적으로 적응하는 과정이 필요한 것이다(신 24:5). 아가서의 저자는 성적 사랑이라는 하나님의 선물의 신비스러운 힘을 부끄러움 없이 묘사하면서, 부부가 서로의 몸을 탐색하고 피차의 매력과 흥분, 그리고 극치감 속에서 즐길 것을 주문하고 있다(Lee, p.234).

성적인 것과 영적인 것의 결합이 얼마나 아름다운 것인가를 가장 강력하게 보여주는 예시는 솔로몬의 〈아가서〉에서 찾을 수 있다. 이 구절들에서 하나님은 놀라운 그림을 그리신다. 솔로몬과 술람미 여인은 끈끈하고 에로틱하고 감각적인 사랑을 나눈다. 그때 제3자가 그 방에 등장한다. 하나님, 전능하신 창조자는 상냥하게 육체적 즐거움을 나누고 있는 벌거벗은 연인을 지긋이 바라보시고 손을 뻗어 영적인 축복을 내리신다(Hwang, 2002).

나의 친구들아 먹으라. 나의 사랑하는 사람들아 많이 마시라. 사랑에 흠뻑 취하여라(아 5:1). 린다 딜로우(2010)는 「친밀한 하나 됨」에서 이 장면을 이렇게 부연해 설명하고 있다. "상상해 보라! 하나님이 거기 계시다. 그분이 그 불타는 열정을 보고 계신다. 그분이 그 기쁨의 신음소리를 들으신다. 가장 은밀한 장소에서 서로를 애무하는 것을 지켜보신다. 그분이 이 모든 것을 지켜보시고 나서 연인에게 자신이 줄기라고 창조하신 절묘한 즐거움을 풍성히 먹고 마시라고 촉구하신다"(p.37).

내 성공은 바로 결혼한 것이다. 물론 원만한 결혼생활을 이루기까지 많은 노력이 필요했지만, 결혼은 내게 가장 큰 만족을 가져다주었다 (David Mains).

성적인 관계는 전체적인 상호관계의 질quality에 영향을 받는다. "만족스런 성관계는 만족스런 상호관계의 결과이지 원인은 아니다"(John Crosby). 성을 그들의 관계를 지탱해주는 유일한 끈으로 생각하는 부부는 곧 성만으로 관계를 유지할 수 없다는 것을 발견하게 된다. 부부의 관심과 사랑, 존경, 책임을 반영하는 성관계는 부부의 만족도와 정신건

8. 하나님은 왜 우리를 성적인 존재로 만드셨는가?

강을 증진시킨다. 감리교 신학자 오덴Thomas Oden이 말한 것처럼 "관계적 친밀감이 없는 성적 친밀감은 마치 교육과정이 없는 졸업장과 같은 것이다." 부부간의 대화와 오락을 통한 정서적 친밀감을 느낄 수 있어야 성적 친밀감과 영적 친밀감도 누릴 수 있는 것이다.

성적인 문제는 주로 심리적인 것이다. 성관계의 빈도와 질적인 측면, 그리고 정확한 지식의 부족, 비현실적인 기대, 제대로 성교하지 못하리라는 두려움, 성적 충동의 차이, 성에 대한 부정적 태도, 불충분한 사생활의 기회와 조급함, 불감증, 불신 등이 원활한 성적 기능을 방해하는 긴장을 유발케 한다.

성경에서 말씀하시는 하나님의 기준: 결혼을 떠나 이뤄지는 성관계

성적 순결에 대한 우리 자신의 기준이 하나님의 기준을 흐리게 하고 있기 때문에, 현대의 많은 이들은 성적 순결에 대한 하나님의 기준에 대해 분명한 단서를 갖고 있지 않다. 당신은 신약성경의 거의 모든 책이 성적 음행을 피할 것을 명령하고 있다는 것을 알고 있는가?

> "그러나 나는 너희에게 말한다. 누구든지 음란한 생각으로 여자를 바라보는 사람은 이미 마음속으로 그 여인과 간음한 것이다"(쉬운성경, 마 5:28).

> "속에서 곧 사람의 마음에서 나오는 것은 악한 생각, 곧 음란과 도적질과 살인과 간음과 탐욕과 악독과 속임과 음탕과 흘기는 눈과 훼방과 교만과 광패니 이 모든 악한 것이 다 속에서 나와서 사람을 더럽게 하느니라"(한글개역, 막 7:21-23).

"음행을 멀리할지니라"(행 15:29).

"밤이 깊고 낮이 가까웠으니 그러므로 우리가 어두움의 일을 벗고 빛의 갑옷을 입자 낮에와 같이 단정히 행하고 방탕과 술 취하지 말며 음란과 호색하지 말며 쟁투와 시기하지 말고"(한글개역, 롬 13:12-13).

"몸은 음란을 위하지 않고 오직 주를 위하며 주는 몸을 위하시느니라"(한글개역, 고전 6:13).

"음행을 피하라"(한글개역, 고전 6:18).

"내가 다시 갈 때, 하나님께서 여러분 앞에서 나를 낮추실까 두렵습니다. 전에 죄에 빠졌던 사람들이, 자기들이 행한 더럽고 음란하고 방탕한 생활에 대해 회개치 않는 것을 보고 내가 슬퍼 울지는 않을까 두렵습니다"(쉬운성경, 고후 12:21).

"내가 이르노니 너희는 성령을 좇아 행하라 그리하면 육체의 욕심을 이루지 아니하리라 … 육체의 일은 현저하니 곧 음행과 더러운 것과 호색과 우상숭배와 … 투기와 술 취함과 방탕함과"(한글개역, 갈 5:16, 19-21).

"음행과 온갖 더러운 것과 탐욕은 너희 중에서 그 이름이라도 부르지 말라 이는 성도의 마땅한 바니라"(한글개역, 엡 5:3).

"그러므로 땅에 있는 지체를 죽이라 곧 음란과 부정과 사욕과 악한 정욕과 탐심이니 탐심은 우상숭배니라 이것들을 인하여 하나님의 진노가 임하느니라"(한글개역, 골 3:5-6).

"하나님께서는 여러분이 성적인 모든 죄를 피하고 거룩하고 순결하게 살기를 원하십니다. 자기의 아내를 거룩하고 존귀한 마음으로 사랑하십시오 … 하나님께서는 거룩하게 살아가도록 우리를 불러주셨으며, 우리가 죄 가운데 사는 것을 원하지 않으십니다"(쉬운성경, 살전 4:3-5, 7).

8. 하나님은 왜 우리를 성적인 존재로 만드셨는가?

"성적인 죄(음행)를 범하지 말며"(쉬운성경, 히 12:16).

"모든 결혼을 귀하게 여기십시오. 남편과 아내는 그들의 결혼을 깨끗이 유지해야 합니다. 하나님께서는 간음하는 자들을 벌하실 것입니다"(쉬운성경, 히 13:4).

"너희가 음란과 정욕과 술 취함과 방탕과 연락과 무법한 우상 숭배를 하여 이방인의 뜻을 좇아 행한 것이 지나간 때가 족하도다"(한글개역, 벧전 4:3).

"소돔과 고모라와 그 이웃 도시들도 저희와 같은 모양으로 간음을 행하며 다른 색을 따라 가다가 영원한 불의 형벌을 받음으로 거울이 되었느니라"(한글개역, 유 7).

"그러나 네게 두어 가지 책망할 것이 있나니 거기 네게 발람의 교훈을 지키는 자들이 있도다 발람이 발락을 가르쳐 이스라엘 앞에 올무를 놓아 우상의 제물을 먹게 하였고 또 행음하게 하였느니라 … 그가 내 종들을 가르쳐 꾀어 행음하게 하고"(계 2:14, 20).

"그러나 비겁하고 믿지 않는 자와 … 음란한 자 … 에게는 유황이 타는 불못이 예비되어 있을 것이다. 이것이 두 번째 죽음이다"(쉬운성경, 계 21:8).

참으로 놀랍지 않은가! 신약의 반 이상의 책들이 음행과 방탕과 간음을 멀리하라고 명하고 있다. 이들 본문에서, 성적 순결에 대한 하나님의 기준이 어떤 것인가를 찾아보자.

성경은 음행과 간음에 대하여 수 없이 경고하고 있다. 음행은 결혼하지 않은 사람이 반대 성을 가진 누군가와 자의적으로 성적 교섭(혼전 성관계)을 가지는 것을 의미한다. 반면 간음은 두 가지 방식으로 언급되는데, 하나는 하나님에 대한 불충실함과 우상숭배를 말하는 것이고, 다른 하나는 결혼한 사람이 자신의 배우자가 아닌 다른 누군가와 성적 교섭(혼외 성관계)을 하는 것을 지칭한다(Gary Collins, 2008).

성경적 기독교는 본질적으로 매우 도덕적인 종교다. 성도덕은 결코 도덕의 전부는 아니지만, 중요한 부분이 틀림없다. 부도덕한 행실을 용납하거나 승인하는 것은 궁극적으로 기독교신앙에 대한 공격이다. 보다 근본적으로는 하나님 자신에 대한 공격이다. 그의 거룩한 성품은 성경적 도덕의 기반이 되기 때문이다(Alcorn, 1985).

- 성적 범죄, 음행은 우리의 죄성에서 나오는 음란한 생각에서 시작된다. 우리 안의 어두움에 그 뿌리를 두고 있다. 그러므로 성적인 음행은 다른 죄와 마찬가지로 하나님의 진로를 산다.
- 우리의 몸은 음행을 위해 의도되지 않았고, 우리를 지으시고 성적 순결 안에 살도록 우리를 부르는 하나님을 위해 의도된 것이다. 그분의 뜻은 모든 그리스도인이 생각과 말과 행실에서 성적으로 깨끗함을 유지하는 것이다.
- 그러므로 우리가 성령으로 생활하면서 음행을 회개하고 멀리하며 죽임으로, 음행을 완전히 멀리하는 것은 거룩하고 칭찬받을만 한 것이다.
- 만일 당신이 다른 사람을 꾀어 음행하게 유도한다면, 예수님 자신이 당신을 대적할 것이다.

데살로니가전서 4장 3절은 하나님께서 우리가 그의 기준을 따라 살아갈 것을 기대하신다고 말씀하면서, 이것이 그분의 뜻이라고 밝히고 있다(Arterburn, 2000).

9. 결혼에서 성은 어떤 역할을 하는가?

결혼생활에서 남편과 아내가 상대방에게서 가장 원하는 것이 무엇인가? 남편과 아내의 기본적 필요(욕구)는 무엇인가? 결혼에서 모든 부부가 공통되게 원하는 것은 친밀감이다. 친밀감은 '가까운 감정, 묶여진 감정, 연결된 감정'으로 남편과 아내는 똑같이 친밀감에 대한 욕구를 지니고 있다.

결혼한 부부에게 왜 결혼했는가를 묻는다면, 대다수는 '지속적이고 가까우며, 친밀한 관계를 갖고 싶어서'라고 대답할 것이다. 친밀감이란 무엇을 의미하는가? 여러 가지를 의미할 수 있지만, 주로 자신을 나누는 것, 즉 애정과 섹스를 뜻한다.

사람들은 자주 결혼상담자에게 묻는다. "성생활이 결혼에서 얼마나 중요해요?" 이 질문에 대한 가장 좋은 답변은 부부마다 다르다는 것이다. 우리 주변에는 성생활이 별로 원만하지 않은 이들이 상당히 많다. 어떤 부부들에게는, 섹스가 그들의 결혼만족도를 결정하는 데 첫 번째, 아니면 두 번째일 수 있다. 그러나 다른 부부들에게는 네 번째, 다섯 번째가 될 수 있다.

섹스의 상대적인 중요성은 부부가 결혼과정을 거쳐 가면서 달라지지만, 그것은 인생전반에 걸쳐 중요한 문제다. 결혼생활은 함께 살고 잠자고 만지고 일하고 울고 웃는 파트너를 통해 성을 표현하는 친밀함과 우정으로 엮어진다. 섹스치료사 로즈나우(Rosenau, 1994)는 말한다.

> 섹스는 특히 중년기 부부에게 가장 중요한 것으로 나타났다. 40세 이후의 섹스가 상실감을 치료하고 자신감과 매력을 재확인해주며, 쾌활하게 해주고 사랑을 표현하는 데 도움이 된다고 말한다. 나이가 들어가면서 성적으로 즐거운 것이 무엇인지에 대해 더 많은 지식을 갖게 될수록, 성적 쾌감을 연장할 수 있는 능력이 커지고 유연성도 커진다.

결혼전문가 라슨(Larson, 2003)은 말한다. "만일 당신의 성생활이 좋다면, 당신은 이에 대해 별로 많은 말을 하지 않을 것이다. 성생활이 좋지 않다면, 아마 당신은 많은 갈등을 겪을 것이다. 바꾸어 말하자면, 좋은 성관계를 갖고 있다면, 성이 전체 관계에서 차지하는 가치는 10% 정도일 것이고, 성생활이 불만족스럽다면, 아마 90%쯤의 가치를 지니고 있을 것이다"(p.82).

최근 아메리칸 대학에서 일반인을 대상으로 실시한 흥미로운 연구 결과를 발표했다. "결혼생활에 만족하는 부부는 성생활이 결혼생활에 20% 정도 영향을 준다고 답한 반면, 불행한 부부는 성 문제가 불화를 유발하는 원인의 60% 정도 차지한다고 답했다." 불화가 심각한 부부일수록 성 문제에 집착한다는 것을 짐작할 수 있다(박성덕, 2011, p.121). 바꾸어 말하면, 성생활이 만족치 못하다면 다른 영역까지 영향을 미쳐서 부부관계 중 약 90% 정도는 나빠질 것이다(잭 메이홀).

우리의 결혼에서 성은 어떤 역할을 하는가? 성관계는 무엇보다 부부관계를 강화시키는 데 중요한 역할을 한다. 성관계는 전체 부부관계의 거울이라 해도 과언이 아니다. 좋은 섹스는 좋은 관계를 반영한다(스몰리, 2009). 풀러신학대학교 전 심리학대학원장 하트(Hart, 1994) 박사는 성이 결혼에서 하는 역할을 다음과 같이 정리하였다.

- 남편과 아내의 결합을 강화시켜준다. 만족스러운 성생활은 부부의 결속과 친밀함(특별한 종류의 우정)을 증진시킨다.
- 다른 사람들은 낄 수 없는 둘 만의 내밀함을 제공한다.
- 배우자간의 갈등을 해소하고 균열 후에 다시 하나가 되도록 도와준다.
- 둘이 하나가 되는 특별한 경험을 통해 근심과 스트레스를 덜고 긴장을 풀게 한다.
- 배우자간의 사랑을 표현하는 멋진 방법이 될 수 있다.
- 다른 영역에서 함께 나눌 수 있는 것이 없다하더라도 성관계의 쾌감은 두 사람이 함께 나눌 수 있는 체험이다.
- 행복과 만족을 주는 정서적 안정감을 제공한다(p.185).

섹스 하지 않는 부부도 잘 산다?

부부관계에서 섹스가 차지하는 비중은 얼마나 될까? 연구결과, 둘이 만족할 만한 성생활을 할 경우 부부의 생산적 에너지의 10%만 들여도 좋은 관계가 유지된다고 한다. 그러면 나머지 90%를 다른 일에 쏟아부어도 전반적으로 성취감과 만족도 높은 생활을 할 수 있다는 말이 된다.

그런데 부부사이에 섹스 트러블이 생기면 심적 에너지의 90%를 소모하고도 10%의 만족도 못 얻는 악순환이 생긴다. 일상의 사소하고 하찮은 일까지 섹스와 연관 짓게 되어 소득 없이 피곤만 누적된다. '나를 무시하나? 자기만 아는 이기주의자! 능력도 없는 주제에' … 밥 먹는 것, 옷 입는 것, 텔레비전 보는 것, 잠자는 것 등 매사가 욕구불만과 연관되어 여기저기서 삐그덕 거리는 소리가 난다(최성애, 2005).

섹스리스sexless 커플로 산다는 부부는 정서통장의 90%를 소모하고도 10%의 만족을 얻기 힘든 상태로 살겠다는 이야기일 뿐이다. 섹스는 부부가 몸으로 나누는 가장 솔직하고 다정한 대화다. 중요한 것은 섹스의 횟수나 시간이 아니라, 얼마나 서로의 욕구를 잘 이해하고 친밀감을 나누려 하느냐 하는 것이다.

성은 결혼생활의 만족도를 평가할 때 대단히 큰 영향력을 행사한다. 연구결과에 의하면, 성적 만족도와 결혼 만족도는 일치한다. 성생활을 긍정적으로 평가한 부부는 결혼생활도 긍정적으로 평가한다. 반면에 성생활을 부정적으로 평가한 부부는 결혼생활도 부정적으로 평가했다. 결혼생활에서 성관계의 횟수와 질은 전체적으로 좋은 부부관계를 유지하는 데 필수적이다(Parrott, 2003).

조렙 래시티(Joseph Lacite, 2002)는 만족스런 성관계를 성공적인 결혼생활의 10가지 비결 중 하나로 꼽고 있다. 그는 성적 만족 없는 '성공한' 결혼은 한 번도 본적이 없으며, 실제로 영적 결합과 성관계가 최고

9. 결혼에서 성은 어떤 역할을 하는가?

의 부부관계를 특징짓는다고 말하고 있다. 만족스런 성관계가 효과적인 의사소통이나 문제해결 능력과 따로 떨어져 있는 것은 아니다. 성관계 횟수가 부부싸움 횟수를 넘어설 때 행복해질 가능성은 그만큼 더 커진다.

친밀감에는 여러 가지 차원이 있다. 영적 친밀감, 정서적 친밀감, 지적인 친밀감, 사회적 친밀감, 오락적인 친밀감, 위기적 친밀감, 그리고 신체적이고 성적인 친밀감이다. 문제는 남자가 원하는 친밀감과 여자가 원하는 친밀감이 서로 다르다는 데 있다. 보통 남편은 더 많은 성적 친밀감을 원하는 반면, 아내는 더 많은 정서적 낭만적 친밀감을 원한다.

남자와 여자의 서로 다른 욕구

세계 여러 나라 수천 쌍의 부부를 상대로 20년이 넘게 연구한 후에 심리학자 윌라드 할리Willard Harley, Jr.는 남편과 아내에게 두드러진 다섯 가지 기본적 필요를 발견했는데, 그 중요한 순서는 다음과 같다.

남편이 아내로부터 가장 원하는 것은 성적 만족을 주는 아내로 나타났고, 아내가 남편으로부터 가장 원하는 것은 성적이지 않은 애정표현으로 드러났다. 결혼생활에서 남자와 여자의 '사랑의 언어'가 서로 다르다는 것은 참으로 흥미로운 사실이다. 배우자가 주로 사용하는 사랑의 언어는 어떤 것인가? 당신이 주로 사용하는 언어는 무엇인가? 당신은 배우자에게 중요한 사랑의 언어가 어떤 것인지 알고 있는가?

자신의 배우자의 기본적 필요를 이해하는 부부들은 거의 없다. 성공적인 결혼은 기술을 요하며, 상대방의 정서적 욕구가 무엇인지를 인식하고 그런 욕구를 만족시켜주는 방법을 터득해야 얻어진다. 종종 발생하는 예를 들면 자신의 1순위 필요가 성적 충족감인 남편은 아내의 필요도 마찬가지일 것이라 믿고 있는데, 그렇지 않은 것에 대해 화가 나고 그 이유를 이해하지 못한다. 마찬가지로 성적인 충족이 자신의 주된 관심사가 아닌 아내는 "나는 성적 만족이 나의 주된 필요가 아닌데, 남편에겐 그것이 왜 그리 중요한가?"라고 생각하면서 남편의 잦은 성적 접근에 저항한다. 남편은 성적 욕구가 채워질 때 아내에게 존경받는다고 느끼며, 아내는 남편이 수시로 애정표현을 할 때 사랑받는다고 느낀다는 말이다(리치필드, 2002).

남편의 욕구 5가지: 존경	아내의 욕구 5가지: 사랑
1. 성적인 만족을 주는 아내 2. 취미, 여가시간을 공유할 수 있는 아내 3. 단정하고 매력 있는 아내 4. 내조, 집안 살림을 잘하는 아내 5. 남편의 사기를 높여주는 아내	1. 애정 표현을 잘하는 남편 2. 자기 말을 귀담아 들어주는 남편 3. 비밀 없이 마음을 터놓는 남편 4. 경제적 필요를 채워주는 남편 5. 자녀와 집안일에 관심을 가져주는 남편

성생활을 만족스럽게 하는 최선의 방법은, 배우자가 당신이 해주었으면 하는 게 무엇인지 알아내어 그것을 실행하는 것이다. 우리는 무엇보다도 남녀가 원하는 것이 어떻게 다른지를 알아야 한다.

미국의 가정코치로 알려져 있는 로즈버그(Gary Rosberg, 2002) 박사 부부도 남편의 우선적인 욕구는 성적 친밀감에 대한 욕구이며, 아내의 우선적 욕구는 정서적 친밀감(애정)과 대화에 대한 욕구라는 데 의견을 같이하고 있다.

대다수의 여자들은 남편의 정서적 개입, 애정표현, 대화를 원한다. 반면 대다수의 남자들은 성적인 욕구가 채워지지 않고 있으면 정서적으로 여자와 소통할 수가 없다. 그러므로 더 깊은 정서적 소통을 원한다면, 아내는 남편과 반드시 성적인 소통을 할 수 있어야 한다.

아내는 안전, 보호, 편안함, 인정을 상징하는 애정을 필요로 한다. 그리고 포옹은 애정을 표현하는 방법이다. 대다수의 아내는 이를 매우 받고 싶어 한다. 반면에 남편은 성적인 만족을 원한다. 여성이 애정을 갈망하듯이 남성은 섹스를 원한다. 그리고 남편은 아내가 마지못해 몸만 빌려주는 것을 원하지 않는다. 그는 아내가 함께 적극적으로 성관계를 즐기기를 원한다(Parrott, 2003).

남자는 섹스가 그의 결혼과 생활에 중요하다고 생각한다. 성교를 의사소통과 애정의 중요한 표현으로 간주한다. 그러나 여자는 결혼에서 성관계의 중요성을 의사소통, 애정표현, 낭만과 안전 다음으로 두는 성향이 있다. 대다수의 여성은 섹스를 즐길 수 있기 전에 시간을 함께 보내고 관계상의 문제(부정적 감정)를 해소하기를 원한다.

부부상담전문가 할리(Williard Harley, 2001) 박사가 말한 것처럼 "당신이 배우자와 성교를 할 때 행복하고 만족을 느끼는 성향이 있다면 당신에게는 성적 만족에 대한 욕구가 있는 것이다. 그리고 충분히 자주 성교를 하지 못하고 당신이 원하는 방식으로 하지 못할 때 좌절감을 느낀다면 당신에게는 성적 만족에 대한 욕구가 있는 것이다"(p.53).

할리는 "남편이든 아내든 오랫동안 기본적인 욕구가 충족되지 않으면 불륜의 유혹에 넘어갈 수 있다"고 경고하였다. 따라서 별거중이거나 이혼한 사람은 배우자를 통하여 자기 욕구를 충족하지 못한 사람임이 분명하다.

결혼전문가 가트맨(1999)은 부부가 친밀한 우정을 유지하는 것이 중요함을 말하면서 남녀차이를 다음과 같이 기술한 적이 있다.

"아내가 섹스에 만족감을 느끼는 요인인 결혼에서의 낭만과 열정은, 70%가 부부 사이의 우정의 질에 달려있다. 그리고 남편에게도 70%가 부부우정의 질이다. 그러므로 남자와 여자는 결국 같은 유성에서 온 것이다"(p.17). 다만 친밀감에 도달하는 방식이 서로 다를 뿐이다. 남편은 나란히side by side 운동이나 어떤 활동을 함께 함으로 친밀감을 느끼고, 아내는 얼굴을 마주대하고face to face 대화를 나눔으로써 친밀감을 느끼는 것이다.

대다수의 경우, 아내는 애정표현을 잘하는 남편을 원한다. 왜냐하면 아내에게는 사랑에 대한 일차적 욕구가 있기 때문이다. 애정은 간단히 말해서 사랑의 표현이다. 이것은 어떤 관계에서나 필수적 요소로 간주되는 안전과 보호, 위로, 그리고 인정을 상징한다. 4,500명의 여성을 대상으로 실시한 유명한 연구에서, 98%의 여성은 그들의 삶 속의 남성들과 더 많은 정서적 친밀감을 원한다고 응답했는데, 이는 그들에게 개인적인 생각과 감정에 대한 더 많은 의사소통을 의미하는 것이다(Hite, 1987).

신문 칼럼니스트 앤 랜더스Ann Landers는 독자들을 대상으로 성에 대한 생각과 느낌을 조사했다. 9만 명의 여성 중 72%가 섹스하기 보다는

'사랑받고 있다는 것을 느끼기를 원한다'고 답했다. 대다수의 여성에게 (그리고 남성에게도) 성적이지 않은 비성적인 신체접촉은 매우 중요하다.

어떻게 애정표현을 해야 하나?

배우자가 상대에게 애정적일 때, 다음의 메시지가 전달된다. 첫째, 당신은 나에게 중요하다. 그리고 나는 당신을 돌보고 보호할 것이다. 둘째, 나는 당신이 직면하고 있는 문제에 관심이 있다. 그리고 당신이 나를 필요로 할 때에 함께 할 것이다. 단순한 포옹이 이 메시지를 전달할 수 있다. 이외에도 안부를 묻는 카드, 꽃다발, 손을 잡아주기, 식사 후 산보, 등을 부드럽게 문지르기, 전화 걸기, 사려 깊은 표현으로 대화하기는 애정을 전달한다(p.57).

애정은 입맞춤과 포옹하기, 애무, 손잡기, 등에 손을 얹기, 기타 다정한 행동을 통해 표현된다. "당신을 사랑해" "당신이 최고야" "자기랑 결혼하길 너무 잘했어" "항상 감사하게 생각해" "당신 덕분이지 뭐" "당신을 좀더 행복하게 해주고 싶어"와 같은 표현도 애정을 표현한다. 이와 같은 서로에 대한 칭찬은 가장 강력한 최음제가 된다. "아이들 키우느라 너무 힘들지?" "늦게까지 너무 고생이 많아" "이거 참 맛있네" "그 옷 당신한테 참 잘 어울린다"와 같은 말도 아내에게 애정을 전달한다.

선물, 노트, 카드, 꽃, 캔디, 즐거운 점심 같이 하기, 상대가 자기에게 얼마나 소중한 존재인지를 말해주는 것 등은 모두 애정을 표현하는 방법이다. 애정은 사랑을 생동감 있게 유지시키는 역할을 한다. 그리고 그것은 당신이 그녀를 사랑한다는 증거가 되고, 특별히 여자에게는 섹스에 마음을 열게 하는 전제조건이 된다.

생물학적으로, 남자의 정자는 3일에 한 번씩 만들어지고, 여자의 난자는 한 달에 한 번씩 만들어진다. 이것은 남자의 성적인 필요가 여자보다 10배가 많다는 것이고, 성적인 유혹에 여자보다 10배나 노출된다는 것이다. 또한 남자의 성욕은 눈으로, 후각으로 오고, 여자의 성욕은 신체적 접촉인 감촉과 사랑한다는 말인 청각을 통해서 온다(임성선, 2008, p.198). 가정사역자 라푼(Lafoon, 2010) 부부는 당신의 '사랑의 언어'가 어떤 것이든, 여성에게는 비성적인 접촉과 만져줌이 필수적이고, 남자에게는 성교가 필수적(p.137)이라고 말하고 있다.

서로의 기본적 필요를 알고 그 필요를 채워주려고 노력하는 것은 부정(외도)을 방지하는 예방책이 될 뿐 아니라, 낭만을 유지하고 친밀감과 만족감을 증대시키는 방법이기도 하다. 할리(Harley, 2004) 박사는 말한다. "남편과 아내가 서로의 필요를 채워주기 위해 노력하는 것이 평생 행복한 삶을 살아갈 수 있는 기초가 된다. 꿈에 그리던 결혼생활보다 더 깊고 만족스러운 결혼생활을 할 수 있게 될 것이다"(p.35).

성교는 당신의 남편이나 아내에게 사랑을 보여주는 가장 친밀한 방법이다. 그리고 이것은 서로에게 희생하는 것을 포함한다. 부부는 서로에게 주는 법을 배울 필요가 있다(Lee, p.238). 섹스는 남녀 사이의 배타적이고 헌신된 관계의 표현이 되도록 하나님께서 고안하신 것이다.

섹스는 하나의 의사소통이다. 우리는 말을 한 마디도 하지 않고 서로에게 아름다운 진술을 할 수 있다. "우리가 부드럽고 따뜻하며 배려하는 신체적 만남을 가질 때, 우리는 다음과 같은 메시지를 보내는 것

9. 결혼에서 성은 어떤 역할을 하는가?

이다. '나는 당신을 사랑해요.' '나는 당신을 아끼고 있소.' '나는 당신과 함께 있는 것을 즐기고 있다오.' '나는 당신을 위로해요.' '나는 나를 당신에게 드러내는 것을 좋아해요.' '나는 당신 전체가 좋아요.'"

남편과 아내가 연합하여 '한몸'을 이룬다는 말은 부부의 친밀함을 뜻하는 표현이다. 남편과 아내는 신체적으로, 감성적으로, 영적으로 완전히 하나가 되는 친밀감을 경험할 수 있다. 하나님은 부부가 이 세 가지 차원에서 완전히 하나가 되어야 한몸이 되었다고 인정하신다(로워리, p.265).

섹스는 두 사람을 몸과 혼과 영의 세 차원에서 하나가 되게 한다. 혼과 영이 빠진 성관계를 한다면, 아내는 공허하게 느낄 뿐 아니라 진정으로 원하는 대상이 아니고 그저 이용당했다고 느끼게 된다(Dennis Rainey, 1989).

부부가 서로 다르다는 것을 인정하고 받아들이면 많은 갈등이 해소되고 이해심을 가지고 서로를 배려하게 된다. 즐겁고 만족스러우며 행복한 결혼보다 아름다운 것도 없다!

부부 성생활의 현실

그러나 결혼생활의 현실은 어떠한가? 다음의 부부대화는 많은 부부의 현실을 반영한다고 생각한다.

아내: "저는 그 사람이 도대체 나를 사랑하고 있는지, 아니 사랑은 커녕 아내로 여기고 있는지도 모르겠어요. 제가 그 사람의 섹스 파트너인지, 아니면 가정부인지 … 정말 지쳐갑니다. 더이상 이렇게 살 수는 없어요."

남편: "그건 제가 묻고 싶습니다. 도대체 제가 남편인지, 아니면 돈 벌어오는 기계인지, 아님 머슴인지 … 전 남들이 하는 만큼은 하고 있어요. 그런데 아내는 뭐가 불만이랍니까? 참 알다가도 모를 일입니다."

부부 상담을 하다 자주 부딪히는 내용이다. 서로 사랑하여 결혼했지만, 그 사랑이 시들해져 이혼위기를 맞고 있는 부부는 의외로 많다.

많은 남편들은 아내들보다 더 자주 섹스를 하고 싶어 좌절감을 느끼고, 아내들은 남편들이 아내의 삶의—일, 가사, 자녀 등—여러 요인에 대해 무관심한 것에 좌절감을 느낀다. 연구에 의하면, 남자의 60~80%는 정기적인 섹스를 원하고, 여자의 90%는 '다정한 남편'이 되어주길 원한다. 여자들은 남편이 자녀들과 놀아주고, 가사부담을 덜어주고, 섹스를 더 원하도록 사랑과 애정을 더 보여주었으면 좋겠다고 불평한다. 반면에, 남편들은 정기적인 성생활이 없으면 좌절감을 느끼고 기분이 안 좋아진다며, 보다 자주 성관계에 응해주면 더 애정적이 되고 더 도와주게 될 것이라고 불평한다.

흥미롭게도, 오늘날 우리 사회의 커다란 딜레마는 성적으로 충전되어 있으나 대화할 줄 모르는 남자들이 대화술은 뛰어나지만 성적 욕망이 저조한 여자들과 매치시키려 노력하고 있다는 것이다. 여성은 남자

9. 결혼에서 성은 어떤 역할을 하는가?

가 무엇을 생각하고 무엇을 느끼는지를 알고 싶어 한다. 그녀는 자기 몸을 남자와 공유하는 것을 고려하기 전에 상대방이 자기를 돌봐주고 자신의 생각과 감정에 관심을 자져주기를 원하고 있다는 것이다 (Warren, 2005).

몇 가지 요인—생물학적 차이, 건강상 문제들, 스트레스, 그리고 관계의 문제들—이 부부의 성생활의 질에 영향을 미치는 것은 사실이다. 이러한 문제들이 사람의 성욕에 영향을 미칠 수 있다는 것을 이해하는 것이 친밀감을 둘러싼 갈등을 해소하는 데 도움이 될 수 있을 것이다. 어떤 부부는 체념하고 성생활을 거의 하지 않기로 하고 섹스 없는 생활에도 불구하고 배우자를 배려하는 삶을 이어나간다. 그러나 대다수의 부부에게 있어서, 더 많은 섹스를 할수록 결혼은 더 행복하다. 열정과 섹스는 낭만적 관계에 수반되는 특징이다. 부부의 결혼이 오래될수록 성관계 횟수는 줄어든다. 문제는 부부가 어떻게 서로 낭만적 사랑에 불을 붙이고 결혼 내내 적극적인 성생활을 유지하느냐 하는 것이다.

부부관계에서 성관계는 아주 민감한 주제로 성적 트러블을 해결하는 능력은 결혼생활을 지속하는 결정적 요소다. 결혼전문가 존 가트맨은 "부부관계에서 수치심과 마음의 상처와 거부감을 안겨줄 수 있는 가능성이 가장 높은 분야는 성관계다"라고 말했다. 만족스러운 성관계를 즐기는 부부는 10%에 불과하다는 보고가 있다. 나머지 90%는 배우자와의 성관계에 만족하지 못하고 있는 것이다(Lowery, 2003).

남자들은 대체로 이런 불만을 토로한다. "섹스를 즐기는 게 잘못된 것입니까? 하나님이 부부에게 허락하신 아름다운 선물인데, 여자들은 왜 남자를 동물취급을 할까요?" 아내는 불평한다. "저에게 조금 더 다정하게 대해줄 수는 없나요? 집안일도 조금 도와주고 제 이야기를 들어줄 수는 없나요? 잠자리만 밝히는 남편이 이해가 안돼요."

부부의 성생활은 신혼이건 중년이건 많은 부부의 관심거리다. 성행위가 정서적으로 부부사이의 사랑을 확인하는 방법이기도 하고, 육체적으로 성욕을 합법적으로 죄의식 없이 풀 수 있기 때문이다. 부부사이의 성생활은 성행위 자체보다 성행위를 통해 서로에 대한 친밀감과 배려를 깊이 나눌 수 있다는 점에서 의미가 있다. 전문가들은 전희 단계에서 진실하고 열린 대화를 나누는 것이 중요하다고 조언한다. 성은 '제3의 언어'로서 서로의 사랑을 확인하고 유대를 키워나가는 육체의 언어인 것이다. 정서적 친밀감이 선행할 때 성적 친밀감이 가능하기 때문이다.

성관계는 부부관계와 떼어놓을 수 없는 요소다. 만족스러운 성행위는 원만한 부부관계에서 비롯된다. 원만하지 못한 부부관계는 만족스러운 성행위를 저지하는 방해꾼이다. 부부관계가 개선되면 자연히 배우자와의 성관계도 향상된다.

💕 노년기의 사랑과 성

65세 이상 노인들의 성생활 실태를 조사한 연구결과에 의하면, 응답자 가운데 73%가 현재 성생활을 하고 있었고 성에 대한 높은 욕구가 있는 것으로 조사되었다. '성적 충동을 매우 느낀다'고 응답한 비율이 47%로 나타났으며, 이 가운데에서 남성의 경우는 이성간의 성행위를 통해 해소하는 경우가 44%로 가장 많은 반면, 여성은 참고 넘기는 경우가 42%로 조사되었다. 또한 외로워서 재혼하고 싶다는 응답자도 74%로 조사되었다(유계숙 외, 2003; 조선일보, 2012. 1. 9).

성생활을 지속하는 노인들은 자아존중감과 현실만족도가 높은 것으로 나타났다. 그러나 노인의 삶의 질에 끼치는 영향은 성적 빈도가 아니라 성생활의 지속성 여부이며, 노인들이 원하는 것은 단순한 성관계가 아니라, 성으로 상징되는 애정과 친밀감이라는 점이다. 황혼기의 성과 사랑은 생산적인 아름다움이라 할 수 있다.

성적 만족이 없으면 다른 대안을 찾는다

결혼생활에서 성관계가 만족스럽지 않으면 남편과 아내는 다른 대체 행위를 종종 찾는다. 성적 좌절감을 느끼는 부부가 흔히 찾는 대체 행위에는 자위, 음란물 보기, 성적으로 흥분시키는 소설, 진짜를 대신하는 차선의 환타지, 혹은 혼외성관계가 포함된다. 결혼생활에 문제가 있을 경우, 혼외정사를 갖는 확률이 높아지지만 그럴 경우 희망하는 충족감 대신에 죄의식을 불러일으킬 수 있으며 비밀을 지키려 염려하게 되고, 더 나아가서는 개인적 좌절을 불러올 수도 있다.

「남자는 무슨 생각을 하며 사는가?」라는 책에서 고든 맥도날드(1998)

목사는 남자의 성심리를 다음과 같이 요약한 적이 있다.
- 남자에게는 평생 친밀함(연합)에 대한 절박한 필요가 있다.
- 친밀함이란 몸과 마음과 영혼의 연합을 포괄한다.
- 영혼과 마음이 닫혀 있을 때는 성적인 친밀함이 남자의 마음을 끄는 유일한 대안이 될 수 있다.
- 여러 가지 형태의 친밀함에서 차단되어 있을 때 남자는 공상, 자위행위, 포르노, 문란한 성생활, 성적 학대 등의 유혹에 빠지기 쉽다.

남자들에게 섹스가 아주 중요하다는 사실은 여러 차례 강조한 바 있다. 그러나 배우자가 남자의 강렬한 성적 욕망과 충동을 채워주지 못하면 그는 남몰래 대기하고 있는 누군가를 데리고 '금기의 과일'을 따먹을 가능성이 있다. 이런 일이 우리 주변에서 너무나 자주 일어나고 있다. 그러므로 아내들은 남편이 바람을 피우지 않게 적당히 남편을 만족시켜주어야 한다. 여성 여러분, 섹스는 남자들에게 정말로 중요한 것임을 제발, 부디 기억하길 바란다(Smith, 2005).

슬픈 사실이지만, 대다수의 혼외정사는 아내를 위한 애정 결핍과 남편을 위한 성생활의 부족에 기인한다. 아내는 충분한 사랑을 얻지 못하기 때문에 성적으로 남편을 외면한다. 남편은 충분한 성생활을 하지 못하기에 다정한 사람이 되려는 마음을 갖지 못한다(윌라드 할리).

「커플 체크업」의 저자 올슨David Olsen 박사는 5만 쌍의 부부를 대상으로 조사한 결과 많은 부부들이 비슷한 문제로 어려움을 겪고 있는 것을 확인하였다.

❧ 부분 간에 흔히 있는 다섯 가지 성생활 관련 어려움 ❧

문 항	문제가 있다고 응답한 부부의 비율
1. 나는 배우자가 하는 애정표현의 정도에 대해 불만족한다.	68%
2. 우리는 성적 관심과 기대가 다르다.	66%
3. 우리는 흥미롭고 즐거운 성관계를 유지하는 데 어려움을 겪고 있다.	62%
4. 우리의 성관계는 만족스럽지 않다.	58%
5. 나는 성에 관해 솔직하게 이야기하지 못한다.	52%

성적 선호도의 차이

남편과 아내가 성관계를 원하는 빈도(한 쪽이 다른 쪽보다 더 자주 원할 수 있다), 성관계를 원하는 시간(초저녁이냐 새벽녘이냐), 부부에게 어떤 것이 적절한가에 관한 의견(예를 들어, 한쪽은 구강 성기 접촉을 원하지만 다른 한쪽은 원하지 않는 경우, 한쪽은 다양한 체위와 장소를 실험해보고 싶어 하지만, 다른 쪽은 그렇지 않은 경우)에는 차이가 있을 수 있다. 이들 차이는 사소해 보일 수 있으나 성적 만족을 가로막는 심각한 장애물을 만들어낼 수 있다. 이런 갈등을 해소하기 위해서는 대화기술, 갈등해소 기술이 필요하다.

얼마나 자주 해야 하는가?

'성관계가 결혼생활에 중요하다' 는 통념에도 불구하고 최근에 결혼한 부부들은 '얼마나 자주 하는 것이 적당한 것인지' 모르는 경우가 많다.

조사에 의하면, 보통 성인은 1년에 58회 또는 일주일에 한 번 정도의 성교를 하고 평균적 성적 만남은 약 30분 지속되는 것으로 나타났다(Parker-Pope, 2010). 그리고 '매우 행복한 부부' 는 일 년에 74회를 하는 것으로 나타났다.

결혼한 지 1년 이하인 경우, 성관계를 갖는 빈도가 평균 한 달에 15번 정도다. 그리고 결혼한 지 2년 이하의 부부들 중 절반은 일주일에 3번 이상 가졌고, 그 외에는 일주일에 3번 이하로 관계를 가졌다. 결혼한 지 1년 이상이 지나면 성관계를 갖는 빈도는 줄어든다.

그리스도인과 비그리스도인 사이에 차이가 없이, 대다수의 사람들은 한 달에 한 번에서 일주일에 세 번의 빈도로 성관계를 갖는 것으로 드러났다(Hart, 1998). 이는 '다른 사람은 나보다 더 자주 섹스를 즐기고 있다' 는 생각이 거짓임을 보여주고 있다. 모든 사람이 매일 섹스를 하는 것이 아니며 하루에 몇 번씩 섹스를 하는 것도 아니다.

정상적인 횟수는 몇 번인가? 여기서 '정상' 이란 없다. 부부가 원하는 정도에 좌우된다. 어떤 사람들은 매일 원하고 어떤 사람들은 일주일에 두세 번 원한다. 그 보다 더 적게 하기를 원하는 사람들도 있다. 부부는 이 모든 문제에 대해 자유롭게 의논할 필요가 있다.

한국 정상인의 평균 성교 횟수는 20~30세에는 주 2~3회, 30~40세에는 주 1~2회, 40~50세에는 10일에 1~2회, 50~60세는 10일에 1

9. 결혼에서 성은 어떤 역할을 하는가?

회로 일본인보다 조금 많은 편이나 미국인보다는 적다. 성관계의 표준 횟수를 정하기는 매우 힘들지만, 1회 사정 뒤 정액성분이 정상으로 회복되려면 3~5일이 소요됨을 감안한다면, 3~5일이 적당한 간격이라고 할 수 있다. 성관계의 빈도는 신체적 조건, 상황, 연령에 따라 달라질 수 있다.

나이가 들어가면서 '수행실적'에 대한 집착이 감소하는 것처럼, 성관계의 빈도는 줄어든다. 그러나 많은 부부는 성적 친밀감은 나이와 함께 증가한다는 것을 발견한다. 만져줌과 포옹, 기타 신체적 친밀감의 다른 측면의 즐거움은 성교 못지않게 깊은 만족감을 준다(Catron, 1989).

그러면 왜 나이가 들면 그 빈도가 감소하는가? 나이와 성적인 흥미의 감소도 한 원인이 될 수 있다. 나이를 먹는 과정만이 주된 원인은 아니다. 부부들은 임신, 임신에 대한 두려움, 일, 자녀, 그리고 시간이 없다는 이유로 횟수가 감소하는 것으로 대답하고 있다.

남편과 아내의 성행위 횟수에 대한 타협은 필요하다. 이것은 정확한 횟수를 정해놓고 정해진 요일에 꼭 하라는 말이 아니라, 부부가 서로 수긍하는 대략적인 횟수에 대한 약속이 필요하다는 의미다. 상황과 분위기에 따라서 더 많이 할 수도 있고 또는 더 적게 할 수도 있다. 중요한 것은 횟수의 많고 적음이 아니라, 부부가 성관계를 갖는 횟수에 대하여 서로 수긍하고 만족하면 그것이 극히 정상인 것이다. 예를 들어 매일 하나 한 달에 한 번 하나, 그들이 서로 만족하면 그것으로 족하다는 것이다(송정아, 2006).

가장 중요한 것은 성관계를 당연시하지 않고 둘 다 만족하는 성관계

패턴을 유지하기 위해 함께 노력하는 것이다.

성적 욕구의 차이

테스토스테론은 남자나 여자 모두에게서 성적 흥분을 만들어내는 호르몬이다. 남성은 두 가지 이유 때문에 여성보다 테스토스테론 분비가 더 많다. 첫째, 남자와 여자로 나뉘게 되는 태아시기에 남자는 여자보다 고도로 농축된 테스토스테론에 노출된다. 둘째, 남자가 사춘기에 접어들면 여자보다 20배에 해당하는 테스토스테론이 분비된다. 따라서 남자는 이 성흥분 호르몬 때문에 시각적 정보에 아주 민감하게 반응한다(Olson, 2011).

호르몬 수치는 성적 욕구에 지대한 영향을 미친다. 남자는 강과 같고 여자는 바다와 같다. 남자의 테스토스테론 수치는 끊임없이 계속해서 흐른다. 그러나 여자의 호르몬은 생리주기에 따라 밀려왔다가 밀려간다. 생리주기의 초반에는 에스트로겐 수치가 높고, 그때는 성에 대한 욕구가 태풍처럼 그녀를 덮칠 수 있다. 하지만 며칠 후 배란이 되고 나면 여자는 아무것도 원하지 않을 수 있다.

여자는 욕구가 차오를 때까지 그녀의 몸 여러 곳에 축적된 터치에 반응하는 반면, 남자는 성기에 대한 직접적인 터치에 빠르게 반응한다. 그래서 '배워져야 할 필요'를 느낀다(딜로우, 2010).

남녀 간에 있어서 우리가 고려해야 할 생리적 차이가 있다. 그것은 성적 욕구가 남녀 간에 차이가 난다는 것이다. 일반적으로 남성의 경우엔 생리적으로 성적 욕구가 가장 왕성한 때가 10대 후반에서 20대인

반면, 여성은 30대 중반에서 40대 초반에 이른다. 비록 성생리적 리듬은 이러하나 이를 극복하기 위한 방법으로는 상호간의 책임의식을 가지고 애정 어린 신뢰관계를 형성해 나가는 것이 필요하겠다.

이러한 이유로 남자에게 섹스를 포기하라고 요구하는 것은 먹는 것을 포기하라는 것과 같다. 반면에, 거의 모든 여성은 "내 남편과 섹스를 전혀 할 수 없다하더라도 그것은 그렇게 크게 문제가 안 된다"고 말한다(스몰리, 2009).

10. 교회와 성: 성에 대한 교회의 태도는 어떻게 변화해 왔는가?

성과 결혼은 교회에 의해서 어떻게 이해되고 경험되었는가? 「성윤리학」의 저자 스탠리 그렌즈(Stanley Grenz, 1990)는 성에 대한 역사적 이해(태도)를 세 가지 관점으로 요약하고 있다.

첫 번째로 성과 결혼은 모든 사람을 위해 좋은 것이다. 하나님은 남성과 여성을 창조하고 심히 좋다고 선언하셨다. 하나님이 제일 처음 창조하신 것은 성이다(Billy Graham). 따라서 히브리인들은 성에 대해 매우 긍정적 관점을 가졌다. 하나님 형상을 닮은 인간을 성기를 통해 재생산하였다. 할례는 하나님의 창조사역을 계속하는 성기를 성화시키는 의식이었다. 성은 좋은 것이고 아버지 자리는 하나님께로부터 주어진 특권이기 때문에 모든 히브리 남자는 결혼하여 아들을 얻기를 원했다(창 16:2; 29:31; 36:22; 삿 13:3; 룻 4:13; 삼상 1:5-6; 2:22). 결혼에 대한 히브리인의 이상은 일부일처였으며 평생 헌신하는 것이었다. 유대인의 결혼에는 자녀생산과 성적 쾌락을 누리는 것, 그리고 친밀한 동반관계를 누리는 것이라는 세 가지 목표가 있었다. 법적인 결혼 안에서의 성교는 바람직하지 않은 죄로 간주한다는 증거는 전혀 없다. 따라서 가정사역의 선구자 데이비드 메이스David Mace가 말한 것처럼 "구약의 어떤 본문도 성행위 자체가 불결하거나 죄악스러운 것이라고 암시하지 않는다." 히브리인들에게 있어서 "하나님께서 의도하신대로 사용한다면, 섹스에는 불결하거나 수치스럽거나, 죄악되거나, 비영적인 것이 전혀 없다"(Mace, 1986, p.228).

두 번째 태도는 결혼은 좋은 것이지만 모든 사람을 위해 좋은 것은 아니라는 입장이었다. 헬라의 이원론과 영지주의의 영향으로 "결혼은 좋은 것이나 성이 이를 죄악된 것으로 만들 수 있다"는 사고가 널리 퍼지게 되었다. 따라서 사도시대 이후 처녀성이 이상화 되고, 독신이 선호되는 생활양식으로 간주되었다. 금욕주의와 수도원적 영성이 중세를 지배하였다.

결혼은 본질적으로 좋은 것이나 섹스는 본질적으로 악한 것이었다. 결혼은 하나의 '비영적인 상태'였으며 성직자와 수녀가 된 참으로 덕스러운 여자들에게 금지된 것이었다(Mace, 1986). 자녀생산 이외의 목적으로 하는 성교는 죄가 되었다. 부부사이의 성은 즐기지 않을 때에만 용납될 수 있는 것이었다. 성 제롬St. Jerome은 "자기 아내를 너무 열렬하게 사랑하는 사람은 간음을 범한 자"라고 주장했고, 성 어거스틴은 "내 영혼의 자유를 위해 나는 아내를 원하지도, 구하지도, 결혼하지도 않기로 결심했다"고 말했다. 사람들은 성적인 감정과 성에 대한 정보를 억누르는 것이 '기독교적인 것'이라고 생각하였다(Frost, 1996, p.76). 초대교회 교부 오리겐은 성욕을 제거하기 위해 스스로 거세하는 길을 택했다. 마태복음 5장 29~30절을 너무 문자적으로 해석함으로 빚어진 비극이었다. 이와 같은 사고방식은 처녀성을 강조하고 독신을 조장하기에 이르렀다. 교회는 4세기에 이르러 모든 성직자에게 독신을 요구하기에 이르렀다. 오리겐이 매우 감각적인 아가서를 풍유적이고 영적인 방법으로 영해한 것은 조금도 놀라운 일이 아니다.

중세기를 거치는 동안에 교회는 결혼 안에서의 성관계를 격하시키기 위해 여간 노력한 것이 아니다. 도와이트 스몰(Dwight Small, 1974)은 「그리스도인이여, 성을 경축하라」는 책에서 다음과 같이 쓰고 있다. "일주일에 자그만치 5일간은 성관계로부터 완전한 절제를 유지해야만 했다. 목요일에는 주님이 잡히신 것을 기념하기 위하여, 금요일에는 그의 죽으심을 기리기 위해, 토요일은 성모 마리아를 기리기 위해, 주일에는 부활을 기념하기 위해, 월요일에는 믿음 안에서 죽은 자들을 기리기 위해 성관계를 금했다. 결혼한 부부가 성관계를 즐길 수 있는 것은 일주에 이틀 밖에 없었다. 당신은 이와 같은 억압적 시대에 살고 있지 않다는 것이 기쁘지 않은가?"

4세기가 될 때까지 일체의 성생활을 억제하는 것이 많은 그리스도인에 의해 그 자체로 긍정적인 선으로, 결혼한 상태보다 하나님께 더 기쁨을 드리는 것으로 간주되었다. 비록 결혼이 하나님의 뜻에 반하는 것으로 이해되지는 않았지만, 독신보다는 열등한 것으로 취급되었다. 3, 4세기 이후의 교회지도자들은, 신약의 지도자들과는 다르게, 성적 표현으로부터의 금욕 그 자체가 일종의 구원으로 인도하는 길이라고 암시하였다. 이것은, 후에 종교개혁자들이 지적한 것처럼, 행위로 말미암아 구원을 성취하려고 시도한 것이었다. 성을 혐오감과 의심과 적대감으로 대하였다(Seward Hiltner, 1957). 피터 롬바드Peter Lombard는 "'결혼한 부부가 성교를 할 때 성령은 침실을 떠난다'고 하였다. 이러한 태도가 그후 천 년간의 분위기를 지배하였다.

결혼과 성에 대한 교회의 입장은 '하나님으로부터의 축복'이라는 진영과 '필요악'이라는 진영 사이에서 오락가락 했다고 해도 과언이 아니다.

역사적으로 교회는 이러한 혼란에 대하여 일부 책임을 져야 한다. 성경은 결혼 안에서의 성은 좋은 것이라고 명쾌하게 가르치고 있다. 그러나 교회가 항상 이 가르침을 정확하게 반영한 것은 아니다. 성관계를 하나님께서 인간에게 지워주신 무거운 짐으로 생각했다. 4세기에 성 어거스틴은 '성교에 수반되는 수치심'에 대해 이야기하였다. 부부는 출산을 위해서만 성교를 해야 한다고 가르쳤다. 만일 출산이 목적이 아니고 쾌락을 목적으로 성교를 한다면 그것은 죄를 짓는 것이라고 보았다. 다른 신학자들은 한 술 더 떠 결혼한 부부들에게 "그들이 성교할 때 성령은 그들을 떠나신다. 그러므로 성관계를 덜 할수록 더 좋은 것"이라고 경고하기까지 했다.

한편 가부장적 이원론은 몸과 영을 분리하는 가운데, 우월한 측면(영과 남성)이 열등한 측면(몸과 여성)을 지배하고 다스려야 한다고 전제하였다. 이원론은 인간은 두 가지의 분리된 개체, 몸과 영혼(육체와 영)으로 구성되었다는 믿음이다. 몸은 기본적으로 악하고 영은 좋은 것이라 믿었다. 하나님은 영이시기 때문에, 육을 좋아하지 않으시며 몸을 적대시한다고 믿었다. 따라서 교회는 성결함과 성적으로 적극적인 생활을 연합시키는 데 어려움을 겪었다.

하나님은 섹스를 좋아하지 않으시고 좋은 그리스도인은 성에 대해 생각하거나 말하지 않는다고 암시되었다. 결혼 안에서의 섹스는 필요한 것이었으나—생육하고 번성하라는 하나님의 명령 때문에—즐겨서는 안 되는 것이었다. 섹스는 금기주제였고 거론해서는 안 되는 주제였다. 성에 대해 언급하는 것은 부적절하였고 부도덕적인 것이었다. 사람들은 성적 감정을 억제하고 성에 대한 정보를 은닉하는 것이 '기독교적인 것'으로 생각하였다(Frost,1996).

전통적으로 천주교의 가르침은 성적 표현의 자연적 목적을 출산으로 보았다. 그리고 성적 윤리를 이성을 통해서 알 수 있는 자연법의 지배를 받는 것으로 간주하였다. 성애의 '연합적'이고 '관계적인 목적'은 언제나 출산에 비해 이차적인 것으로 간주되었다. 1965년 제2바티칸공의회에 와서야 비로소 성애의 관계적 의미는 출산과 동일한 비중을 부여받게 되었다(Nelson, 1990).

세 번째 태도는 종교개혁 이후에 나타난 것으로 결국 결혼은 성직자를 위해서도 좋은 것이라는 입장이다. 독신과 처녀성을 이상화하는 것을 배격하기 시작하였다. 성과 결혼을 하나님의 본래적 고안으로, 선한 창조질서의 일부로 간주하였다. 인간을 성적인 존재로 이해하기 시작하였다. 보다 전인격적인 인간관으로의 복귀로 인하여 몸과 영혼을 변화 가능한 은혜의 대상으로 간주하게 되었다. 마틴 루터는 결혼하여 3남 3녀를 낳았다. 그후 청교도들은 부부간의 친밀한 관계를 위한 성을 강조하면서 결혼에 대해 가장 성서적이고 긍정적인 견해를 산출하기도

하였다. 칼빈은 '결혼은 하나님의 순결한 제도이기 때문에 부부간의 성교는 순결하고, 고상하며 거룩한 것이다'고 썼다(Ghent & Childerston, 1994). 그러나 칼빈은 독신이 결혼보다 더 낫다고 생각하였고, 루터는 부부 사이의 성교는 작은 죄로서 하나님께서 눈감아 주신다고 생각하였다(Lester, 1973).

17세기가 시작되면서, 개신교는 출산이 결혼과 성교의 일차적인 목적이라는 관념을 배격하였고 결혼의 근본적인 목적을 신실한 사랑의 표현으로 간주하기 시작하였다. 많은 설교자는 오늘날에도 성을 '더러운 것이고 마귀의 도구'라고 생각하고 있다. 다행히 최근에는 개신교 주류 안에 성에 대한 부정적 접근으로부터 긍정적 접근으로의 강력한 전환이 이뤄지고 있다. 즉 성적 표현의 의미에 대한 육체지향적인 초점에서 보다 관계지향적인 초점으로의 전환이 이뤄지고 있다(Nelson, 1990; Sell; 2003).

흥미롭게도 청교도들은 성적인 만족을 받아들이는 데 있어 특별한 자유를 누렸다. 리차드 백스터Richard Baxter는 남편과 아내가 서로 사랑하고, 한몸을 이루며, 대화하는 데서 기쁨을 누려야 한다고 썼다. 그는 부부간의 사랑을 지속적으로 뜨겁고 열정적인 것으로 만들라고 권면하였다.

존슨(Johnson, 1970)은 남녀관계와 성에 대한 **청교도들의 가르침**을 5가지로 요약하였다.

1. 결혼은 하나님께서 직접 제정하셨다. 하나님께서 아담의 외로움을 보시고 돕는 배필을 마련해 주셨다. 따라서 결혼의 일차적 목적은

남자와 여자 사이에 깊고 의미 있는 우애관계(동반자관계)를 제공하는 것이다. 청교도들은 결혼의 일차적 목적이 자녀를 생산하는 데 있다는 천주교의 입장을 거절하였다.

2. 그러므로 결혼은 사람의 정상적인 상태이며 태초부터 하나님께서 그렇게 의도하신 것이다. 청교도들에게 독신생활은 부자연스런 삶을 견디도록 특별한 은혜를 받은 사람에게 허락된 특별한 부르심이었다. 독신을 결혼보다 우월하게 취급하는 것은 이차적 생활양식을 하나님께서 일차적 목적으로 삼은 것보다 우월하게 취급하는 셈이 된다.

3. 결혼은 사회적 제도이며 모든 인간사회의 축소모형이다. 가족이라는 작은 사회에서 우리는 더 넓은 공동체에서 실천할 사회적 기술을 개발하고 터득할 기회를 갖는다.

4. 가족의 머리는 남편/아버지이지만, 부부관계의 친밀한 특성 때문에 아내의 위치는 가정생활의 많은 영역에서 남편과 거의 동등하다.

5. 결혼의 이차적이지만 중요한 목적은 부모가 되는 것이지만, 동반자관계를 누리는 것이 일차적 목적으로 남는다. 부부관계는 '세상에 처음으로 생긴 관계'이기 때문에, 하나님의 목적의 관점에서 보면, 확립된 부부동반자관계가 자녀가 세상에 진입할 수 있는 이상적인 환경이 된다.

성에 대한 청교도의 태도는 '하나님께서 사람을 양성적으로 만드셨고 결혼을 모두를 위해 바람직한 것으로 제정하셨다. 그리고 성교는 결혼에 없어서는 안 되는 필수적인 것'이라는 것이다. 흥미롭게도 청교도들은 성적인 만족을 받아들이는데 있어 특별한 자유를 누렸다. 리차드 백스터는 쓰고 있다. "부부간의 사랑을 지속적으로 뜨겁고 열정적으로 만들라. 사랑이 미지근해질 때까지 참아서는 안 된다." 결혼만이 성을 영적으로 의미 있고 유익한 것으로 만들 수 있다.

창조의 선한 부분을 죄로 인해 왜곡된 부분으로부터 구별하는 것은 쉬운 일이 아니다. 더럽혀진 시냇물, 도심의 오염된 공기, 파괴된 숲, 치명적인 암 등은 창조의 왜곡된 부분으로 쉽게 분간할 수 있다. 유혹과 강간, 무절제한 호색, 사디즘, 마조히즘, 남의 신체를 이용하여 자신의 욕정을 채우려고 하는 성적 착취 등이 타락하고 왜곡된 성임은 쉽게 알 수 있다. 그러면 우리가 일상적으로 느끼는 성적 욕망과 흥분은 창조질서에 속하는 것인가, 타락질서에 속하는 것인가? 우리는 하나님으로부터 온 것과 죄에 그 기원을 두고 있는 것이 무엇인지를 구별할 수 있는 지각을 연마해야 한다(Smedes, 1996).

현대인의 성에 대한 태도는 어떠한가?

현대는 계몽주의로 시작되었다고 할 수 있는데, 종교가 삶의 변두리로 밀려났고 세속화가 시작되었다. 최근의 발전은 성을 죄의 굴레에서 해방시켰다는 점에서 긍정적이다. 그러나 환상적이고 질적인 섹스에 대한 강조는 결혼 전의 무절제한 성과 동성연애, '묻지마' 관광, 스와핑과 같은 부정적 결과를 초래하기도 하였다. 성적 친밀감에 대한 기

10. 교회와 성: 성에 대한 교회의 태도는 어떻게 변화해 왔는가?

대가 증가하고 실적위주의 성행위 성향을 낳았다.

20세기 후반에는 성의 세속화가 더욱 가속화되었다. 1960년대 '성혁명'이 일어났다. 성혁명의 영향으로 일부 종교기관에서는 성윤리에 대한 입장과 성에 대한 전체적 접근을 재검토하였다. 예를 들어 1965년 제2바티칸 공의회에서 로마천주교회는 성에 대해 보다 긍정적 접근을 공식적으로 천명하였다. 전에는 재창조가 결혼에서의 성의 일차적 목적으로 고려되었으나 이제는 보다 오락적인 측면이 채택되었다. 결혼 안에서의 성은 친밀감과 쾌락, 그리고 상대를 즐거워하는 것을 촉진하는 것으로, 그리고 남성다움과 여성다움을 표현하는 것으로 여겨졌다(Frost, p.76).

뿐만 아니라 인본주의 심리학과 전인건강운동의 영향으로 성애와 영성은 이제 양극적인 현상으로 보지 않고 같은 동전의 양면으로 간주하게 되었다. 성혁명 후기 중반에 이르러, 이제 우리는 성을 공개적으로 자유롭게 거론할 수 있게 되었다. 성행위는 공개적인 영역에서 벗어나 전적으로 사적인 것이 되었다. 핵가족화로 사생활이 대두되었고 현대의학의 발달로 성병퇴치와 산아제한이 가능해졌다. 성행위가 임신이라는 결과 없이 행해질 수 있게 되었고 쾌락만을 위한 성행위가 가능해졌다. 인간의 성행위의 목적이 출산과 '하나 되는 기쁨'을 위한 성행위 둘로 구분되게 되었다.

우리는 새 시대에 맞는 성경적 성윤리를 주장하여야 한다. 미디어는 자기충족을 위한 성의 필요성을 낭만적으로 외치고 있으며, 광고업계는 성을 착취의 도구로 사용하고 있다. 현대의 혼란은 윤리적 공백으로 유도할 수도 있고, 모든 규제를 배척하는 도덕률폐기론으로 발전할 수도 있다. 지금이야말로 인류를 위한 하나님의 본래적 계획을 새롭게 제시할 수 있는 좋은 기회라고 할 수 있다.

저스틴 테일러(Justin Taylor, 2005)는 그리스도인이 성에 대해 건강한 태도를 가져야 할 필요성을 다음과 같이 지적하였다.

> 그리스도인은 성과 섹슈얼리티에 대해 말할 때 당황할 필요가 없다. 이들 이슈를 다루는 데 있어서 정상적이지 않은 주저함이나 당황하는 모습을 보이는 것은 하나님의 창조에 대한 일종의 불경이다. 하나님이 만드신 모든 것은 선하며, 하나님이 만드신 모든 좋은 것은 궁극적으로 그의 영광을 드러내는 의도된 목적을 가지고 있다. 보수적인 그리스도인들이 섹스에 대해 양가감정을 가지거나 당혹스러워할 때, 우리는 하나님의 선하심을 비방하는 것이고 선물의 바른 사용에 의해 드러날 하나님의 영광을 가리는 것이다(p.14).

하나님은 성을 좋은 것이라 선언하였으나 인간이 타락한 이후 자녀 생산을 위해 결혼은 좋은 것이나 성은 나쁜 것이라고 가르쳐왔다. 옛날의 기독교는 성에 대하여 부정적이고 억압적인 태도를 견지했다. 이원론적 사상, 선악의 엄격한 윤리체계는 성을 근본적으로 악한 것으로 규정하였다. 그러나 **기독교는 성을 전인격의 차원에서 설명하고 있다. 만족스러운 관계를 갖기 위해서, 당신은 배우자와 당신의 전체 인격을, 즉 당신의 정서적, 신체적, 영적 차원을 나눠야 한다**(Penner, 1994).

구약의 인간관, 즉 히브리 인간관은 언제나 인간을 통합된 전체로 보았다. 한몸이 되는 것은 육체적 연합만을 의미하는 것이 아니었다.

교회는 침묵과 무지를 떨쳐 버리고 성적 존재로서의 남성과 여성에 대하여 교육적 치유방법을 제시하여야 한다. 교회는 이제 성애와 영성을 통합하려는 스스로의 갈등을 해소할 때가 되었다. 지금 분위기는 무르익을 대로 무르익었다. 성애와 영성은 이제 벽장에서 나왔다. 이제 많은 이들이 그들의 성애와 영성은 그들의 본성의 서로 배타적인 측면이 아니라는 사실을 수긍할 수 있게 되었다(Frost, p.78).

대다수의 사람들은 그 동안 성에 대해 이중적인 교육을 받아왔다. 성에 대한 하나의 태도는 성을 쉬쉬하며 덮어두는 것이다. 성이란 더러운 것, 잘못된 것, 그래서 가급적 억제하면서 살아야 하는 것이라는 식의 생각이다. 다른 한편에서는 이와 반대되는 관점이 있다. 성이란 부끄러운 것이 아니며, 그래서 음지에 가두어둘 게 아니라 양지로 내보내 마음껏 즐길 수 있어야 한다는 생각이다(김지철, 2011).

우리 자녀들은 가정과 교회에서 성교육을 받아야 한다. '아무도 가르쳐 주지 않았던 성'이 '누구든지 가르쳐 주어야 할 주제'가 되었다.

영성과 성애는 긴밀하게 연관되어 있다. 성은 영성(靈性)의 적이 아니고 친구다(딤전 4:3-4). 따라서 영성신학자 리차드 포스터Richard Foster는 "기독교 역사상 참으로 비극적인 현상 가운데 하나는 성sexuality과 영성spirituality이 나누어진 것이다. 이 점은 성경이 인간의 성을 그토록 커다란 축복으로 보고 있기 때문에 더욱 비극적인 현상이다"고 지적했다. 성애를 영성으로부터 분리한 것이 우리 세계에 편만해 있는 성적인 고통과 악을 야기하고 있는 것이다(Tim Gardner).

"내가 잘 먹고 잘 자고, 잘 웃고, 여러 차례의 오르가즘을 경험하는 것만으로는(비록 이것이 좋은 시작이지만) 충분하지 않다. 내가 충분히 인간이 되기 위해서는, 우주적이고, 신성하며, 신비스러운 것, 초월적인 것과의 연결감을 느낄 필요가 있다. 영성은 '연결을 위한 우리의 에너지'라 할 수 있다. 우리의 영성은 우리의 관계와 자아상, 가치관, 그리고 선택에 영향을 미친다(Frost, 1996).

일부 그리스도인들은 아직도 초영성이 믿음이 좋은 것으로 착각하고 있다. 초영성을 곧 믿음으로 생각하는 그리스도인은 입으로는 하나님을 이야기하면서도 결벽주의적인 이교도처럼 살거나 육체를 가지고 사는 것을 불편해하거나 혹은 이중적인 삶을 산다. 이들의 생각 속에는 육체(물리적 의미에서의)와 영은 절대 조화될 수 없다. 이들은 성을 거의 필요악으로 취급하면서 멸시한다(스티븐스, 2011).

기독교 영성이 배어있는 부부의 성은 어떤 것인가? 첫째, 영성 있는 부부의 성이란 그 사람의 전 인격이 바탕이 되어야 한다. 서로의 인격이 바탕이 되지 않은 성이란 일시적인 쾌락으로 빠지기 쉽다. 둘째, 영성 있는 부부의 성이란 서로 상대방과의 깊은 인격적인 관계를 그 목표로 하여야 한다. 이는 관계성을 말하는 것으로 즉 단순한 성교만을 의미하는 것이 아니고 전 삶에 걸쳐 계속적으로 일어나는 관계를 통칭할 수 있다. 셋째, 영성 있는 부부의 성이란 헌신된 사랑으로 이루어져야 한다. 즉 상대방에게 성교 자체만을 위함이 아니고 삶 전반에서 상대방을 배려하고 자신을 내어주는 것을 의미한다(이춘, 2005).

성적인 것을 개발하면서 영적인 것을 부인하는 것이나 당신의 성애를 희생하면서 영적인 것에 주력하는 것은 영적인 것과 성적인 것이 다

10. 교회와 성: 성에 대한 교회의 태도는 어떻게 변화해 왔는가?

른 영역에서 작동한다고 거짓되게 믿는 것이다"(Frost, p.79).

목회상담자 레스터(Lester & Lester, 1998) 교수는 말한다. "성적인 만남은 성례전적이다. 우리의 성교는 신적/인간적 교류를 나타낼 수 있다. 배우자를 서로 깊은 영교communion로 유도하는 의미 있는 성적 만남은 배우자들은 우리 존재의 초월적 성격에 접촉할 수 있게 하는 능력을 가지고 있다. 열정적 성적 경험, 특히 오르가즘은 우리의 제한된 감각을 폭파할 수 있고 신비스런 경험에 버금가는 느낌을 촉발할 수 있다. 성적 친밀감은 하나님의 임재 감각을 증진시킬 수 있으며 관계를 축복하시는 하나님의 축복을 의식하게 할 수 있다"(p.149).

예나 지금이나 이단은 성과 결혼을 금하거나 죄악시한다. 교주들은 성을 착취의 도구로 악용하기도 한다. 베드로는 "여럿이 저희 호색하는 것을 좇으리니 이로 인하여 진리의 도가 훼방을 받을 것이요"(한글개역, 벧후 2:2)라고 경고하였다. 이단은 대개 성은 육신에 속하는 더러운 것이고 영은 거룩하다는 이원론적 인간관을 견지하고 있다. 현재도 많은 이들이 "성은 더러운 것이다. 따라서 영성을 흐리게 한다"고 오해하고 있다. 이에 대해 기독교상담학자 권수영(2007) 교수는 말하고 있다.

> 그렇지 않다. 경건한 그리스도인들에게도 반드시 필요한 것이 성이다. 오히려 영적 충만을 위해서도 사랑의 충만은 필수적임을 잊어서는 안 된다. 영적으로 충만할수록 배우자에게 더 헌신하고 사랑하도록 되어 있다. 그렇기 때문에 영적으로 성숙된다고 해도 성욕은 느끼도록 되어 있다. 하나님께서 주신 성을 선물로 알고 바로 쓰고 즐겨 쓰면 하나님께 기쁨이 되는 것이다. 물론 부부라는 관계 안에서만 그렇다. 성은 결코 더러운 것이 아님을 기억하자(p.80).

정통교회 안에도 성에 대해 이원론적인 시각을 갖고 있는 이들이 적지 않음이 「하나 되는 기쁨」에 대한 시비를 통해 드러났다. 성은 하나님이 주신 좋은 선물이라는 사실은 "성에 대해 성경이 가르치고 있는 사실 중에서 첫 번째이자 가장 근본적인 것이다"(David Mace).

한사랑기독상담실 대표 박병은 실장은 「하나 되는 기쁨」에 대한 서평에서 다음과 같이 쓰고 있다.

「하나 되는 기쁨」은 하나님께서 부부에게만 허락하신 거룩하고 놀라운 성생활의 비밀에 대해 잘 안내하며 가르쳐주는 책이다. '혼인을 귀히 여기고 침소를 더럽히지 말며 간음과 음행을 범치 말라'(히 13:4)는 말씀이 부부와 가정 속에 이루어지려면 부부 성생활에 대한 성경적 지침이 필요한데 이 책이 그 안내자와 지침서의 역할을 하고 있는 것이다. 이 책은 부부간에만 허락된 고감도의 성적 쾌감과 만족감이 어떤 반응과 행위들을 통해 이루어지는지, 부부는 어떻게 전인격적으로 연합하여 한몸이 되는 기쁨을 완성할 수 있는지에 대해 성경적 성 해석을 바탕으로 한 실제적인 부부관계를 잘 묘사하고 있다. 이 책의 성적 묘사는 부부의 성이 '거룩함'을 근거로 행해져야 함을 강조하면서 '부부가 연합하여 한 몸이 되라'(창 2:24)는 말씀을 이루어드리기 위한 세심하고도 배려 깊은 참고서와 같은 역할을 하고 있는 것이다(이 책은 2009년 정간되어 더이상 구할 수 없는 책이 되었다).

그런데도 이단 구원파와 이단의 시각에 동조하는 몇몇 인사들은 이 책을 반기독교적 음란서적으로 매도하였다.

창조신학연구소 조덕영(2010) 박사는 이 책에 대해 이렇게 논평한 적

10. 교회와 성: 성에 대한 교회의 태도는 어떻게 변화해 왔는가?

이 있다. "이 책이 정말 가정 파괴적 책인가? 즉 이 책이 외설과 음란과 그릇된 성을 조장했는가 하는 문제이다. 책의 저자는 단호히 그렇지 않다고 해명하고 있다. 물론 어떤 책이든 책의 나무(일부분)만 보고 숲(전체)을 보지 않으면 오해가 생길 수 있다. 필자가 볼 때 저자는 이 부분에 대해 분명히 올바른 인식을 하고 있었다. 저자는 성의 음란이나 외설을 조장하는 것이 아니라 일관되게 성의 영성, 성의 거룩성, 성의 순결성, 부부 안에서의 성의 아름다움과 축복을 강조하고 있다.

이동원(1998) 목사는 '성경(聖經)이야말로 최고의 완벽한 성경(性經)'이요, '성적 결합은 영적 교통의 상징' '천국에도 이 세상처럼 성의 즐거움이 있으면 좋겠다' '성교를 예배에 비유'(pp.139-146)하는 위험한 모험(?)까지 감수했다. 그 역시 부부 간 성적 즐거움의 중요성을 말하면서 아가서를 인용하고 있다.

아가서는 남녀간의 성애를 노래한다

성경은 아가서를 통해서 결혼과 성애의 아름다움을 노래하고 있다. 아가서는 남녀의 육체적 결합을 노래한 책임에도 불구하고 그 동안 출간된 많은 아가서에 대한 주석과 설교는 이 부분을 소홀히 여겼다. 대부분의 책들은 '인간의 사랑'을 지나치거나 혹은 슬쩍 언급하는 데 그쳤고 대부분 '하나님의 사랑'에만 치중하였다. 아가서는 부부 사이의 사랑을 나누는 일의 즐거움을 노래한 책이다.

교회는 전통적으로 이 책을 그리스도와 교회의 관계를 노래한 것으로 영해 하여왔다. 성에 대한 두려움으로 인해 사람들은 일찌감치 성을 공격하기 시작했으며 특히 선정적이라 할 수 있는 아가서의 해석에서 그랬다. 오리겐은 육체적인 기쁨을 배제하고 영적인 기쁨만을 강조하는 가운데, 아가서를 비유적이고 영적인 방법으로 해석하였다. 그러나 프란시스 쉐퍼의 라브리운동을 대표하는 신학자 제람 바즈Jeram Baarz가 1997년 라브리 수양회 기간 동안 '아가서 강해'를 통해 밝힌 것처럼 "이 책은 단순히 그리스도와 성도의 영적인 사랑을 풍자적으로 묘사한 것으로 오해되어 왔으나, 그것은 플라톤적 사랑에 영향을 받아 관념적인 사랑에 반하는 육체적인 성적 욕망은 비이성적이고 비합리적이며 저급한 종류의 욕망이라고 치부하였던 것이 교회에서 그대로 받아들여진 결과다"라는 말은 옳은 지적이다(성인경, 2004).

여러 해 동안 역사가들은 이 책이 교회에 무엇을 가르치려 시도하는가에 대하여 합의를 보지 못하였다. 어떤 이들은 이 책이 사랑과 결혼에 대해 말하고 있다고 주장한다. 다른 이들은 그리스도와 우리에 대한 그의 사랑을 노래한 것이라고 믿는다. 나는 두 주장이 모두 타당하다고 믿고 있다. 그리스도인의 결혼은 교회에 대한 그리스도의 사랑을 반영하고 있기 때문이다(엡 5:25).

최근의 대세는 아가서를 문자 그대로 남녀 간의 사랑과 결혼을 노래하고 있는 것으로 보는 것이다. 연세대 구약학자 김영진(2010) 교수는 아가서는 은유적으로 해석될 수도 있지만, '하나님의 창조물인 책임적 존재 사이의 아름다운 남녀의 사랑을 노래한 것'이라고 보았다. 조직신학자 R.C. 스프라울(1975)도 같은 견해를 밝히고 있다.

구약은 물리적인 우주가 하나님의 축도를 받고 있음을 증거하고 있다. 하나님은 물리적 세계를 만드시고 좋다고 선언하셨다. 섹스를 발명한 것은 하나님이며 그는 이를 본질적으로 악하다거나 필요악이라고 비난하지 않으셨다. 신약도 인생의 물리적 차원을 하나님께서 긍정하시는 것을 증언하고 있다. 여러 해 동안 구약의 주석가들은 아가서를 그리스도와 교회에 대한 비유로 해석하였다. 이러한 해석은 단순히 문학적 동기에만 기인한 것이 아니었다. 대개 지배적인 요인은 주석가가 풍유적으로 해석되지 않는 한 하나님께서 이렇게 노골적으로 에로틱한 사랑의 노래를 감동하셨을 리가 없다고 상상하였기 때문이었다. 나는 성령께서 이것을 하나의 사랑의 노래로 감동하셨다고 믿는다. 아가서(아 4:1, 3, 5, 10-12)는 성적 사랑의 거룩한 상황을 경축하며 결혼의 육체적 측면의 신성함을 경축하는 노래로 보는 것이 타당하다.

구약신학자 개러트(Duane Garrett, 1993) 박사는 아가서 주석에서 이렇게 쓰고 있다.

"두 연인은 신체적 행동으로뿐 아니라 조심스럽게 조성한 단어들로 서로에게서 즐거움을 만끽한다. 사랑은 무엇보다도 생각과 마음의 문제로서 선포되어야 한다. 독자에게 주는 교훈은 남편이나 아내가 사랑하는 배우자에 대한 기쁨을 자주 그리고 공개적으로 말할 필요가 있다는 것이다. 많은 연인들에게, 이것은 몸으로 하는 어떤 것보다도 훨씬 더 자신을 난처하게 하는 자기개방이다. 그러나 사랑의 성경적 이상이 나타나는 곳은 바로 여기다. 죽음만큼 강한 결속 안에서 남편과 아내의 몸과 마음이 연합하는 것이다. 아가서에서 보여주는 것처럼, 남편과 아내가 서로에 대한 그들의 사랑을 조금 더 자주 말할 수 있다면 많은 가정은 지금 보다 행복해질 것이다"(p.379).

그러나 동양의 유교문화는 성에 대해 이중적 잣대를 제시하였다. 유교는 아내는 아들을 생산하는 대상이니 정숙하게 대하고 섹스는 기생과 즐기라고 가르쳤다. 이원론에 물든 기독교는 성을 더러운 것으로 취급하여 금기시하였다. 성을 금기시할 때 성은 두려움과 의심의 대상이 된다. 성적 유혹이 많은 세상에서 우리는 어떻게 경건한 삶을 살 수 있는가? 어떻게 엄습해 오는 유혹과 싸울 수 있는가? 성적 유혹과 부도덕성은 우리 사회와 문화의 도덕성을 실추시키고 있다. 교회가 의식과 교리에만 마음을 쓰고 우리 시대의 가장 비밀스러운 유혹에 대하여 침묵함으로 사회악과 대결하지 못하고 있다.

성에 대한 성경적 관점

앞에서 살펴본 것처럼, 교회역사는 성에 대해 부정적 시각을 가졌던 것으로 잘 알려져 있다. 인간의 성은 초대교회 신학자들에게 매우 위협적인 것이었다. 그들은 헬라철학의 영향으로 피조세계를 영적인 세계와 물질적인 세계 두 부분으로 양분하였다. 성은 몸에 연결되어 있는 것이 명백하기 때문에, 그들은 성은 물질적 세계에 포함시켰다. 따라서 성은 우리의 영적인 성품에 위협으로 인식되었다. 그들은 성욕을 인간의 불순종에 대한 처벌로 믿고, 마귀가 우리를 성적으로 유혹하는 장본인이라고 지탄하였다.

한국의 남성들은 다중구조의 여성관을 가지고 있다(정영준, 2000). 이

10. 교회와 성: 성에 대한 교회의 태도는 어떻게 변화해 왔는가?

를 바탕으로 결혼은 정숙한 여자와 하는 것을 기본으로 여긴다. 이처럼 남성의 여성관은 왜곡된 경우가 많은데, 그 대표적인 경우가 연애와 결혼의 대상을 분리시킬 수 있다는 것이다. 이러한 남성이 선호하는 연애상대로는 미인이며 성적 매력이 있고 교제상 즐거움을 주는 여성이다. 이에 반해 남성이 선호하는 결혼상대로는 건강하고 교양과 지성을 갖추고 착하고 솜씨가 좋은 여성이다. 남성이 보는 여성은 사랑할 여자인 낭만적 여성, 그리고 결혼할 여자인 정숙한 여자로 분류된다. 여성에 대한 삼중구조를 가지고 있는 셈이다. 그리하여 어느 신세대 대학생은 '성은 물 좋은 물건과 연애는 끼 많은 애첩과 결혼은 정숙한 아내!' 와 같은 어처구니 없는 말을 하는 것을 들었다. 그리스도인 남성은 여성을 보는 시각을 바꿔야 마땅하다. 우리는 여성을 하나님의 형상으로, 전인격적으로, 통전적으로 볼 수 있어야 한다.

전통적인 한국 사회에서는 성은 아주 은밀한 것, 절대로 남에게 이야기해서는 안 되는 매우 개인적인 것으로 여겨졌다. 그래서 심지어는 부부끼리 성에 대해 이야기하는 것은 금기사항으로 생각할 정도였다. 기독교인 중에는 성은 성스럽지 못한 것, 더러운 것이라고 생각하는 분들도 있다(김성묵, 2006).

이와 같은 부정적 해석의 결과로, 성은 그리스도인들이 극복해야 할 대상이 되었다. 그래서 자위와 성교와 같은 성적 기능을 삼가는 그리스도인들은 보다 신령한 것으로 대우했고, 섹스에 대해 생각도 하지 않고 느낌도 갖지 않는 사람들은 가장 신령한 사람으로 여겼다. 초대교회 이후 많은 진전이 있었던 것이 사실이지만, 마치 하나님이 성적인 것에 화가 나신 것처럼, 당신은 성이라는 주제를 금기시하거나 부정적으로 묘사하는 가정이나 교회에서 성장했을지도 모른다(Lester & Lester, 1998).

성에 대한 바람직한 태도

그렇다면 우리는 성에 대하여 어떤 시각을 가져야 하는가? 성경은 성에 대해 무엇을 가르치고 있는가? 부부간의 성은 생명이고 친밀감이며 사랑이다. 잭 볼스윅 교수(Jack Balswick, 1999)는 성애에 대한 성경적 관점을 다음과 같은 몇 가지 원리로 요약하였다.

- 인간의 성은 남자와 여자를 차별화한 것과 그들 사이의 연합 속에 확정되었다.
- 성은 우리를—우리 자신과 타인, 그리고 하나님을—더 깊은 수준의 앎으로 인도할 목적으로 주어진 좋은 선물이다.
- 인간은 성적 쾌락에 대한 본유적 능력을 갖고 태어났다. 이 능력은 정서적으로 배려하고 신뢰하는 가족적 환경 안에서 가장 잘 개발될 수 있다.
- 성애와 영성은 긴밀하게 연관되어 있다.
- 타락 후, 성애는 왜곡되었고 구속될 필요가 있다.
- 그리스도는 회복을 제공하시며 진정한 성애를 위한 우리의 잠재력을 새롭게 하신다.

서울신학대학의 목회상담학 교수이며 현재 한국기독교상담·심리치료학회 회장으로 있는 최재락 교수는 성에 대해 다음과 같은 지침을 제시하고 있다.

- 성에 대해 침묵하는 것은 악의 편에 서는 것과 같다.
- 문제로부터 도피하려고 하면 문제해결은 불가능하다.
- 성을 인격의 정상적인 부분으로 인식할 때 중요한 것은 우리가 어떻게 성적 감정을 다루느냐 하는 것이다. 성적 에너지를 현명하게 다루지 못하면 인격의 분열을 경험하게 된다.

고대인들은 성적 에너지를 자녀생산에 사용하였다. 자녀는 노동력을 의미하였기 때문이다. 현대에 와서 가족이 핵가족화 되면서 성적 에너지는 성적 매력을 강화시키는 데 사용되고 있다. 이것이 자기절제나 관습, 법의 영향력을 벗어날 때 원치 않는 임신, 가정파괴, 성병 등 엄청난 문제를 야기한다.

교회는 지난 2천 년 동안 성에 대해 '책망하는 부모' 역할을 해왔다고 해도 과언이 아니다. 간음하지 말라, 음행하지 말라고 성에 대해 정죄하는 메시지를 많이 전파했으나 '이렇게 부부간에 성생활을 누리라' 는 대안을 제시하지 못했다. 미국 풀러신학대학교 전 심리학 대학원장 아치볼드 하트Archibald Hart 부녀는 미국 전역 2천 명의 그리스도인 여성을 대상으로 성생활에 대한 태도를 연구한 바 있는데, 다음과 같은 사실이 드러났다. 결혼의 행복과 성적 만족 사이의 상관관계는 매우 높았다. 여성들이 가장 궁금해 하는 것은 '내가 정상인가?' 하는 것이었다. '나는 남편만큼 성에 대해 관심이나 정력이 없는데, 내가 정상인가?' 하는 질문을 많이 했다. 남편이 적극적인 것에 비해 아내는 성적으로 소극적인 경우가 많기 때문이다. 이것은 우리나라도 마찬가지라고 생각한다.

부부의 성 문제 중에서 가장 흔한 것이 부부 중 한쪽이 성에 관심이 없다는 것이다. 조사연구는 남성들보다 여성들이 다섯 배 이상 낮은 성욕을 보고하고 있다는 것을 발견했다. 아내가 성욕이 없는 것이 아니라 성욕이 대체로 잠재되어 있기 때문이다. 많은 남편에게 그들의 성생활에 대해 질문을 하면 "아내가 별로 반응적이지 않아요"라고 답할 것이다.

즐겁고 아름다운 성

성경은 남자들에게 "젊어서 취한 아내를 즐거워하라"(잠 5:18)고 권면하면서, 여자를 "잠근 동산이요 덮은 우물이요 봉한 샘이라"고 말하고 있다(아 4:12). 토미 넬슨(1998) 목사는 그의 아가서 강해에서, 남자의 성은 샘물로 묘사되고 있고, 여자의 성은 우물로 묘사되고 있다고 쓰고 있다(p.100). 아가서는 아내의 성을 동산에 비유하고 있다. 이 여인은 자기를 의식하지 않고 남편을 동산으로 초대하고 있다. "북풍아 일어나라 남풍아 오라 나의 동산에 불어서 향기를 날리라 나의 사랑하는 자가 그 동산에 들어가서 그 아름다운 열매 먹기를 원하노라"(아 4:16). 여인을 '잠근 동산'이라 표현한 것은 누군가 그 동산의 문을 열고 들어가서 땅을 갈고 씨를 뿌리기를 기다린다는 뜻이다. 또한 여인을 '덮은 우물'이요 '봉한 샘'이니 안에 물은 많으나 아직 흐르지 않는다는 뜻이다. 그러므로 여인은 남성이 우물의 덮개를 열고 물을 길어내어 즐기기를 기다린다.

부부에게 성이라는 놀라운 선물을 주신 것은 그것을 통해 서로의 행

10. 교회와 성: 성에 대한 교회의 태도는 어떻게 변화해 왔는가?

복과 기쁨을 더하시기 위해서였다(라헤이, 2005). 결혼 안에서의 성행위는 아름다운 것이다. 솔로몬은 아가서와 잠언에서 건전한 부부의 성생활을 강조하고 있다.

> "나의 누이, 나의 신부는 문 잠긴 동산, 덮어놓은 우물, 막아버린 샘 … 그대는 동산에 있는 샘, 생수가 솟는 우물, 레바논에 흐르는 시냇물이다"
> (표준새번역, 아 4:12, 15).

> "너는 네 우물에서 물을 마시며 네 샘에서 흐르는 물만 마셔라. 어찌 네 샘물이 길에 흘러넘치게 하며 네 샘물이 광장에 넘치게 하겠느냐. 그 물은 너만 혼자 마시고, 다른 사람들과 함께 마시지 마라. 네 샘을 복되게 하고, 네가 젊어서 얻은 아내를 즐거워하여라. 너는 그녀의 젖가슴을 항상 만족하게 여기고 항상 그녀의 사랑에 만족하여라"(쉬운성경, 잠 5:15-19).

결혼문제전문가 조셉 딜로우(1998)와 에드 휘트(Ed Wheat, 1980)는 「부부의 성」에서 '정원'은 술람미 여인의 질을 뜻한다고 쓰고 있다. '샘'과 '우물'은 여기서 '동산'과 같은 의미로 사용되고 있는데 "이들은 모두 성의 맥락에서 여성의 몸을 가리키고 있다"(Hwang & Goh, 2002). 그리고 '잠근 동산' '덮은 우물'은 모두 그녀의 순결과 처녀성을 형상화하고 있다. 한 번도 출입이 없었다는 의미로서 … 자기의 남편을 위해 스스로를 봉인한 것이다. 자기 남편에게만 속하는 소중한 보물을 간수한 것이다(Akin, p.148).

솔로몬은 아내의 성기에 시적이고 상징적인 아름다움이 가득하다는 것을 묘사하기 위해 '잠근 동산' '봉인된 샘' 이라는 단어를 쓰고 있다(p.139). 여기서 동산을 의미하는 히브리어 '가나'는 '은밀하게 위장된 곳' '숨겨진 곳'이란 뜻으로 여인의 질을 의미한다.

흐르는 시냇물(잠 4:15)은 심신을 새롭게 하는 것을 가리키는 상징이다. 아내의 정원에서 성적으로 새로워진다는 의미인 것이다. 술람미는 자신의 여성성을 전적으로 인정하며, 자신이 줄 수 있는 것을 솔로몬이 남김없이 경험하기를 원한다. 술람미는 솔로몬이 자신의 정원을 눈으로 보고 손으로 만지면서 성적으로 흥분한다는 사실을 즐긴다. 이 얼마나 건강한 태도인가! 흥분이 최고조에 달하자, 술람미는 솔로몬에게 그녀 안으로 들어오라고 말한다(pp.145-148). 여성에게 멋진 섹스는 부드러움이고, 남자에게는 반응적인 아내이다. 성경은 외도와 간음을 부정적으로 묘사하고 있지만, 부부간의 성을 쾌락적이고 아름다운 것으로 긍정적으로 묘사하고 있다.

솔로몬과 그의 아내는 사랑을 나누는 것을 너무 노골적으로 표현하지 않았다. 아가서에서 사용된 비유적 표현은 두 사람만의 성적인 관계를 새로운 차원으로 드러낸 것이다. "날이 기울고 그림자가 갈 때에 내가 몰약산과 유향의 작은 산으로 가리라"(한글개역, 아 4:6). 솔로몬은 자신이 무엇을 할 거라고 아내에게 말하고 있는가? 조빔(2005) 목사는 말한다. 솔로몬이 말하고 있는 몰약 산과 작은 산은 아내의 성기를 가리키고 있다. 사랑을 나누면서 솔로몬이 아내의 성기에 집중하고 있음을 우리는 충분히 짐작할 수 있다. 그가 말하고 있는 향기는 여성만의 독특한 향기를 말하는 것이다. 솔로몬은 여성의 모든 신체 부위에 키스하고 애무해 주면 여성이 오르가즘에 도달한다는 사실을 알고 있었다. 성경

10. 교회와 성: 성에 대한 교회의 태도는 어떻게 변화해 왔는가?

을 보면 그는 아내의 눈에서 시작해서(1절), 아내의 몸으로 내려와 아내의 머리카락(1절), 치아(2절), 입술(3절), 목(4절), 가슴(5절), 그리고 6절의 의문스러운 곳에 이르기까지 애무를 한다. 7절에서 그는 "나의 사랑 너는 순전히 어여뻐서 아무 흠이 없구나"라고 말한다. 앞뒤 구절을 유추해 보아도 6절은 아내의 성기에 대한 표현임을 짐작할 수 있다(p.228).

아내의 반응적인 태도가 남편의 즐거움의 열쇠다. 남편은 아내가 자기를 매력적으로 생각한다는 것과 자신의 사랑을 얼마나 사모하는지 알 필요가 있다. 남편은 아내의 욕구의 흥분과 기대를 감지할 필요가 있다. 그래서 잠근 동산에 함께 손을 잡고 걸어 들어가 함께 탐색하고 즐길 필요가 있는 것이다. 아가서 후반에서 연인을 말한다. "우리가 일찍이 일어나서 포도원으로 가서 … 내가 나의 사랑을 네게 주리라 … 우리의 문 앞에는 각양 실과가 새 것, 묵은 것이 구비하였구나. 내가 나의 사랑하는 자 너를 위하여 쌓아둔 것이로구나"(한글개역, 아 7:12-13).

성적 만족은 성교를 하는 시간의 길이와 비례하며 성교의 빈도수와 비례한다. "함께 기도하는 부부는 함께 기도하지 않는 부부에 비해 그들의 성생활에 90% 더 만족감을 느끼는 것으로 드러났다." 연구결과, 성생활을 긍정적으로 평가한 부부는 결혼생활도 긍정적으로 평가하며, 성생활을 부정적으로 평가한 부부는 결혼생활도 부정적으로 평가한다는 것이 밝혀지고 있다(패로트, 2003).

아가서가 가르치는 성교를 위한 5가지 원리

결국 우리가 아가서에서 배울 수 있는 교훈은 무엇인가? 로버트 힉스(Robert Hicks, 1991)는 다음과 같이 5가지 원리를 제시하였다.

1. 성적 친밀감을 경험하려면 시간이 걸린다. 솔로몬은 처음에 술람미 여인의 눈에 대해 언급한다. 그러다가 결혼초야에 그는 이, 입술, 목, 유방을 묘사하고, 어느 정도 갈등을 겪는 후, 발끝부터 머리끝까지를 노래한다.

2. 성적 친밀감에는 타이밍이 중요하다. 솔로몬은 아침 일찍 찾아왔지만 여인은 전통적인 핑계로 거절한다. 성적 친밀감을 누리려면, 부부는 그들의 스케줄을 검토한 후 서로를 즐길 수 있는 최선의 시간을 찾아야 한다.

3. 성적 친밀감에는 대화가 필요하다. Intercourse는 흔히 성교를 의미하는 말로 쓰이지만, 원래 교섭, 왕래, 거래라는 뜻으로 사용되었다. 성적 교섭에서, 먼저 이수해야 할 '선수과목'은 언어적 교섭이다. 아가서에서 파트너는 서로 상대방의 매력에 대해 말한다. 그들은 서로의 신체적 매력을 말하고, 성교가 진행되는 동안 그들의 열망을 말한다.

4. 성적 친밀감은 신뢰를 요구한다. 궁극적으로 자신을 내어주는 행위는 신뢰의 관계를 요구한다. 편하게 탐색하고 즐겁게 자신을 표현하려면, 신뢰의 관계가 필요하다. 안전한 사랑의 관계 속에서만 극치경험이 가능한 것이다.

5. 성적 친밀감은 여유로운 시간투자를 요구한다. 그녀는 솔로몬에

게 시골 한적한 곳으로 가서 사랑을 나누자고 제안한다. 자녀와 책임, 친구들로부터 시간을 떼어서 할애하여야 친밀한 관계를 개발할 수 있으며, 부부는 신뢰를 쌓고, 대화하고 탐색하며, 위의 원리를 개발하려면 시간을 투자해야 한다.

11. 여성은 섹스에서 무엇을 원하는가?

　부부의 성적 친밀감은 서로에 대해 얼마나 잘 알고 있는가, 서로 얼마나 호감과 존중을 자주 표현하는가, 그리고 서로 얼마나 스트레스를 줄여주는 대화를 하는가가 결정적 역할을 한다. 성관계는 대다수의 경우, 남편이 주도하고 아내가 반응함으로 이뤄지기 때문에 아내가 무엇을 원하는가를 알고 접근하는 것이 무엇보다 중요하다.

　미국의 그리스도인 여성 2천 명을 대상으로 한 연구에서 하트Hart박사 팀은 여성들에게 섹스에서 제일 좋은 것이 무엇이냐고 질문했는데, 절대 다수가 오르가즘 자체보다는 신체적 친근감과 정서적 친밀감이라고 응답했다. (이에 반해, 남자는 오르가즘의 쾌감과 해소를 즐긴다.)

　여성의 80%가 신체적 가까움(가까이 앉아서 친밀감을 경험하기), 70%가 정서적 친밀감을 원한다고 응답하였고, 53%가 감정을 나누는 대화와 함께하는 시간을 원한다고 했다.

　　아내가 우선시하는 것은 대화, 안아주는 것, 나누는 것, 그리고 성적인 사랑의 순이었다. "침대 밖에서 이루어지는 전희란 바로 친밀한 대화와 따뜻한 스킨십이다. 최고의 성감대는 몸이 아니라 마음, 바로 마음을 관장하는 뇌이다"(두상달).

　섹스는 전희, 삽입, 후희(후광)의 3악장으로 이뤄진다. 전희는 두 사람이 성적 만족에 필요한 자극이 몸에 나타나는 것을 경험할 수 있게 도와준다. 후희 또는 후광은 섹스 후 서로 애정을 표현하고 보듬어 안고 아내가 절정감에서 내려올 때까지 기다려주는 것을 일컫는다.

　아버지 학교 운동 본부장 김성묵 장로와 어머니 학교 운동본부장 한은경 부부(2006)는 「고슴도치 부부의 사랑」에서 이렇게 쓰고 있다.

　"문제는 남자들은 '性'(성)하면 삽입과 사정 등의 '성행위'(성교)만을 생각한다는 데 문제가 있다. 그래서 정력보강을 위해 뱀을 비롯한 각종 강장제를 먹고, 심지어는 비아그라를 사용하기도 한다. 남자들은 성과 관련해서는 '끝내줘야 한다!'는 강박관념을 갖고 있다. 바로 변강쇠 신드롬이다. 하지만 여성들은 '성'에 있어서 성교행위가 20% 정도밖에 차지하지 않는다고 한다. 여성에게 있어서는 '다정하게 눈길을 주고받는 것' '부드럽게 대화하는 것' '안아 주는 것' '어루만져 주는 것' '공감하고 반영해 주는 것' '아내를 도와주는 것' 등 한 마디로 '애정표현'이 '성'의 80%를 차지한다는 것이다"(p.166).

　매스터스와 존슨의 연구보고에 따르면, 여성의 신체에는 34군데의 성감대가 있으며, 남성의 오르가즘 때의 경련은 0.8초 간격으로 일어난다. 그리고 여성의 유두는 성적 흥분의 최고조기에 10mm 확장한다고 한다(Smedes, 1996).

　여성에게는 몸 전체가 성감대라고 해도 과언이 아니지만, 가장 예

11. 여성은 섹스에서 무엇을 원하는가?

민한 성감대는 '마음'이다. 왜냐하면 여성은 마음이 내키지 않으면 성행위에 몰입할 수 없기 때문이다. 마음이 열리지 않으면 몸도 열리지 않는다는 말이다. 여성 신체의 어느 부분이 성감대인지는 사람마다 다를 수 있고 또 자기 남편이 개발하기에 따라 뒤늦게 발견되기도 하지만, 지구촌에 있는 모든 여인에게서 공통적인 성감대란 '마음'이라는 사실을 꼭 기억하시라!(황수관, 2008). 마음이 열려야 몸이 열린다. 남자에게 성적 해소가 필요한 것처럼, 아내에게는 정서적 해소가 필요하다 (Eggerichs, 2005).

남자는 아내와 동시에 오르가즘을 경험하기 원하는데 이는 비현실적이다.

연구결과, 26% 여성이 오르가즘을 경험하는 데 어려움 겪고 있다. 25% 여성은 언제나 오르가즘을 경험하고, 10%는 일체 경험하지 못하고, 50% 이상이 행복하다고 응답하였다.

많은 남성은 여성이 섹스를 원치 않는다고 오해하고 있다. 그러나 "여자도 남자 못지않게 멋진 섹스를 좋아한다. 단 남자와 다른 점은 여자는 사랑에 대한 욕구가 먼저 충족되지 않으면 강렬한 성욕이 일어나지 않는다는 것이다. 자기가 그에게 특별한 존재이며 그의 사랑을 받고 있다는 느낌이 여자에게는 무엇보다 중요하다. 이렇게 해서 그녀의 마음이 열리면 비로소 육체가 열리고 그때 여자가 느끼는 갈망은 남자와 같거나 오히려 더 강렬하다. 그녀에게는 사랑이 섹스보다 훨씬 더 중요하지만 일단 사랑의 욕구가 채워지면 섹스의 중요성은 놀라울 만큼 커진다"(Gray, 1996, p.35).

만족스런 성관계를 위해 아내가 알아야 할 것들

크리스천 여성들의 성생활 실태를 연구한 하트(Archibald Hart, 2002) 박사는 '오르가즘, 만족하는 여인의 일곱 가지 습관'을 다음과 같이 제시하였다.

1. 성에 대해 더 자주 생각하며 다음 번 성교에 관해 미리 생각하라. 성욕과 흥분을 상상하는 것은 만족의 펌프에 마중물을 붓는 것과 같다.

2. 결코 서두르지 말라. 오르가즘에 이르는 데 필요한 충분한 흥분이 이루어질 수 있도록 넉넉한 시간을 할애하라.

3. 과로를 피하고 충분히 휴식하라. 성행위에 필요한 충분한 에너지와 시간을 마련하라.

4. 술을 마시지 말라. 때로 소량의 술은 성욕을 증가시키며 전희의 욕구와 기쁨을 증가시키기도 하지만, 일반적으로 술은 오르가즘에 이르는 것을 방해하며 윤활유의 분비를 억제하며 더 오랜 전희를 필요로 하게 만든다. 술을 많이 마시면 여자는 결코 오르가즘에 이르지 못한다.

5. 쾌감을 느끼는 신체의 부위에 마음을 집중하라. 쾌감을 추구하면서 다른 생각(냉장고의 고기를 녹였던가? 그 중요한 메일을 보냈던가? 등)을 하지 않도록 하라. 지금 이곳에서의 '일'에 집중하라.

6. 자신의 신체에 대하여 더 공부하라. 신체의 구조를 조사하고 그 기관들의 반응과 기능을 연구하라. 무엇이 쾌감을 느끼게 하는가?

7. 자신의 몸과 성욕, 자신의 성기, 성 그 자체에 관한 자신의 견해를 살펴보라. 이들 하나하나가 자신에게 어떤 의미가 있는가? 혹 성에

관한 자신의 견해를 살펴보고 다시 정립해야 할 때가 아닌지 하나님께 구하라.

남편에게 동산(정원) 열쇠를 내어주라

사랑하는 남편에게 정원의 열쇠를 마음껏 내주지 못하는 이유는 무엇인가? 부부의 성생활은 부부 공동의 영역이다. 하나님은 아내 혼자 정원 열쇠를 독점하도록 만들지 않았다. 그런데 많은 아내들은 갖가지 핑계로 남편을 거부한다. 아내의 거부가 남편에게 얼마나 큰 상처가 되는지를 모르는 것 같다.

설문조사 결과를 보면, 남편들이 가장 두려워하는 것은 바로 침실에서 거부당하는 것이라고 한다. 션티 펠드한(Feldhahn, 2003)은 그의 책 「여자들만 위하여」에서 이렇게 말한다.

아내는 아무 생각 없이 "여보, 오늘 밤은 안돼요"하고 말하지만, 남편은 이를 "당신보다 푹신한 베개가 더 매력적이에요. 당신에게 무엇이 필요하든지 나는 관심 없어요"라는 말로 듣는다. 아내는 지금은 잠자리를 원하지 않는다는 뜻에서 이야기한 것이지만, 남편은 자신이 거부당했다고 생각하며 상처를 받는다.

설문조사에 따르면, 남편은 아내의 섹시한 손길에 사랑을 느낀다고 한다. 그러나 아내는 남편의 이러한 심리를 이해하지 못한다. 아내의 거절이 남편에게는 엄청난 좌절인 셈이다. 남자는 인간적으로 거부당한 느낌, 아내가 나를 원하지 않는다는 느낌을 받을 때 좌절의 늪에 빠진다.

아내가 남편을 존경하는 방법 중의 하나는 기쁨으로 자신의 '정원'을 내어주는 것이다. 하나님은 성을 예배와 같이, 예배의 한 부분으로, 예배의 한 형태로 받아들이는 모든 부부들에게 일평생 마르지 않는 기쁨을 축복으로 주셨다. 성경은 성을 성스러운 것으로 받아들이는 모든 부부들에게는 천국의 기쁨을 가불하는 축복을 약속하고 있다 (양승훈, 2005, p.242).

성관계 시 아내가 남편에게 바라는 사항

남자들은 아내가 섹스를 하고 싶은 마음이 생기기 전에 사랑과 연결감을 먼저 느껴야 한다는 것을 이해할 필요가 있다. 여자는 먼저 대화하고 가깝게 느끼고 연결감이 느껴지면 성관계에 마음이 열린다. 반면에 남자는 섹스를 친밀감을 느끼는 수단으로 사용한다.

당신의 아내는 성에 관한한 심란한 주변 환경에 더 취약하다. 그녀가 만약 피로하거나, 마음에 상처를 받았거나 자신의 신체에 대해 만족하지 못한다면 성관계에 집중하기가 어려울 것이다. 그러므로 당신은 아내의 성적 욕망을 불러일으키는 것에 대해 각별한 관심을 가져주고 그녀가 집중하도록 도와주어야 한다.

「결혼행전」의 저자 팀 라하이 목사(Tim Lahaye, 2005)도 남편은 아내의 만족에 집중하도록 주문한다. 그러나 많은 남편은 아내의 성적인 필요는 심리적이고 정서적인 필요를 채워주어야만 시작된다는 사실을 모르고 있다. 여성은 남성보다 오르가즘에 이르는 과정이 훨씬 복잡하다. 여성이 오르가즘을 느끼는 기술을 터득하려면 오랜 시간과 훈련이 필요하다. 그러므로 현명한 남편이라면 자기보다 아내가 먼저 오르가즘에 도달할 수 있도록 처음부터 아내를 위해 노력해야 할 것이다.

- 아내의 만족에 집중하도록 하라. 아내의 성감대를 유념하라. 남편은 아내의 육체보다는 그 몸 안에 있는 영혼을 더 사랑하고 있음을 확신시켜준다면, 그는 분명 아내로부터 육체적인 사랑 이상의 과분한 사랑을 받게 될 것이다.
- 전희에 관심을 갖고 10~15분의 시간을 보내도록 하라. 부부간에 정서적 유대감을 향상시키는 것이 결과적으로 성관계의 향상으로 이어진다는 점을 기억하라. 부부는 또한 배우자의 성감대와 좋아하는 체위 등을 알고 상대방을 불쾌하게 하지 않게끔 지혜롭게 자기 감정을 표현하는 법을 배워야 한다(채규만·권정혜).

한 설문조사에 의하면, 배우자와 자신의 성적인 감정에 대하여 항상 터놓고 대화를 가졌던 여자들의 80%는 그들의 성생활이 만족스럽거나 아주 만족스럽다고 대답했다(Parrott, 2003).

부부관계 전문가 게리 스몰리(2009)는 이렇게 주문하고 있다. "전희의 시간을 가져라. 전희는 아침부터 시작한다는 말이 있다. 당신은 시간의 여유를 가지고 아내를 어루만져주고, 안아주고, 포옹하여주어야 한다. 이러한 행동은 그녀에게 순수한 에너지를 주입해주는 것과 같다. 당신의 아내에게 어디를 어떻게 어루만져주는 것이 좋은지 물어보고, 그녀의 욕구에 반응하도록 하라."

하트 박사(Hart, 1998)는 아내에게 친근감을 느끼게 만들 수 있는 방법을 다음과 같이 제시하고 있다.

- (자녀 없이) 둘만의 시간을 더 많이 보내도록 하라. 성행위를 위한 분위기를 만들어주면서 성관계를 요구하라.
- 배우자의 긍정적인 특성에 초점을 맞추도록 하라.
- "당신을 사랑해"라는 말을 자주하라. 당신의 배우자는 마음을 읽을 수 있는 독심가가 아니다. 성관계 중에도 사랑한다고 말해주어라.
- 비판을 줄이고 칭찬을 자주 하도록 하라.
- 배우자를 존경심을 가지고 대하도록 하라. 성교 시에만 친절하지 말고 항상 친절하고 부드럽게 대하도록 하라.
- 배우자가 어떤 상태에 있는지, 진정으로 귀를 기울여 이해하려고 노력하라.
- 목욕, 치아 등 신체의 청결에 관심을 갖고 청결을 습관화하라.

반면에 캐롤린 마하니(Carolyn Mahaney, 2005)는 모든 그리스도인 아내는 남편과의 'A급' 성관계를 즐기기 위해 자신을 매력적으로 가꾸라. / 자신을 기꺼이 남편에게 내어주라. / 기대하는 마음으로 준비하라. / 공격적으로 사랑하고 칭찬하라. / 모험적으로 새로운 것을 시도하라 등 다섯 가지 원리를 제시하였다.

배우자에게 원하는 것이 무엇이냐고 물어보면, 남자와 여자는 서로 다른 대답을 한다. 남자가 아내에게 원하는 것은 더 유혹적으로 나왔으면, / 더 자주 성을 주도했으면, / 더 실험적이었으면, / 더 야하고 더 섹시하게 나왔으면, / 원하는 것을 더 말해주었으면 좋겠다고 답한다.

반면에 아내들은 더 애정표현을 하였으면, 그리고 칭찬을 더 했으면, / 더 유혹적이었으면, / 더 실험적이었으면, / 원하는 것을 더 말해주었으면, / 더 따뜻하게 적극 참여하였으면 좋겠다고 말한다. 놀라운 것은 남녀 모두가 원하는 것에 두 가지의 공통점이 있다는 것이다(Parker-Pope, 2010).

남자는 아내와의 관계에 정서적 친밀감을 개발하는 데 더 적극적으로 참여할 필요가 있다. 잘 알려진 것처럼, 남자는 구어적으로 자신의 감정을 전달하는 데 아내보다 더 큰 어려움을 겪는다. 아내들이 가장 많이 하는 불평은 남편이 섹스를 원하면서 그들의 정서적 필요에는 별 관심을 보이지 않는다는 것이다. 아내는 다정다감한 남편을 원한다.

성치료사 휘트(Wheat, 1980)는 성관계를 너무 심각하게 취급하지 말고 가벼운 마음으로 오락처럼 즐길 것을 권하고 있다. 성은 창조주 하나님께서 부부를 위해 계획하신 오락이다. 그는 모든 부부에게 성이 자신에게 어떤 의미가 있는지 자문해보라고 권하고 있다.

▶긍정적인가?" ▶긴장을 풀게 하는가?" ▶즐거운가?" ▶낭만적인가? ▶육체적으로 만족스러운가?" ▶정서적으로 만족스러운가?

✤ 여성이 섹스를 즐기기 위해 필요로 하는 것

심리학자 케빈 레만(Kevin Leman, 2009)은 남성이 유념해야 할 아내의 필요를 다음과 같이 요약하였다.

- 사랑받고 귀히 여김을 받고 존중받을 필요.
- 귀 기울여 들어주고 존중받을 필요.
- 낭만적인 분위기.[1]
- 프라이버시(절대적으로 시댁에서는 안 된다).
- 이해받고 포옹 및 애무 받을 필요.

❖ 남성이 섹스를 즐기기 위해 필요로 하는 것
- 자신이 필요한 존재라고 느끼는 것.[2]
- 장소만 있으면 된다(어디라도 좋다).

참으로 짧은 목록이다. 남자는 여자에 비해 필요한 것이 너무 단순하다. 여성은 이를 이해할 필요가 있다.

---

[1] 영화에서는 섹스가 즉석에서 이뤄지는 것 같지만, 그것이 실제 생활에서는 비현실적인 이유가 여기에 있다. 여자는 만짐을 받기 전에 자신의 몸의 일정한 부분에 주목하기를 원하고 자신이 깨끗하다고 느끼기를 원한다. 위생이 매우 중요하다. 남자는 한 번 냄새만 맡아보면 그만이다.
[2] 자기의 여자가 자신을 원한다고 느낌을 받는 것은 남자에게 정서적인 스위치 역할을 한다.

12. 성 반응에 있어서의 남녀차이

남자와 여자는 사랑과 존중을 필요로 하는 존재라는 점에서 같다. 또한 인생의 의미와 목적을 찾아 헤매고 육체적이고 정서적인 사랑이 필요하다는 점에서도 서로 같다. 그러나 남녀는 여러 면에서 서로 아주 다르다.

베스트셀러 작가 존 그레이는 남자와 여자는 너무나 달라서 남자는 화성에서 여자는 금성에서 온 존재라고 비유하였다.

「브레인 섹스: 남녀의 진정한 차이」에서 앤 무어Ann Moir와 제셀(David Jessel, 2009)은 주장한다. "남자와 여자는 다르다. 그들이 동등한 것은 같은 종에 속한 인류라는 점뿐이다. 기질, 기술, 혹은 행위 면에서 그들을 같다고 말하는 것은 생물학적으로 그리고 과학적으로 거짓말에 근거한 사회를 세우는 것이다."

크리스천 심리학자 노먼 라이트Norman Wright와 게리 올리버(Gary Oliver, 1994)도 남녀 차이에 대해 마치 다른 문화, 다른 위성에서 온 것처럼 다르다고 말하고 있다.

성차는 존재한다. 성격차이가 존재한다. 하나님은 우리를 남자와 여자로 만드셨다. 때때로 우리는 하나님이 왜 그렇게 하였을까 의아해한다. 성차를 좁히려 시도하고, 차이는 학습된 것이지 타고난 것이 아니라고 말하는 이들은 진실에서 벗어난 것이다. 왜냐하면 성별에 따라 식별해야 할 기본적 필요가 있기 때문이다. 심지어 어린 아이들까지도 자신들에게 정체감을 주기 위해 별개의 성적 세계를 만들어낸다. 차이를 이해하고, 수용하고 존중할 필요가 있다(p.60).

남자와 여자는 생리적으로, 심리적으로, 관심의 초점, 사고방식, 스트레스를 푸는 방법, 동기를 부여하는 방법, 친밀감에 대한 욕구와 논쟁을 피하는 방법, 대화방식, 사랑을 계산하는 방법, 성반응이 서로 다르다. 여기서는 주로 성생활과 관계되는 남녀차이를 주로 다룬다.

- 남자와 여자는 다른 것을 서로 보완하도록 만들어졌다.
- 남자와 여자는 성에 대해 늘 다른 태도를 지니고 있는 것처럼 보인다.
- 남자와 여자는 성적 욕구와 반응이 서로 다르다.
- 남자와 여자는 섹스에 대해 생각하는 방식이 다르고, 성으로부터 즐기는 경험이 다르고, 원하는 성의 양이 다르고, 섹스 이전에 느껴야 하는 연결감의 정도가 다르다.

당신은 위의 정보에 근거하여 배우자의 입장을 이해하게 된다면 지금 보다 더 친밀한 부부관계를 누릴 수 있을 것이다.

우리는 똑같이 생각하고 느끼지 않는다고 하여 서로를 공격할 것이 아니라 서로의 다름을 수용하고 즐기는 법을 배워야 한다.

12. 성 반응에 있어서의 남녀차이

예를 들어 남자는 스포츠나 취미활동을 함께 즐긴다든가 일을 함께 하면서 친밀한 관계를 발전시켜 나간다. 그러나 여자는 생각과 감정을 나누는 대화를 나누면서 친밀감을 확인한다.

가정사역자 헬튼(Helton, 2005) 부부와 페너(2004), 투르니에(Tournier, 1986), 스몰리(2010), 가트맨(1994), 하트(Hart, 1998), 래리모어(Larrimore, 2008), 올슨(2008), 패로트(Parrott, 2000), 셀(2003) 그레이(1996) 등은 남자와 여자의 성 반응 차이를 다음과 같이 묘사하고 있다.

❖ 남자와 여자는 많이 다르다. 하나님께서 뇌를 다르게 창조하셨기 때문이다. 남자의 뇌와 여자의 뇌는 서로 다르다. 창조주에 의해 서로 다르게 설계되었다. 바렌-코헨(Simon Barren-Cohen) 박사는 이를 '본질적 차이'라고 불렀다(시 139:14). 여자와 남자는 일생에 걸쳐 서로 독특한 뇌의 특성을 유지한다.

❖ 남성 호르몬은—적극성, 경쟁성, 독단성, 집중, 성취와 관련되어 있는—테스토스테론이고 여성 호르몬은—수용성, 관계성, 공감능력과 관련되어 있는—에스트로젠과 프로제스테론이다. 부부관계전문가 게리 스몰리(2008)는 말한다. 이러한 호르몬의 차이 때문에, 여자는 성에 대해 하루에 한 번 생각하고, 진짜 '흥분한 날'에는 서너 번씩 생각한다. 그러나 남자는 정오(점심시간)까지 33번을 생각한다.

남녀에게는 생리적 차이, 호르몬 분비상의 차이가 있다. 남자에게는—성욕을 좌우하는—테스토스테론이 여자보다 20~40배 더 많이 분비된다. 따라서 그들은 섹스에대해 더 많이 생각하고 성욕을 더 많이 느낀다. 여성에게는 옥시토신세로토닌, 에스트로겐, 프로게스테론 수치가 높고, 남성은 테스토스테론과 바소프레신 수치가 높다.

성호르몬의 영향으로 남자는 성에 대해 자주 생각한다. 그러나 여자는 성에 대해 훨씬 덜 생각한다. 남성은 하루에도 섹스를 몇 번이나 생각하지만 여성은 섹스를 거의 생각하지 않는다. 남성은 아내와의 성행위를 하루에 10번쯤 생각하지만, 여성은 남편과의 성관계를 한 달에 한번쯤 생각하는 정도다(리치필드, 2002). 여자는 섹스에 대해 생각하는 횟수보다 성관계하는 횟수가 적다. 다시 말해서, 당신이 일주일에 섹스에 대해 한 번 정도 생각한다면, 당신은 아마 일주일에 한 번, 아니면 그보다 덜 자주 성교를 한다는 말이다. 대다수의 남성은 적어도 하루에 한 번, 어떤 남자는 한 시간에 한 번 섹스를 생각한다. 남자는 성에 대해 생각하는 것보다 훨씬 덜 자주 성교하는 셈이다(Hart, 1998).

❖ 뇌량은 좌뇌와 우뇌를 연결하는 가장 커다란 구조물로 양쪽 뇌가 서로 소통하고 서로를 위해 작용할 수 있도록 한다. 남자의 뇌량은 분리되어 있고, 여자의 뇌량은 더 많이 연결되어 있다. 따라서 남자는 한 가지에 집중하고, 고집이 세며, 결단성이 있고, 목표지향적이다. 반면에 여자는 직관이 발달되어 있고 사람의 마음을 읽을 줄 아는 능력이 뛰어나다.

❖ 남자의 뇌는 와플 박스처럼 구획화되어 있고, 여자의 뇌는 스파게티처럼 잘 네트워크 되어 있다. 여자는 좌뇌와 우뇌를 동시에 사용할 수 있는데, 남자는 뇌간이 보다 분할되어 있는 것 같다. 실제로 여성의

두뇌 좌우반구에는 남자의 뇌에 비해 더 많은 뉴론의 연결이 있다. 그러므로 많은 여성이 동시에 두세 가지 일을 할 수 있을 때, 많은 남성은 '초점'을 맞추고 집중하기를 원한다.

❖ 임신이 되면 대개 남자는 X염색체 하나와 Y염색체 하나를 받고, 여자는 두 개의 X염색체를 받는다. Y염색체의 많은 유전자들은 남성화의 발달에 기여한다. 하나님은 의도적으로 남자의 뇌와 여자의 뇌를 다르게 창조하셨다.

❖ 대체로 남편들이 아내보다 결혼 만족도에서 성이 차지하는 비중이 훨씬 크고, 성생활에서 아내의 소극성 때문에 불만족을 느끼는 경우가 많다. 한 연구에 의하면 남성의 83%는 여성들이 남자의 성욕을 이해하지 못하고 있다고 응답했다고 한다.

❖ 남자는 성에 대한 꿈을 3배나 더 꾼다. 남자는 시각과 냄새와 몸에 자극을 받으나, 여자는 촉각과 태도와 행동과 말(전인격)에 자극을 받는다. 남자는 성애를 원하나 여자는 우정(낭만적 사랑)을 원한다. 남자는 성과 사랑을 분리시킬 수 있다고 생각한다. 그리고 공격적이고 주도적이어야 남자답다고 생각한다.

❖ 남성들은 성교에 좀더 관심이 많은 대신 여성들은 정신적이고 감정적인 사랑에 더 관심이 많다. 여자들은 친밀한 우정과 대화에서 힘과 위안을 얻는다. 그리고 스트레스를 받으면 서로에게서 지원과 위로를 찾는다. 그러나 남자는 그렇지 않다. 남성은 스트레스를 받으면 대개 뭔가 육체적인 일을 하거나 혼자 있고 싶어 한다. 그래서 여자는 사람을 좋아하고, 남자는 일을 좋아하는 편이다.

남자는 대개 여자보다 더 많은 섹스를 원한다. 남자와 여자는 어린 시절에 서로 다른 방식으로 사회화되기 때문에 남녀는 성교에 대해 서로 다른 메시지를 받는다. 남자는 섹스를 정서적 연결과 무관하게 단순한 쾌감을 얻거나 여자에게 가까워지는 수단으로 여기게 된다. 그래서 많은 남성들에게, 섹스를 하는 데 정서적 관계 맺기가 없다. 그저 가까워지는 게 목표이기 때문이다.

❖ 남자의 뇌는 일에 이끌리며, 공간적이고 결과지향적이며, 인지적 과업지향적인 성향이 강하다. 그러나 여자의 뇌는 사람에 이끌리며 대화와 협력중심적이고, 정서적, 관계지향적이다.

❖ 남자들은 머리의 관점에서 세상을 바라본다. 생각이 그들을 안내한다. 성과에 높은 가치를 두고 독립이 최고의 가치가 된다. 정보를 탐구하며 경쟁을 즐기며 문제해결에 관심이 많다. 투르니에는 이들의 이러한 성향을 '사물감각'이라고 불렀다. 여성은 관계지향적이어서 '인격감각'이 발달되었지만, '만능해결사'인 남자는 '힘과 능력, 효율성 그리고 성취를 소중히 여긴다.' 이러한 성향은 아내와의 성생활에도 그대로 드러난다.

❖ 대화를 할 때에도 남자와 여자는 그 목적과 유형이 서로 다르고, 대화에 부여하는 본질적 의미가 다르다. 남자는 보고report하기 위한 대화를 하고, 여자는 공감rapport을 얻기 위한 대화를 한다(Tannen, 2000). 여자는 평등과 연결감에 가치를 두기 때문에 대다수의 여성은 관계를 맺고 개발하며 강화하기 위해 대화를 한다. 그래서 그들의 대화는 지원적이고, 협조적이며, 참여적이고, 감성적이다. 그러나 대다수의 남성은

의존과 상호의존보다는 독립심에 가치를 두도록 사회화되었다. 그래서 남성의 관심은 독립하고 통제하며, 신분(위치)을 성취하는 데 있다. 따라서 그들의 대화는 독립적이며, 통제적이고, 신분의식적이고, 비감성적(이성적)이다(Lester & Lester, 1998).

❖ 남자와 여자가 둘 다 친밀감과 독립을 필요로 하지만, 여자는 첫 번째에 초점을 맞추는 성향이 있고, 남자는 후자에 초점을 맞추는 성향이 있다. 마치 그들의 혈관이 서로 다른 방향으로 흐르는 것과 같다(Tannen, 1990, p.33). 대다수의 남자는 성취의 부족을 두려워하고, 여자는 관계의 결핍을 두려워한다. 성생활에서도 남자는 아내를 기쁘게 하는 데 성공하기를 원하고, 여자는 정서적 친밀감을 느끼고 싶어 한다. 따라서 남자는 늘 성생활의 횟수와 성감대에 관심이 많지만, 아내의 관심은 정서적 친밀감과 연결감에 있다.

❖ 반면에 여자들은 어떤 상황을 마음heart의 관점에서 접근하는 경향이 있다. 공동체와 다른 사람들과 교제를 나누는 데 관심이 많다. 다른 사람과 친밀한 관계를 추구하며 공감하고 공감 받는 것을 즐긴다. 투르니에는 이들이 친밀한 관계에 높은 가치를 두는 성향을 '인격감각'이라고 표현하였다. 존 그레이는 "관계지향적인 여성은 사랑과 대화, 아름다움, 그리고 인간관계를 소중히 여긴다. 서로 지원해주고, 도와주고, 보살펴주는 데 많은 시간을 투자한다. 그리고 나눔과 교제를 통해 성취감을 경험한다"고 지적했다. 이러한 성향을 남편과의 성생활에도 그대로 반영된다.

가정사역자 찰스 셀(1982)은 이렇게 말한 적이 있다. "여성에게 사랑은 대개 영혼에서 출발하여 감각으로 나아가는데 그렇게 멀리 가지 못할 때가 많다. 남성에게 사랑은 대개 감각에서 시작하여 영혼으로 나아가는데 때때로 그 여정을 다 마치지 못 한다"(p.84).

❖ 남자와 여자의 성을 주도하는 이유는 매우 다르다. 여자는 '사랑과 친밀감과 안김'을 추구하고 있다고 응답했다. 그렇기 때문에 여자에게 로맨스는 만족스러운 섹스에 공급되는 혈액과 같다. 그러나 남자는 '성적 해소를 위해' 섹스를 원한다. 여자는 기본적으로 남편이—촛불과 와인, 음악, 여유로운 분위기 등—고전적 낭만적 방식으로 접근하기를 원한다. 여자는 느리게 부드럽게, 사랑스런 애무와 포옹, 키스, 그리고 비성적인 신체접촉으로 이뤄지는 육감적 접근을 원한다. 그리고 남편과 비성적인 주제에 대해 자기의 아이디어와 생각, 느낌을 나누고 싶어 하고, 침대 밖에서 웃고 놀고 배우자를 즐기기를 원한다. 한 인간으로 인정과 감사의 대상이 되고 싶어 한다. 사랑받는다고 느끼면, 성적 친밀감은 자연스럽게 따라오게 마련이다.

❖ 남자는 아무리 해도 충분한 섹스에 만족하지 못하고, 여자는 충분한 로맨스에 만족하지 못한다. 남자는 섹스를 위해 관계를 맺지만, 여자는 관계를 맺기 위해 섹스를 한다. 남자는 목적지를 생각하고 있고, 여자는 가는 길(과정)에 대해 생각하고 있다. 남자는 전자레인지와 같아서 빨리 뜨거워졌다가 금방 식어버린다. 그러나 여자는 뚝배기와 같아서 데우는 데 시간이 걸리지만 오래 동안 그 뜨거움을 유지한다. 누군가 말했듯이 "남자에게는 성교가 9분 동안 지속될 수 있다. 그러나 여자에게는 9개월 동안 지속될 수 있다."

12. 성 반응에 있어서의 남녀차이

❖ 남자와 여자는 자신의 신체상body image에 대해 염려(걱정)하는 정도가 다르다. 남자의 성은 그의 자아상의 중요한 측면이다. 자신이 성적으로 매력적이지 않다고 느끼면, 그의 자존감은 상처를 입는다(Kreidman, p.73). 여자는 남자보다 자신의 신체이미지에 대해 더 무거운 짐을 지고 있다. 어릴 때부터 여성은 자신의 외모가 중요하다는 메시지에 계속 노출되어 있다. 몸무게, 가슴 크기, 배가 나온 것 등에 대해 남자보다 더 신경을 쓴다. 남편들은 이를 이해하고 수용할 필요가 있다.

섹스는 남자의 자존감의 중요한 요소다. '아내들에게 터놓고 하는 말'에서 미국 C.C.C. 가정사역자 데니스 레이니(1989)의 아내 바바라 레이니는 이렇게 쓰고 있다.

> 나는 결혼생활에 해가 더해갈수록 섹스가 나의 남편의 자존감에 얼마나 중요한가를 깨닫고 있다. 그것은 그저 오락의 수단이나 욕구를 채워주는 문제가 아니다. 이는 한 남자로서 그의 자신감을 세워준다. 그로 수용받고 있다는 느낌을 받게 한다. 그의 성적 필요와 욕망을 충족시켜주는 것은 남편과 아내 사이에 놀라운 친밀감을 증진시킬 뿐 아니라 그로 다른 여자들에 대해 '궁금해 하지 못하도록' 보호해주는 역할을 한다. 그가 왜 그런 것을 원해야 하는가? 당신이 그가 필요로 하고 원하는 전부다. 사랑을 육체적으로 확인해주지 않으면, 남자는 불안정하게 느끼며 그가 멋있다고 생각할지 모르는 다른 여자에게 취약해 진다(p.258).

❖ 인간에게 가장 중요한 성기관은 무엇일까? 그것은 바로 뇌다. 남자들이 여자들보다 더 큰 시상하부를 가지고 있다. 남자들은 성관계 욕

구를 자극하는 테스토스테론을 10배에서 20배 정도는 더 가지고 있다.

성행위는 두뇌로 한다. "인간의 성행위는 성기로 하는 것이 아니라 머리로 한다"라고 말하면, 웃기는 소리 하지 말라고 코웃음을 칠 사람이 많을 것이다. 그러나 의학적으로 볼 때 인간에게 있어서 성기능을 집행하는 기관은 생식기관이 아니라 편도체 등이 속한 변연계를 포함하는 두뇌임이 분명하다. 생식기관은 단지 두뇌의 지배를 받을 뿐이다.

성적 충동은 허기나 갈증처럼 해소를 요구하는 본능이지만, 성행동에 수반되는 흥분과 쾌락은 주로 학습된 결과다. 그러므로 인간의 마음은 적절한 학습으로 올바르게 프로그램되어야 하고 부부간의 성행위에도 감정뿐만 아니라 이성과 의지까지 아울러야 할 필요가 있다. 우리가 아주 친밀한 감정으로 극치의 섹스를 즐기고 누리기 원한다면, 먼저 남자와 여자의 다른 점이 무엇인지부터 이해하고 받아드려야 한다.

❖ 남자는 에로스에서 시작해서 모든 것이 잘 진행되고 만족하면 우정으로 발전한다. 반면에 여성은 우정에서 시작하여 에로스로 간다. "남자는 섹스를 통해서 연결하고 사랑을 경험하는 경향이 있고, 여자는 사랑받고 연결되었다는 느낌의 결과로 섹스를 원하는 경향이 있다." (Penner, 2004). 남자는 성교에 초점을 맞추는데, 여자는 관계에 초점을 맞춘다.

❖ 남자에게 있어서 성을 생각하는 것은 성교를 의미하고, 여자에게 있어서 섹스를 생각하는 것은 친밀감과 가까움, 낭만, 그리고 관계를 의미한다. 여성은 친밀감 강박을 갖고 있고, 남성은 수행 강박을 갖고 있다. 여성에게는 남자에 비해 옥시토신이 10배가 더 많다. 이 호르

몬은 정서적 연결감을 갈망하게 만든다. 그러나 남자에게는 테스토스테론 호로몬이 더 많아서 근육을 키우고 공격적이게 만드는 역할을 하기 때문에, 신체적 접촉을 갈망하게 되어 있다(Haltzman, 2006).

❖ 남자는 섹스를 즐기기 위해서 관계를 참아내고, 여자는 관계를 누리기 위해서 섹스를 참아낸다는 말은 부분적으로 옳은 말이다. 남자는 사랑을 느끼기 위해 섹스를 필요로 한다. 루빈Lillian Rubin은 남자는 섹스를 친근감을 성취하기 위한 수단으로 보는데, 여자는 친근감을 성적 친밀감을 성취하기 위한 수단으로 본다고 간파한 적이 있다. 섹스 행위가 여성에 대한 정서적 사랑의 감정을 느끼게 해준다. 아내가 성교의 횟수를 증가시키면 남편은 감정과 대화에, 그리고 교회출석에도 마음을 열게 된다. 남자는 성적 욕구가 만족되면 더 개방적이 되고 부드러워지며 대화에 더 적극적이 된다. 섹스가 남자의 감정을 되찾게 해주는 것이라면, 여성이 마음을 열고 상대의 로맨틱한 행동을 받아들일 수 있게 해주는 것은 바로 대화다(John Gray, 1996). 사회학자 그릴리Andrew Greeley는 훌륭한 부부관계란 우정에 만족한 성생활을 가미한 것이라고 했다. 보다 유쾌한 성관계를 위해—특히 여성에게—대화와 신체적 접촉(전희)은 중요한 역할을 한다.

음욕이 주로 남자에게 있는 문제라고 한다면, 관계적인 사랑이나 로맨스에 대한 중독은 흔히 여자들에게 있는 문제다. 남자는 성적으로 새로운 것에 더 쉽게 중독되고, 여자는 친밀감이나 애착에 중독된다. 대체적으로 남자는 성욕중독에 걸리기 쉬운 반면, 여자는 사랑과 로맨스에 대한 중독에 걸리기 쉽다(Hart, p.175).

❖ 남자는 공격적이고 주도적으로 침투하려는 성향이 있는 것에 반해, 여자는 받아들이고, 피난처를 만들고, 보호하려는 성향이 있다. 여성은 보다 조심스러워하고 안정지향적인 경향이 있다. 그래서 대다수의 여성은 사랑과 조화, 아름다움, 그리고 공동체 안에서의 협동을 귀하게 여기는 경향이 있다.

"아휴, 우리 남편은 도통 전희라는 걸 몰라요. 무조건 돌진이라니까요. 코뿔소도 아니고." 여성들이 자주하는 말이다. 남성은 테스토스테론 호르몬 때문에 성급하지만, 여성은 에스트로겐 호르몬 때문에 완만하고 느리다. 그래서 남성은 창검술에 여성은 궁술에 비유한다. 남성이 앞뒤 가리지 않고 창검을 휘두르는 타입이라면 여성은 한 발짝 뒤로 물러나 정확히 조준하고 활을 쏘는 타입이다. 그래서 남성은 성관계를 맺을 때도 쉽게 흥분했다가 사그라든다. 반면 여성은 서서히 진행된다(엄정희, 2010).

❖ 남자는 미안하다고 말하기 위해 또는 말다툼을 한 후 화해하기 위해 섹스를 사용한다. 그러나 여자는 먼저 화해하고 성교하기를 원한다.[1]

관계전문가 게리 스몰리(2010)는 부부친밀감을 위한 공식으로 존중 → 안전감 → 친밀감 → 섹스라는 방정식을 제시했다(p.27). 부부가 서로 사랑하고 상호 만족스러운 관계를 유지하는 두 가지 가장 중요한 원칙

---

1. 많은 부부의 경우에서 성과 관련이 없는 문제에 대해 다투어 화가 난 경우에도 성욕이 완전히 사라지는 경향이 나타났다. 어떤 부부는 서로 싸우고 난 후에 갖는 성관계에서 더 큰 만족감을 얻는다고 한다. 성관계가 일종의 화해행위인 셈이다 (Howard Markman 외).

은 배우자를 존중하고, 관계를 안전하게 지키라는 것이다.

　❖ 남자와 여자는 서로 다른 성적인 필요를 갖고 있고, 당신의 배우자와 이 차이를 발견하는 가장 좋은 방법은 전희 단계에서 진실하고 열린 대화를 나누는 것이다(패로트, 2003). 남자의 성적 욕구는 흔히 충동적이다. 남자는 매력적인 여자—또는 사진이나 이미지—에 반응한다. 그리고 그의 욕구는 활성화된다. 처음에는 상대 여자를 아는가 모르는가 하는 것이 아무런 관계가 없다. 반면에 여자의 성적 욕구는 선택적이다. 그녀는 특정한 남자와 그의 배려, 집중적 관심, 인격, 그의 말, 그리고 특별히 그가 자신을 매력적으로 본다는 자각에 반응한다. 이런 특질들이 그를 아는가 여부에, 그를 알고 싶어 하는 여부에 영향을 미친다(Neil Anderson, 1996).

　❖ 여자는 느리게 시작해서 계속 연장되는 성질이 있고 남자는 순식간에 폭발해 버리는 화산과도 같다. 여성이 극치감orgasm을 경험할 수 있는 능력은 성교 전의 전희의 길이와 밀접한 연관되어 있다. 의학전문가들은 남자가 오르가즘에 도달하는 시간은 평균 2.8분이지만, 여자는 12.8분이라고 증언한다. 남자는 성교 시 한 차례의 극치감을 경험할 수 있지만, 여성은 여러 차례의 오르가즘을 경험할 수 있다. 그래서 서로 비슷한 시기에 절정에 이를 수 있도록 노력하는 것은 무척이나 아름다운 일이다(래리모어, 2008).

　❖ 남자는 성을 위해 아무런 준비를 할 필요가 없지만, 여자는 성관계를 시작하기 전에 정서적 준비가 필요하다. 한 시간 정도 관심과 애정, 친밀감이 느껴지는 따뜻한 관계를 느끼고 싶어 한다.

❖ 남자는 보는 것에 자극을 받고, 여자는 듣는 것(말)에 자극을 받는다. 남자들은 시각과 후각에, 여성은 촉각과 청각, 낭만과 분위기에 더 자극을 많이 받는다. 남자에게 성적 끌림은 시각으로 시작된다. 그래서 아름다운 여인은 남자의 성적 전압을 올린다. 그러나 여자에게 성적 끌림은 청각으로 시작된다. 그래서 부드러운 대화를 이끌 줄 아는 남자는 그녀의 정서적 전압을 끌어올린다.

남자들은 아내의 벗은 몸뿐 아니라 길거리에 붙어있는 영화 포스터나 텔레비전에 나오는 팔등신 미녀들을 보고도 성적인 자극을 받는다. 그것은 음탕한 것이 아니라 건강한 남자들의 자연스러운 반응이라는 것을 이해할 필요가 있다. 이런 남자들의 에너지를 좋은 방향으로 이끌어주는 것이 필요하다(조은숙, 2006).

스티브 아터번(Arterburn, 2000)은 남자는 눈을 통해 성적인 만족을 누린다고 했다. 남자는 여성의 누드를 볼 때 시각적 발화 스위치가 켜진다. 여자는 이와 같은 방식으로 성적 자극을 받지 않기 때문에, 남자의 세계를 거의 이해하지 못한다. 왜냐하면 여자들의 발화 스위치는 접촉과 관계와 연계되어 있기 때문이다.

"남자는 누드와 에로틱한 영화, 그리고 성적인 문학에 자극을 받는다. 그러나 여자는 낭만적인 영화나 문학에 더 쉽게 흥분하는 것 같다" (Nelson, 1990).

"여자들은 주로 냄새 맡고, 귀로 듣고, 느끼는 대로 반응하도록 만들어졌다. 그래서 우리는 부드러운 말과 느린 손길과 섹시한 향을 가진 남자를 원한다. 우리는 귓가에 '사랑의 밀어'를 부드럽고 감각적으로 속삭여주면서 조심스럽고 가볍게 어루만져주는 손길을 원한다"(바브 래리모어). 많은 여자들에게 친근감, 따뜻함, 안정감, 애정은 오르가즘만큼이나 만족스러운 것이다.

"여성은 주로 누드 사진에 흥분하지 않는다. 그들이 흥분할 때는 누드의 섹스는 의미가 없다—그들은 그 아름다움 때문에 사진에 관심이 있고 인물과 동일시하기 때문에 관심이 있을 뿐이다. 여성은 성교하는 부부의 사진에는 흥분할지 모른다—그들이 보는 것은 (아무리 성적으로 임신과 관계없는 상황이라 할지라도) 행동하는 관계이기 때문이다. 그들은 남자의 성기 사진에 흥분하지 않는다. 그러나 여성의 성기를 가까이 보여주면 남자는 흥분한다"(Moir & Jessel, 1991).

❖ 남자는 성을 위해 사랑을 주고, 여자는 사랑을 위해 성을 준다. 남자들은 대체로 성을 사랑으로부터 쉽게 분리시킬 수 있다고 생각한다. 그러나 여자는 사랑하지 않는 남자와 성관계하는 것이 어렵다. 남자는 성행위가 아내의 육체적 애정과 정서적 취약성, 그리고 질적 시간에 대한 욕구를 충족시켜줄 것이라고 기대함으로 성의 역할을 오해한다. 남자들도 섹스만을 원하는 것은 아니다. 사랑도 필요로 한다. 여성은 비록 남자만큼 성교와 오르가즘을 강조하지는 않지만 성적 연결을 적극적으로 사모할 수 있다. 여자는 돌아보는 사랑과 우애적 친밀감으로 표현된 섹스를 필요로 한다(Rosenau, p.504). 대다수의 여자는 남자들처럼 사랑과 섹스를 분리해서 생각할 수 없다.

여자는 자신이 사랑하는 남자와 자주 성행위를 하기 원한다. 반면에 남자는 단지 성행위를 자주 하기를 원할 뿐이다(Glen Wilson). 남자는 성행위를 즐기고, 여자는 친밀감을 즐긴다.

❖ 남자는 정자의 생산과 다른 요인 때문에 자연히 매 48~72시간마다 성적 해소를 바라게 되어 있다. 남자에게는 정규적으로 비워야하는 17가지의 선glands이 있다. 이들 선이 비워지지 않으면 고통과 병으로 이어질 수 있다(Kreidman, p.73). 남자는 성교 직전과 과정에 친밀감을 느낀다. 그러나 여자는 만짐과 나눔, 포옹, 대화를 통해 친밀감을 경험하기 때문에 섹스의 빈도수가 그렇게 중요하지 않다(Arterburn, 2000).

❖ 사춘기 이후에 남자는 여자 보다 20배가 더 많은 테스토스테론을 지니고 있다(무어와 제슬, 2009). 남자는 자신의 테스토스테론 수치가 가장 높은 새벽에 섹스하기를 원하고, 여자는 그의 호르몬 수준이 가장 높은 밤에 섹스하기를 원한다. 남자는 성교 후 바로 잠에 떨어지나, 여자는 후희(후광)가 필요하다. 남자와 여자는 똑같이 흥분단계, 고조단계, 오르가즘 단계, 이완단계(해소단계)를 거치지만, 남자는 빨리 흥분하고 빨리 식고, 여자는 서서히 올라가 서서히 가라앉는다.

남자에게 섹스는 수면을 위해 필요한 긴장해소를 제공한다. 많은 아내들은 성행위 직후에 남편이 자기를 '천장만 바라보게 한 채' 남겨놓고 곧 바로 '혼수상태'에 빠질 때 의구심이 생기고 짜증이 나며 분개한다. 그리고 자신의 남편을 이기적이고 무딘 사람으로 보게 된다. 그러나 그것은 사실이 아니다. 그런 일이 발생하는 것은 그가 성호르몬 방출, 엔도르핀의 희생자가 되었기 때문이다. 오르가즘 직후 30초 내에, 뇌가 다량의 엔도르핀을 혈액 속에 방출함으로써 이길 수 없는 졸음이 쏟아지게 된다. 여성의 경우에는 그녀가 오르가즘을 가졌든 못 가졌든 상관없이 엔도르핀이 훨씬 서서히 방출된다(리치필드, 2002).

❖ 남자는 육체 중심적인 경향이 있다. 반면에 여자는 감정과 관계 중심적이다. 남자는 섹스를 통해 사랑을 느끼지만, 여자는 사랑받고 있다는 느낌이 있어야 성적인 갈망을 갖게 된다(Gray, 1996). 남자는 '성기를 자극함으로' 흥분이 되지만, 여자는 '몸 전체를 자극함으로' 흥분한다는 말이 있다(Pensanti, 2001). 남자는 사실을 발견하고 표현하는 반면, 여자들은 직관과 그들의 감정을 표현하는 경향이 있다. 남자는 아내와 연결하는 방법으로 성적 친밀감을 바라보는 성향이 있고, 여자는 연결하는 방법으로 흔히 대화하는 것을 택한다. "남자는 함께 목욕한 후에 친해지고, 여자는 친해지고 난 후에 함께 목욕한다"는 말을 기억하라.

남자는 기쁘게 하기가 쉽고 예측할 수 있다. 그러나 여자는 더 복잡하며 예측하기가 더 어렵다. 여자는 늘 변화하며 다차원적인 대양과 같다(Penner, 2004).

❖ 남자는 이미지와 시각에 의해 자극을 받는 반면, 여자는 느낌, 냄새, 감촉, 그리고 말에 의해 자극을 받는다. 남자는 누드에 약하고, 여자는 무드에 취약하다는 말이 있다. "남자의 시신경은 그의 성기와 직접 연결되어 있기 때문이다"(린다 딜로우, 2010).

"사실 모든 남자들은 하루에 서너 번씩 매혹됨과 흥분과 유혹을 경험한다. 그 원인이 여자의 향수 때문일 수도 있고, 신문에 나오는 여성용 속옷 광고일 수도 있고, 광고게시판 위의 그림일 수도 있고, 여자의 야한 옷일 수도 있고, 여자와 팔을 스치듯 부딪힌 것일 수도 있고, 아니면 사무실로 걸어오는 여자 때문일 수도 있다"(몰리, 2001).

❖ 로맨스가 깊어지게 하려면, 당신은 당신의 아내의 몸을 만지기 전에 그녀의 마음과 생각을 만져야 한다(C.J. Mahaney).

❖ 남자는 섹스를 관계로부터 쉽게 분리시킬 수 있지만, 여자는 섹스를 관계의 관점에서 보는 성향이 있다. 여자는 정서적 친밀감의 감정이 섹스에 선행하여야 하지만, 남자는 섹스를 친밀감을 증가시키는 방법으로 간주한다(Olson, Olson-Sigg, & Larson, 2008).

❖ 성관계를 맺는 동안 남자의 집중력은 강렬한 반면에 여자는 좀더 쉽게 주의가 산만해진다. 여자는 성관계를 가질 때 남자들보다 그녀의 주변 환경에 더 민감하다.

❖ 남편이 자신의 기분에 민감해 하는 것보다 여자는 남편의 기분에 더 민감하다.

❖ 중년이 되면 남편들과 아내들은 성관계를 맺는 동기가 서로 닮게 된다. 아내는 신체적인 동기에 더 관심을 갖게 되는 반면에, 남편은 관계적인 측면에 더 관심을 갖게 된다. (이런 일이 아직 당신에게 일어나지 않았는가?)

❖ 남자는 언제 어디서나 성관계를 주도할 수 있지만, 여자는 성관계를 주도하는 횟수가 적다. 80% 이상의 결혼한 부부는 남편이 아내보다 섹스를 더 원한다고 대답한다. 성을 주도하는 쪽이 대개 남편이기 때문이다. 여성의 성적 욕망은 잠재되어 있다가 남편이 일단 성적 접근을 하면 여성은 수용적인 형태의 성욕이 일어난다. 여성은 생리적으로 섹스를 먼저 주도하게 되어 있지 않을 뿐이다(Taylor & Sytsma, 2007).

❖ 남자는 성적 만족을 위해 오르가즘을 느껴야 하지만, 여자는 그렇지 않다.

12. 성 반응에 있어서의 남녀차이

남편에게 성은 돌발적이고, 충동적이며, 강렬하고, 노골적이며, 빠르고, 맹렬하고, 빨리 끝내야 하는 그 어떤 것과 같은 것이다. 그러나 「화성 남자 금성 여자의 침실 가꾸기」의 저자 존 그레이는 말했다.

"여자가 격렬한 오르가즘을 경험하기 위해서는, 남자가 자신의 시간을 2~3분에서 20~30분으로 늘리고 그 후에 오르가즘이 오도록 조절해야 한다"(p.63).

❖ 일반적으로, 아내는 남편의 깊은 성적 욕구를 이해하지 못한다. 그것은 남편이 애정에 대한 아내의 깊은 욕구를 이해하지 못하는 것과 같다. 남자가 섹스를 관계에서 분리시켜 시각적 자극을 쉽게 받는 반면에 여성은 섹스의 관계적 측면에 더 관심이 많다. 앤 랜더스Ann Landers가 9만 명을 대상으로 조사한 바에 의하면, 72%의 여성은 실제로 섹스를 하지 않아도 남편이 사랑으로 포옹만 해줘도 만족할 것이라고 답했다. 비성적인 만져줌이 대다수의 여성에게 중요하다는 것을 보여주고 있다.

독자에게 〈무엇이든 물어보세요〉 칼럼을 쓰는 디어 애비Dear Abby가 여성독자들에게 이런 질문을 했다. "당신은 당신이 사랑하는 남성과 성교를 나누겠는가, 아니면 소파에 앉아서 그와 의미 있는 대화를 나누겠는가?" 응답자의 80% 이상이 섹스보다는 대화를 원한다고 응답하였다. 남자와는 다르게, 여자는 오르가즘을 경험하기 전에 연결감을 느낄 필요가 있다(Haltzman, 2006, p.212).

❖ 여자의 성적인 욕구는 친밀감, 신뢰, 안전한 장소, 적절한 감촉, 기분 좋은 냄새, 적절한 말, 손잡기와 포옹 등 감정적 요인으로부터 시작된다.

❖ 남자는 보이는 것에 반응하고, 여자는 느끼는 것에 반응한다. 뇌 구조상, 남자는 시공간적으로 더 민감하고 여자는 청각지향적이어서 언어와 정서적 표현에 더 민감하다. 젊은이들의 유머에 이런 말이 있다. "남자가 여자를 만족시키는 방법은 아껴주고, 선물 사주고, 전화해주고, 애무해주고, 안아주고, 그녀의 말을 경청하고, 편 들어주고, 아름답다고 칭찬해 주는 등, 무려 108가지나 된다. 그러나 여자가 남자의 마음을 사로잡는 법은 단 한 가지다. 그냥 벗어주기만 하면 된다"(파렐, 2002).

남자는 사랑의 자극을 눈으로 느낀다. 거의 모든 남자들이 예쁜 여자 앞에서는 오금을 못 펴고, 여자의 누드 사진을 훔쳐보면서 깊은 감동을 받는 것은 이런 특성 때문이다(두상달·김영숙, 2009). 그래서 매력적인 여성이 있으면 남자는 본능적으로 그녀를 바라보게 된다. 그리고 대다수의 남자들은 에로틱한 이미지와 성적 흥분 사이의 연결이 아주 강력하고 즉각적이다.

❖ 성행위가 끝나면 여자는 옥시토신이 배출되어 남자가 안아주고, 코로 비비며, 속삭이고, 부드럽게 어루만지며 말하는 것에 민감해진다.

❖ 남자는 성행위를 즐기고, 여자는 친밀감을 즐긴다. 성은 하나님께서 즐기라고 주신 놀라운 선물이다. 성은 남자에게 공기나 물과 같다.

❖ 여자가 즐거운 성경험을 하려면, 상대에 대한 신뢰는 기본적이다. 그리고 반드시 긴장을 완전히 풀어야 한다. 여자들은 동정, 공감, 이해를 구하는 경향이 있다.

❖ 여자가 남자에게서 가장 원하는 것은 부드러움이다. 그리고 남

12. 성 반응에 있어서의 남녀차이

자가 여자에게서 가장 원하는 것은 민감한 반응이다(게리 스몰리, 2010).

❖ 두 사람이 침실에서 얼마나 행복한가와 전체적인 결혼생활이 얼마나 행복한가 사이에는 명백한 상관관계가 있다.

❖ 남녀는 성을 누리는 방식이 다르다. "성을 누림에 있어서 여자와 남자의 차이는 확연히 드러난다. 아무래도 성기의 구조가 남자들에게 유리하게 되어 있다. 생긴 것부터가 공격적이고 외부에 위치함으로 때와 장소를 불문하고 바로 출동이 가능하다. 스위치만 켜면 바로 불이 들어오는 백열등이고, 건초더미 위의 불씨라 불붙이기도 쉽고 붙었다 하면 금세 확 타올랐다가 소멸하고 만다. 반면 여자의 성기는 내부에 위치함으로 때와 장소를 반드시 가려 수동적으로 반응한다. 스위치를 켠다고 바로 불이 들어오는 것도 아니고 스위치를 꺼도 깜박임이 남아 있는 형광등이다. 번개탄을 써야만 불이 붙지만 붙었다 하면 몇 시간 지속되는 연탄불이다. 이런 차이로 인해 부부의 성관계가 제대로 되려면 남자들이 오래 참아야 한다"(이병준, 2008).

하나님은 남자와 여자가 서로 보완하도록 다르게 만드셨다. 우리는 서로를 필요로 한다. 가수와 반주자는 두 명의 피아니스트가 서로를 필요로 하는 것보다 훨씬 더 서로를 필요로 한다. 소켓과 플러그는 두 개의 플러그와 두 개의 소켓보다 훨씬 더 서로에게 쓸모가 있다. 남자와 여자는 서로를 필요로 하고 보완할 때 완전해 진다(Atkins, 1987).

이렇듯 남성과 여성은 성적으로 차이가 있다. 누가 더 옳고 그른지 판단할 수 있는 문제가 아니다. 우리는 남녀의 근본적인 차이를 결점이나 문제점으로 간주할 때가 많다. 남편은 아내를 쳐다보면서 '어떻게 해야 이 여자를 길들일 수 있을까' 하고 궁리한다. 그는 자기 취향에 맞게 아내를 길들이려고 노력하는데 그럴수록 두 사람의 관계는 더 악화될 뿐이다. 여자는 본질적으로 남자와 다르기 때문에 길들일 수 없다. 아내는 남편을 쳐다보면서 '어떻게 해야 이 남자를 뜯어고칠 수 있을까?' 궁리한다. 그녀는 남편을 변화시키기 위하여 충고하고 잔소리를 늘어놓는다. 하지만 남자는 여자가 생각하는 것처럼 결점 투성이가 아니다. 단지 차이점이 많을 뿐이다.

가정사역자 엄예선(2007) 교수는 말한다. "부부가 친밀성 표현수단에 대하여 공통된 의미를 가지지 못하면 갈등을 경험하게 된다. 예를 들어 남편이 결혼생활에서 성관계가 가장 중요한 친밀성 표현 수단이라고 여기는데, 아내도 이와 같은 관점을 공유한다면 성이라는 친밀성 표현수단은 부부관계를 증진시킨다. 반면에 아내가 성을 죄악시하고 회피한다면 이것은 두 사람 사이의 긍정적인 관계를 표현하는 수단이 될 수 없으며, 오히려 갈등의 요인이 될 수 있다"(p.283).

캡틴 스미스(Smith, 2005)는 성생활의 만족을 위한 지혜를 다음과 같이 요약하여 제시하고 있다.

❖ 남편들을 위한 지혜

여자들에게 섹스란 감정과 마음에서 비롯된다. 그들이 사랑의 감정을 느끼는 것이 무엇인지 알아내어 러브뱅크 계좌를 만들고 꾸준히 저축하도록 하라. 신체적으로 애정적이며 배려하고 관심을 보이고 존중함을 보이는 시도를 하라. 그리고 집안일을 함께 하라. 그러면 여러분이 사랑받고 있다고 느끼게 해주는 바로 그것을 아내에게 받을 수 있다.

오늘날 많은 부부들은 왜 상호적인 욕망을 경험하지 못하고 있는가? 많은 여성들에게 한 가지 원인은 대화의 부족이다. 아내는 남편과 연결감을 느끼고 싶어 한다. 그녀는 자기가 중요한 이야기를 할 때 남편이 경청하고 있다는 것을 알 필요가 있다. 아내는 또한 남편이 그의 세계에서 무슨 일이 일어나고 있는지 알고 싶다. 아내가 거룩한 만남으로서의 섹스에 들어가려면, 남편을 깊이 알 필요가 있다. 그래서 사랑에 관한 한 아내는 남편에게서 일관되게 다음 다섯 가지를 필요로 한다.

- 계속적인 관심을 가지면서 사랑한다고 말한다.
- 계속적으로 자기 경험세계를 나누고 공감, 즉 반영적 경청을 해주어야 한다. 공감이란 동의한다는 뜻이 아니다. 상대방의 신을 신고 걸으면서 삶을 그의 관점에서 보는 것이다. 연구결과는 "결혼생활에서의 갈등의 90%는 문제를 배우자의 관점에서 보기만 해도 바로 해소된다. 공감은 마음으로 사랑하는 것이다"(Burns, 2006, p.91).
- 계속해서 손을 잡아주고 안아주면서 사랑한다고 말한다.
- 계속해서 집안일을 돕고 아이들 양육을 도와주면서 사랑한다고 말한다.
- 예쁘다고 말해주면서 사랑한다고 말한다.

❖ 아내들을 위한 지혜

섹스는 대다수의 남자들에게 강렬한 동기가 된다. 남자는 원래 그렇게 생겼다. 남자는 결코 여러분의 감정과 기분을 완전하게 이해하지 못한다. 남자들이 집안일을 못하더라도 가끔 눈감아주라. 그리고 기억상실증을 치료하라. 파트너가 무엇을 원하는지 알아내고 감정과 애정을 듬뿍 담아 그가 잊지 못할 기억을 만들어주라. 우리가 아가서에서 발견하는 여인은 터치받기를 원하고 입 맞추기를 바라며 사랑을 나누기를 원하는 열정적인 여인이다. 성적으로 적극적으로 반응하는 여인이 되라(Gardner, 2002).

사람과 사람 사이에는 많은 문제들이 있지만 그것들 중에 대부분은 의사소통 문제, 즉 대화의 부재나 결핍, 또는 잘못된 의사소통에 뿌리를 두고 있다. 성이 없는 대화는 부분적 교제밖에 될 수가 없다. 대화가 없는 결혼은 결혼 파탄의 첫 번째 이유이고, 대화 없는 성은 성적인 탐닉의 관계로 전락해 자기만족에 집착할 위험성이 있다. 이런 의미에서 현대의 우애적 결혼에 성공하려면, 대화방식에 대한 남녀 차이를 이해하고 피차간에 생각과 감정, 그리고 소원을 자유롭게 소통하는 능력을 개발하는 것이 무엇보다 중요하다.

서로에 대한 불평이 다르다

가정사역자들은 부부세미나에서 남자와 여자들에게 이성과의 관계에서 무엇이 불만스럽고 좌절감을 느끼게 하는지 물어본다. 어느 나라, 어느 문화에서나 남자와 여자가 서로에 대해 나타내는 불평은 비슷하다. 미국의 대표적 가정사역자 노먼 라이트(Wright, 2006)는 남녀 불만의 차이를 다음과 같이 요약하였다.

❖ **여자가 남자에 대해 하는 말**

- 남자는 느낌과 감정을 나누지 않아요. 그들은 마치 감정적으로 장애를 갖고 성장한 것 같아요.

- 스포츠를 볼 때 내가 어떤 주제에 대해 말하려 하면, 그들은 마치 혼수상태에 빠진 것 같아요. 한 번에 한 가지 일밖에 할 수가 없는 것 같아요.

- 남자들은 할 수 없는 일인데도 자기가 더 잘할 수 있는 것처럼 생각하는 것 같아요. 그리고 충고를 받아들이면 자기에게 도움이 될 수 있는 데도, 어떤 충고도 받아들이려 하지 않아요.

- 그들은 우리의 말을 경청하지 않아요. 항상 문제를 해결해주려고만 해요.

- 남자는 더 많은 직관이 필요해요. 늘 사실만 따지려는 습관을 버려야 해요.

- 남자는 우리가 하는 것처럼 쇼핑을 즐기는 법을 배울 필요가 있어요. 그들은 자기들이 얼마나 손해를 보고 있는지 몰라요.

- 남자들은 더 많은 민감성과 관심, 공감이 필요해요.

- 나는 남자들이 여자의 아이디어와 시각(관점)에 위협을 느끼지 않았으면 좋겠어요.

- 그들은 일과 진로에 빠져 있어요. 그래서 그들은 가정을 원하지만 참여하지는 않아요.

- 섹스, 이것이 바로 키워드에요. 도무지 다른 것에 대해서는 생각을 하지 않아요. 그들은 전자레인지 같아서 버튼만 누르면 바로 요리가 돼요. 그들의 'On' 버튼은 꺼져 있는 적이 없어요.

남자들은 어떤가? 무엇이 남자들을 답답하게 하는가?

✣ 남자가 여자에 대해 하는 말

- 여자들은 너무 감정적이에요. 좀더 논리적이었으면 좋겠어요.
- 어떻게 그렇게 많은 시간을 대화에 소비하는지 모르겠어요. 한 번 말하면 끝난 것입니다. 왜 한말을 자꾸 되풀이하는지 모르겠어요. 말하려는 요지가 무엇인지 빨리 밝히고 적어도 주제를 밝혀주었으면 좋겠어요.
- 여자들은 너무나 민감해요. 늘 감정에 상처를 입어요.
- 왜 그렇게 잘 우는지 모르겠어요. 이해가 되지 않아요.
- 나는 대다수의 여자들이 쇼핑중독자라고 생각해요. 쇼핑센터만 보이면 눈이 휘둥그래진다니까요.
- 너무나 변덕이 심해요. 한 번 결정하면 결정한대로 추진했으면 좋겠어요.
- 여자들은 우리가 독심술이라도 있는 것처럼 생각하는 것 같아요. 우리는 아내의 마음을 읽을 수 없어요. 나는 여자들도 독심술이 없다고 생각합니다. 원하는 것을 말해야 알지요.
- 성 충동이 뭐가 잘못인가요. 섹스는 좋은 것입니다.

- 여자들은 남자를 변화시키는 은사가 있다고 생각하는 것 같아요. 그런 시도는 중단해야 합니다. 우리는 수리될 수 없어요. 그리고 우리는 수리될 필요가 없답니다.
- 여자들은 다른 사람들과 그들의 문제에 몰입되어 있어요.
- 여자들은 우울하고 부정적입니다. 그들을 도무지 만족시킬 수가 없어요.
- 어떤 것은 그냥 내버려두었으면 좋겠어요. 그들은 항상 부서지지도 않은 것을 고치려고 해요.

부부간의 대화에 대하여 남편과 아내에게 해줄 조언이 있다. "남자는 아내가 계속 꼬리에 꼬리를 무는 질문을 하지 않도록 아내를 위해 더 많은 정보(내용)를 제공하여야 한다. 그리고 여자는 남편과 의사소통하기 위해 사용하는 단어의 수를 50% 쯤 줄여야 한다. 남자들은 여자들이 하는 말의 50%를 쓸 데 없는 '뻥튀기'로 인식하고 있다" (Finner-Williams, 2001, p.92).

남녀의 특징을 고려할 때 두 가지를 염두에 둬야 한다. 첫째, 위의 일반화는 대다수의 남녀에게 해당하는 것이지만, 항상 예외가 있다는 것을 알아야 한다. 둘째, 남녀에게 고유한 특징은 부정적인 것이 아니다. 어떤 특징도 잘못된 것이 아니다. 있는 그대로의 특징을 이해하고 수용하는 것이 필요하다. 사람이 융통성을 발휘할수록 부부는 혜택을 입게 될 것이다.

생리적, 문화적 이유로, 당신은 상대방이 당신이 누구이며 무엇을 원하는지를 완전히 이해하리라 기대할 수는 없다. 사실은 그 남자의 결혼과 그 여자의 결혼, 두 개의 결혼이 공존한다. 그러나 당신들의 기본적인 차이를 받아들이고 존중함으로써, 이 두 개의 결혼은 지원적이고 조화로운 연합을 이루는 가운데 공존할 수 있을 것이다(Gottman, 1994).

우리는 남녀의 차이점을 인정하고 받아들여야 한다. 남녀의 차이점을 어떻게 인식하느냐에 따라 결과가 달라진다. 자기 배우자를 자기와의 차이점이 많은 사람으로 보고 인정하거나 아니면 결점이 많은 사람으로 보고 불평할 수 있다. 선택은 당신에게 달려있다. 서로의 차이점을 인정하고 받아들이며, 존중하고 적응하면 우리는 지상에서 가장 절친한 친구가 될 수 있다.

사랑의 심리학자 스턴버그(1999)는 있는 그대로 자신을 수용하고 표현하여야 하며, 상대방을 있는 그대로 인정하고 격려하여야 하며, 상대가 자신을 표현하도록 격려해야 하고, 상대방의 반응에 어떻게 대처할 것인지를 다루어야 한다고 조언하고 있다.

남자와 여자는 다르다. 남자와 여자는 서로의 차이점들을 존중하고 수용할 수 있을 때 피차간에 사랑이 꽃 필 기회를 갖게 된다. 서로의 차이를 인정하고 피차 적응하려는 노력을 기울인다면, 애정에 관심이 없는 남편도 애정이 넘치는 남편이 되는 법을 배울 수 있고, 성관계에 관심이 없는 아내도 남편을 성적으로 만족시키는 법을 배울 수 있다.

❦ 여성과 남성의 성 반응의 차이 ❦

	여 성	남 성
관심	· 로맨스를 원한다: 정서적 만족 · 온몸 중심적인 관심 · 내면적 매력 ⇒ 육체적 관심	· 섹스를 원한다: 육체적 만족 · 성기 중심적인 관심 · 육체적 관심 ⇒ 내면적 매력
추구하는 점	· 관계적으로 하나 됨을 추구 · 피부접촉만으로도 만족함 · 성관계의 민감성을 추구 · 신뢰감이 최상의 우선순위 · 사랑받고 있다는 느낌이 성적인 욕구를 갖게 함 · 마음이 열려야 몸이 열림	· 육체적으로 하나 됨을 추구 · 삽입을 통한 성적쾌락 · 성관계의 다양성을 추구 · 성이 최상의 우선순위 · 성적 욕구달성을 통해 사랑을 확인 · 성행위 중 정서적 만족감을 느낌

성적 자극	· 촉각적, 청각적으로 자극
	· 접촉과 애무와 태도의 중요성
	· 분위기와 마음의 상태
	· 사랑하는 사람과 함께 있는
	  시간을 즐긴다
	· 여자의 절정기: 28~45세
		· 시각적, 후각적 자극으로 여자에게
		  쉽게 끌린다
		· 시각적 매력이 중요
		· 육체적 반응
		· 쉽게 성적 흥분에 사로잡힌다
		· 남자의 절정기: 14~25세

필요 조건	· 이해와 사랑, 관심
	· 정신적 욕구의 이해와 충족
	· 안정된 분위기와 넉넉한 시간
	· 사랑의 느낌을 갖게 하는 것은
	  섹스보다 친밀한 대화다
		· 존경, 경외 대상이 되고 싶다
		· 육체적 욕구의 이해와 충족
		· 성적 긴장감 해소(충동 시)
		· 사랑의 감정 없이도 섹스가 가능
		  하다

성적 반응	· 주기적임
	· 천천히 흥분(장작불: 숯불)
	· 대다수 성적관계 추종자
	· 주의 산만함이 직접적인 영향
	· 멋있는 남자를 보면 그와
	  사귀고 싶다는 욕구를 느낀다
		· 주기가 없음
		· 갑자기 흥분 (백열전구: 건초더미)
		· 대다수 성적관계 시도자
		· 주의 산만함이 문제가 안 됨
		· 성적 흥분과 함께 남성호르몬이
		  순간 집결했다가 오르가즘과 함께
		  급격히 방출된다

오르가즘	· 하나 됨의 필요 · 반복적일 수도 있고 지속적인 만족중심 · 오르가즘 없이도 만족한다	· 생의 번식 · 짧고 강렬하다 · 육체쾌락 중심 · 만족을 위해서는 절정이 필요

일반적 신화와 고정관념, 그리고 잘못된 가정

우리는 또한 남녀가 성에 대하여 가지고 있는 잘못된 편견이나 고정관념을 깨뜨리도록 도와줄 필요가 있다. 성 치료사 로세나우Rosenau는 많은 사람들이 가지고 있는 성에 대한 잘못된 믿음을 다음과 같이 소개하고 있다.

- 여자는 섹스에 대해 환상을 가질 때가 거의 없고 남자에 비해 덜 성적이다.
- 남자는 언제나 준비가 되어 있으며 조그만 자극에도 즉각적으로 발기가 된다.
- 모든 남자가 원하는 것은 운이 좋아 여러 여자를 거치는 것이다.
- 섹스는 즉각적인 친밀감을 가져다준다.
- 성적 궁합과 사랑 안에 있는 것은 변할 수 없는 것이다.
- 발기와 분비는 파트너가 충분히 흥분했다는 것을 보여준다.
- 성교는 성적 만족의 궁극적 형태다.
- 만일 결혼할 때까지 기다린다면, 당신은 자동적으로 만족한 성생활을 누릴 것이다.
- 당신이 결혼하면, 성적 스위치는 즉각적으로 켜지고 당신은 광적으로 흥분된 성생활을 누리게 된다.
- 대다수의 부부는 자연스럽게 만족스런 성생활을 하게 된다.
- 나의 남편은 모든 섹스에 대해 알게 될 것이며 일차적인 주도자가 될 것이다.

- 나의 아내는 섹스에 대해 자주 생각할 것이며 섹스를 우선순위에 둘 것이다.
- 나의 성기의 크기(가슴의 크기)가 내가 얼마나 훌륭한 연인인가를 좌우한다. 기혼남성의 30% 정도가 왜소 콤플렉스와 횟수 콤플렉스를 가지고 있다고 한다(대부분의 성기는 발기 시 약 13-15cm이며, 여성의 질은 바깥 쪽 1/3만 민감하다. 성기의 크기는 성적 만족과 아무런 관계가 없다).
- 당신이 사랑에 빠져있다면 낭만은 자연스럽게 따라온다.

성에 대한 비합리적 사고는 성적 친밀감에 매우 큰 영향을 미친다. 이외에도 흔히 있는 잘못된 성적 통념에는 다음과 같은 것이 있다(리치필드, 2002). 화살표 다음 내용이 진실이다.

- 성은 자연스럽게 되는대로 하는 것이다. ⋯▸ 성은 복잡하며 전인적인 것이다.
- 성은 죄의 결과다. ⋯▸ 하나님은 죄가 생기기 전에 성을 창조하셨다.
- 성은 더럽다. ⋯▸ 몸도 성도 거룩하게 되었다.
- 남자들은 성적 동물이다. ⋯▸ 어느 정도 그렇다. 하나님은 생육하고 번성하도록 남성을 창조하셨다.
- 사랑과 섹스는 같은 것이다. ⋯▸ 사랑 없는 섹스가 가능하다.
- 가슴이 작으면 성적 자극이 제한될 수 있다. ⋯▸ 자극에 전혀 영향을 미치지 않는다.
- 여자가 성적으로 먼저 접근하고 주도하는 것은 숙녀답지 못하다.

⋯▶ 남자들은 흔히 자기 아내가 먼저 접근하고 주도할 때 더 흥분된다.
- 성교하는 동안 남편이 손으로 자극하거나 아내가 스스로 자기 몸을 자극하는 것은 잘못된 것이다. ⋯▶ 많은 여자들은 오르가즘에 도달하기 전에 이렇게 할 필요가 있다.
- 성적 친밀감은 나이가 들어감에 따라 급격하게 감소된다. ⋯▶ 어떤 변화가 있는 것은 사실이다. 예를 들면 욕구 감소, 발기 부전, 발기를 위해 더 많은 자극이 필요해짐, 여성의 경우 분비액 감소로 인한 윤활제의 사용이 필요해지는 것과 같은 변화다. 그러나 성교 빈도수를 많이 줄일 필요는 없다.

우리가 버려야 할 성에 대한 잘못된 인식들

우리는 성에 대해 공개적으로 가르치지 않고, 공개적으로 논의하지 않는 문화풍토 속에서 살고 있다. 모든 사람이 성관계의 덕택으로 태어났으면서도, 성활동은 더러움, 불경한 것, 못된 것, 점잖지 못한 것 등으로 표현되고 있다. 예컨대 많은 상스러운 욕들이 성적인 것이며, 성기관에 비유되고 있다. × 같은 놈, ×할 놈 또는 년 등은 모두 성기관이나 성행위를 나쁜 뜻으로 사용하는 대표적 예들이다. 모든 남녀가 성에 관심이 있고 적절한 남녀관계에서 성활동을 하는 것을 갈구하고 있음에도 불구하고, 이렇게 나쁜 뜻으로 사용되는 것은 성활동이 사회적, 도덕적으로 중요하고 문제가 되기 쉬우니 청소년들과 성인들이 조심하

12. 성 반응에 있어서의 남녀차이

고 규범을 지키라는 취지일지도 모른다.

여하튼 간에, 우리 사회의 성에 대한 교육이나 논의의 부족은 많은 사람들에게 성 문제에 관해서 사실과는 다른 잘못된 생각이나 믿음을 갖게끔 만든다. 이러한 잘못된 생각들이 부부의 성생활을 방해할 수 있으므로 이것들을 알고 고칠 필요가 있다. 여기서는 사람들이 보편적으로 갖기 쉬운 성에 대한 잘못된 생각들이나 미신들을 지적하고 그에 반대되는 사실을 제시한다(홍대식, 2007).

- 성관계에서 남성의 음경이 가장 중요하며 남성의 음경이 클수록 부부의 성적 즐거움이 더 크다. ⋯▸ 그러나 음경의 크기는 부부의 성적 만족과 거의 또는 전혀 관계가 없다.

- 부부의 성생활에서 성교가 중요하며 애무와 포옹은 별로 중요하지 않다. ⋯▸ 성교는 성생활의 일부분에 불과하다. 부부관계의 질이 신체적 애무와 마사지 등에 의해 향상될 수 있다. 따라서 성교 없는 애무도 성적 만족을 주며, 부부의 애무행위가 단지 성교의 예비행위에 불과하다고 간주될 수는 없다.

- 대다수의 부부들은 성교에서 동시에 오르가즘을 경험한다. ⋯▸ 결혼한 어떤 여성들은 성교 동안에 오르가즘을 전혀 느끼지 않거나 혹은 드물게 느낀다. 성교 때마다 매번 오르가즘을 느끼는 여성이라도 부부가 동시에 오르가즘에 이르지는 못할 것이다.

- 남성은 강하고 거칠게 여성을 대하여야 하며, 다정다감하거나 약한 모습을 보여서는 안 된다. ⋯▸ 남성의 강하고 거친 태도는 부부관계의 일방적, 지배적 측면을 나타내는데, 이것은 관계의 만족

을 해칠 뿐만 아니라, 성활동 자체에 대한 여성의 혐오와 기피를 일으킬 수 있다.

- 부부의 성활동은 자연이 준 본능적 능력으로서 배우거나 계획을 세울 필요가 전혀 없다. 좋은 섹스는 계획이나 대화가 없이 즉흥적으로 이뤄진다. ⋯▶ 부부의 성활동은 기본적으로 생리적, 심리적 요인들의 영향을 받으므로, 이러한 요인들을 배우고 이해하는 것이 매우 중요하다. 또한 부부의 성활동은 무계획적이기보다 계획적일 때 더 흥분되고 즐거울 수 있다(Hyde, 1996).

- 남성은 자기가 아는 대로 성활동을 하면 되고, 아내에게 선호하거나 쾌감을 주는 성활동이 어떤 것인지 물어볼 필요가 없다. ⋯▶ 아내에게 성 경험의 즐거움과 쾌감의 세부사항을 질문하는 것은 매우 바람직스러운 것이다. 성활동이 단지 성기관의 자극에 한정되기보다 몸 전체의 감각기관의 자극으로 확장될 때에 더욱 만족스러운 느낌을 갖기가 쉽다.

- 정숙한 여성들은 성생활은 하지만, 성을 즐기지는 않는다. ⋯▶ 부부들에 대한 연구조사는 모든 아내가 자기 남편과 성관계를 가질 때에 성적 흥분과 즐거움을 느낀 적이 있으며, 대다수가 거의 항상 또는 대개 성적 흥분과 즐거움을 느꼈다고 보고하고 있다.

- 중년기나 노년기가 되면, 부부들은 성적 관심이 거의 또는 전혀 없게 된다. ⋯▶ 성활동의 빈도가 일반적으로 연령 증가에 따라 감소될지라도, 대다수의 부부들이 6, 70대까지 성적으로 활동적이며, 많은 부부들이 8, 90대에도 활동적이다.

12. 성 반응에 있어서의 남녀차이

- 발기를 유지하지 못하거나 일으키지 못하는 것은 정력 부족의 신호이다. …▶ 남성의 발기가 노화와 알코올 섭취와 같은 생물학적 원인, 부부관계의 상태, 상황요인 등과 같은 심리적 원인에 의해 영향을 받을 수 있으므로, 발기의 곤란이나 불완전이 반드시 정력 부족의 신호는 아니다.

언어적 성교(대화)로 시작해서 정서적 성교, 육체적 성교, 영적 성교로 발전하여야 한다. **남자와 여자의 성 반응은 다르다.**

13. 정상적인 성생활을 하면 어떤 점이 부부에게 좋은가?

    부부는 성을 바르게 알고 바르게 즐겨야 한다. 성생활은 부부관계를 더욱 건강하게 촉진하며, 부부의 건강은 성생활의 즐거움을 증대시키는 선순환의 관계다.

    월러스타인과 블레익스리(Wallerstein & Blakeslee, 1995)는 그들의 책 「좋은 결혼」에서 결혼에서 성생활이 얼마나 중요한가를 다음과 같이 진술한 적이 있다.

    "모든 부부는 그들의 프라이버시를 보호할 방법을 찾고, 그들의 성관계를 귀하게 여기고, 그것을 열정적으로 방어할 방법을 찾는 것이 매우 중요하다. 풍성하게 만족스러우며 안정된 성생활은 그저 덤으로 주어지는 혜택이 아니다. 이것은 결혼의 중심적인 과제다. 좋은 결혼에서는 섹스와 사랑은 분리할 수 없는 것이다. 섹스는 관계의 질과 안정을 유지하고 정서적 자원을 재충전하고, 부부의 결속을 강화하는 데 매우 중요한 기능을 한다"(p.192).

    비록 결혼에 대한 일반적 인식은 시간이 지남에 따라 상호간의 애정이 식는다고 묘사하고 있지만, 결혼이 제공하는 상대적 안정감은 정서적 만족감의 중요한 원천이 될 뿐 아니라 육체적 쾌락(즐거움)을 추구할 수 있는 편안한 환경이 된다. 여러 연구는 배우자만을 성적 파트너로 생각하고 성관계를 하는 사람이 동거하거나 독신으로 사는 사람에 비해 언제나 가장 높은 '만족감' 이나 '사랑받는다고 느낌' '돌봄을 받고 있다는 느낌' '짜릿함' 을 보고하고 있다는 것이다(Stanton, 1997).

성은 부부의 결혼생활에 어떤 긍정적 혜택을 주는가? 성은 남편과 아내의 결합을 강화해 주고 만족스런 성생활은 부부의 결속에 큰 도움이 될 뿐 아니라 부부간의 친밀도를 증진시킨다. 성은 배우자간의 갈등을 해소하고 다시 서로를 향할 수 있도록 도와주는 특별한 경험으로 성을 통해 근심과 스트레스와 긴장이 풀어진다. 이렇게 성은 배우자간의 사랑을 표현하는 멋진 방법이 될 수 있다.

💕 성생활은 부부에게 건강상 어떤 유익을 주는가?

하나님은 우리가 배우자와 성관계를 할 때 왜 우리가 놀라운 경험을 하기 원한다고 생각하는가? 건강상으로나 심리적으로 여러 가지 혜택이 있음이 확인되었다.

1. 여러 가지 통증을 없애준다

성관계를 하면서 특히 오르가즘에 오르게 되면 우리 뇌 속에 엔도르핀이라는 호르몬이 분비되는데 이 호르몬은 마치 해독이 없는 모르핀(통증제거 약품 일종)과 같은 역할을 하기 때문에 두통, 요통, 근육통, 생

13. 정상적인 성생활을 하면 어떤 점이 부부에게 좋은가?

리통, 치통에 이르기까지 여러 가지 통증들을 감소시키거나 없애준다. 이는 성적인 흥분으로 인해 생겨나는 호르몬이 진정제 역할을 하기 때문이다.

"섹스가 우리에게 주는 위안 중에 몸에 대한 부분을 나는 '살이 주는 위안'이라고 부른다. '살이 주는 위안'은 나의 살이 남의 살과 접촉함으로써 우리가 얻게 되는 심리적, 정신적 위안, 만족, 쾌감, 즐거움 등을 의미한다. 이러한 심리적 위안과 함께 섹스의 운동효과를 통틀어 '섹스의 치유효과'라고 부른다"(배정원, 2003).

부부간의 성생활은 삶의 에너지를 공급하는 원동력이 될 수 있다. 쾌감의 절정인 오르가즘을 통해 남성은 격렬한 희열을 경험하게 되고 아내도 깊고 그윽한 만족을 맛보게 된다. 이때 분비되는 신경전달물질이 우리 몸의 기능을 활발하게 하고 혈액순환이나 골밀도를 높여준다. 심지어 뉴로 펩시드라는 물질은 강력한 마취효과를 가진 모르핀보다 수십 배나 강력하여 일상의 스트레스를 날려버리는 역할을 한다(금병달·금정진, 2011).

실비아 차베스-가시아(1985)는 「성애와 영성: 원수 아닌 친구」라는 글에서 같은 주장을 하고 있다.

육체적 자극과 성적 흥분은 치료적 효과를 가져다준다. 긴장을 이완시키고, 몸을 진정시키며 긴장을 풀어주기 때문이다. 뿐만 아니라, 오르가즘의 강렬한 경험은 우리가 일반적으로 생활하고 있는 이념의 세계를 잠정적으로 뒤엎어버린다. 우리를 생생한 경험의 세계로 인도하며 … 따라서 사물을 새롭게 보고 만물에 대해 새롭게 생각할 수 있는 가능성을 허용한다(p.161).

섹스는 옥시토신 호르몬을 분비하게 하여, 엔도르핀을 촉발하는데 이는 고통을 줄여주고 더 깊은 숙면을 하게 한다. 건강한 성생활로 정력이 넘치는 지도자는 더 지혜로운 결정을 내리고, 생산성이 증가하며, 그들의 일에 더 열정적이 된다(Margaret Feinberg).

2. 근육의 긴장을 이완시켜 준다

부부 사이의 성생활은 서로의 긴장을 풀어주고 남편에게는 활력이 되며 아내에게는 성적인 매력을 준다. 성관계를 하는 동안에는 몸 전체 구석구석의 근육을 긴장시켜 운동의 효과를 주게 되며 성관계가 끝나면 그 긴장을 완전히 풀어서 휴식 상태로 돌아가게 해준다. 마치 물리치료, 마사지요법으로 신체의 근육을 이완시켜 주는 원리와 마찬가지다. 성교를 통해 클라이맥스에 다다르게 되면 전보다 훨씬 편안한 마음을 주는 안도감을 얻게 되는데 이는 클라이맥스 바로 전에 고조된 긴장이 있었기 때문이다.

3. 신진대사를 촉진해 준다

성 행위는 온몸을 강렬하게 움직여야 하는 운동이기 때문에 머리에서 발끝까지 구석구석의 혈관을 팽창하게 만들고 혈액순환의 양의 증가는 물론 속도도 빠르게 만들어 준다. 따라서 신진대사가 촉진되며 몸 속의 노폐물 제거와 건강상태를 유지하는 데 큰 도움을 준다.

남편을 통해서 오르가즘을 경험하는 것은 아내들이 반드시 가져야 할 특권이다. 오르가즘을 정기적으로 경험하는 여성들은 'P57' 이라는

13. 정상적인 성생활을 하면 어떤 점이 부부에게 좋은가?

호르몬을 정기적으로 얻게 된다고 한다. 이 호르몬은 암을 죽이는 자연 살상세포(NK 세포)다. 즉 정기적으로 남편과의 부부관계를 통해서 오르가즘을 경험한다면 유방암, 자궁암을 비롯한 여성 질병에서 자유로울 수 있다는 결론이다. 결국 부부관계는 남편에게 최대한의 서비스임과 동시에 자신을 위한 서비스인 셈이다(이병준, 2008).

규칙적인 성생활이 여성의 에스트로겐 지수를 높게 유지시키는 데 긴요한 요소다. 높은 에스트로겐 지수는 뼈의 고밀도와 건강한 심장 혈관, 그리고 인생을 즐겁게 사는 마음가짐과 밀접하게 관련되어 있다. 마찬가지로 규칙적으로 성관계를 갖는 남성들은 그렇지 않은 남성들에 비해 높은 테스토스테론 지수를 유지하고 있으며 이는 그들에게 인생에 대한 자신감과 활력, 강인한 힘과 넘치는 에너지를 갖게 한다(Gray, 1996, pp.33-34).

4. 피부가 고와지고 윤기가 흐르게 된다

적어도 일주일에 한번 정기적인 성관계를 유지하게 되면, 특히 여성의 경우, 에스트로겐이라는 여성호르몬의 분비를 증가시켜 피부를 젊고 건강하게 그리고 발랄하게 유지하는 데 큰 도움이 된다. 또 에스트로겐은 뼈를 튼튼하게 만들어주는 기능이 있어 골절의 위험을 줄여 준다.

하나 되는 기쁨을 만끽하는 남성은 매사에 자신감을 갖게 되며, 여인은 더욱더 섹시해지고 아름다워진다. 세계보건기구WHO는 '성적 만족'을 여성의 삶의 질을 표현하는 가장 중요한 척도로 인정하고 있다.

5. 월경주기를 확실하게 만들어 준다

성관계를 정기적으로 하면 월경주기가 확실하게 고정되고 따라서 배란기도 정확하게 예측할 수 있다. 정기적인 섹스는 생리통, 생리불순 등을 감소시킨다.

6. 여성의 경우, 질 내의 건강을 유지해 준다

특히 폐경 후, 성관계를 정기적으로 하지 않으면 여성의 질 내부 피부조직과 근육이 약화되어 세균감염은 물론 질 내부의 모양이 쭈그러드는 현상이 나타난다. 따라서 정기적인 성관계는 질 내 건강과 탄력성 유지에 큰 도움이 된다.

7. 남성의 경우, 전립선을 보호해 준다

성관계 시 사정을 하게 되면 전립선의 기능과 역할을 건강하게 유지시켜 준다. 대다수 남성의 경우 나이가 들면 불편하게 소변을 보게 되는데 성생활을 계속 유지해온 남성은 이러한 증상의 고통을 피할 수 있다. 건강한 성생활을 하는 사람은 혈압이 낮아지며, 스트레스를 덜 받고 면역수준이 높아진다. 정기적으로 성생활을 하는 사람은 전립선암이 걸릴 확률이 낮아지고 심장마비로 쓰러질 확률도 반으로 줄어든다.

8. 남성의 경우, 성기의 기능을 계속해서 보존할 수 있다

특히 50대 이후, 성관계의 빈도수를 줄이게 되면 성기의 발기능력이 점차 퇴화되어 완전 발기불능의 상태까지 발전할 수도 있다. 남성의 힘을 잃지 않으려면 계속해서 정기적인 성관계를 유지하는 것이 좋다.

13. 정상적인 성생활을 하면 어떤 점이 부부에게 좋은가?

9. 운동효과가 있다

일주일에 3회 정도 성교를 할 경우 총 7천5백 칼로리가 소모되므로 큰 운동 효과를 볼 수 있다. 물론 연령이나 체질에 따라 회수는 달라질 수 있다.

「결혼이 왜 중요한가」라는 책에서 스탠톤(Glenn Stanton, 1997)은 말한다. "사랑하는 일부일처 관계에서 정규적인 섹스를 하는 것은 당신을 위해 좋다. 매주 섹스를 하는 것은 여성에게 좋다. 호르몬 수준을 높여줌으로 건강을 증진시키고, 노화를 더디게 하며, 다산가능성을 높여준다. 월경할 때를 제외하면, 정기적인 섹스가 이상적이다(p.45).

10. 자긍심을 높여주고 정신건강을 유지해 준다

아름다운 성관계는 따뜻한 사랑을 받고, 그리고 주고 있다는 진한 감정을 갖게 해준다. 따라서 긴장이나 고독감, 불안증이나 우울증을 말끔히 해소시켜 주고 자신감과 행복감을 느끼게 해 준다. 이는 결과적으로 자신을 긍정적으로 받아들이고 자긍심을 높여주기 때문에 개인적 또는 사회적으로 바람직한 정신 건강을 유지하는 데 기본이 된다고 할 수 있다.

뿐만 아니라, 건강한 성생활은 사탄이 틈탈 기회를 막아주며 유혹을 멀리하게 한다. 당신이 집에서 만족하면, 다른 곳에서 유혹을 덜 받게 된다.

성관계는 여성과 남성의 호르몬 분비를 활성화해 각종 질환을 예방해 준다. 섹스는 하나님이 내린 최상의 보약이라는 말이 있다. 정상적인 성생활은 우리의 몸과 마음의 건강을 증진시키는 역할을 한다. 일주일에 한두 번의 섹스는 면역력을 증강시켜 감기, 독감 등 호흡기질환에 대한 저항력을 강화시키는 것으로 나타났다(김치원, 2004).

〈규칙적인 섹스가 불로초〉라는 글에서 명동 비뇨기과 원장 이윤수는 이렇게 쓰고 있다.

진료를 하다보면 주기적인 섹스야말로 건강을 지키는 최고의 명약이라고 느끼게 된다. 어떤 면에서 규칙적인 섹스처럼 노화방지에 효과적인 방법도 없다고 본다. 규칙적인 섹스를 갖는 부부의 건강나이는 그렇지 않은 부부보다 10년 가량 젊다. 규치적인 운동과 식사 그리고 성생활을 즐기는 것이 불로초와 같은 최고의 장수비결이라 해도 괜찮을 것이다(2004. 2.26. 국민일보 기사).

건강한 성생활을 하게 되면 오늘날 대중적인 주제에 대해 말할 수 있는 발언권을 갖게 된다. 우리 문화는 성과 결혼에 대한 건강한 관점을 왜곡시켰다. 자신과 배우자를 위한 건강한 성생활을 개발하기로 선택함에 따라, 당신은 다른 사람들과 이런 문제에 대해 그리스도 중심적인 관점을 나눌 수 있게 된다. 건강한 성생활은 결혼이 건강함을 예시하는 것이다.

성적 친밀감은 리더십 기술을 생각할 때 떠오르는 첫 번째 생각은 아닐지 모른다. 그러나 이것은 작은 일에 충성하는지를 시험해볼 수 있는 좋은 방법이 된다. 당신의 성생활이 적극적이고 역동적이라면, 당신은 더 좋은, 더 자신감이 넘치는 지도자가 될 가능성이 높다.

14. 부부의 만족한 성관계를 발전시키려면 무엇을 어떻게 해야 하는가?

배우자를 선하게 만들려고 노력하는 사람보다 배우자를 행복하게 만들려고 노력하는 사람은 복이 있나니. "당신의 성관계는 당신이 이것에 얼마나 주의를 기울이는가에 비례하여 진전하거나 쇠퇴한다"(Dave & Claudia Arp, 2004).

우리 몸은 성령이 거하시는 전이라는 사실을 기억하라. 구약 시대의 성전은 형용하기 어려울 정도로 아름다운 구조로 지어져 경탄할만한 고대 건축물의 하나로 꼽히고 있다. 성전은 하나님께서 거하시는 곳이므로 조심스럽게 관리해야 한다. 우리 몸도 마찬가지다. 성전관리를 소홀히 하는 것은 무엇보다도 하나님께 모독이 된다. 배우자의 몸도 마찬가지다. 우리 몸은 우리 것이 아니라 서로를 위한 하나님의 선물이기 때문이다. 비록 우리 몸이 완전하지는 않을지라도 선물로 받은 각자의 몸으로 인해 남편과 아내는 기쁨을 누려야 한다(맥클러스키, 2005).

고든 맥도날드 목사는 '앎' knowing의 차원의 친밀한 성생활을 위한 기본적 원칙을 다음과 같이 제시하였다. 기초적 원칙을 지키면 당신은 알 수 있는 자유를 누릴 것이고, 규칙을 어기면 사이비 친밀감으로 인해 일종의 포로된 생활이나 중독적 성에 빠지게 될 것이다.

첫 번째 원칙으로 한없는 헌신을 준수하라. 이 규칙은 십계명에 기초한 것이다. "간음하지 말라." 부부는 배타적인 일부일처의 관계다. 부부관계는 피차 헌약한 관계로서, 오직 남편만이 아내의 '지성소'에 들어갈 수 있는 것이다.

두 번째 원칙은 '전희 행동의 원리' 라고 부른다. 여자에게 앎을 위한 준비는 하루가 시작될 때 시작된다. 남편이 아내를 부드러움과 존중하는 마음으로 대하느냐가 바로 전희역할을 한다는 뜻이다. 남편이 아내의 경험에 민감하고 열려 있다면, 아내를 칭찬해주고, 그녀가 그날 한 일을 고마워하고 알아준다면, 그녀는 기꺼이 정상에 오를 준비를 갖출 것이다.

세 번째 원칙은 '확실한 설명(청산)의 필요성' 이라는 원칙이다. '앎' 은 해소되지 않은 부정적 감정이 없을 때 일어나는 것이다. 바울이 고린도 교회에 자신을 살피고 떡과 잔을 먹으라고 권면한 것에서 같은 원리가 적용된다. 성도는 하나님과 한몸이 되기 전에 자신과 관계들을 반성하고 살펴보아야 한다. 부부간에 고백하지 않은 죄나 상처가 있다면, 아내는 같이 '누울 수는 있어도' '진정한 앎' 의 정상에는 오르지는 못할 것이다.

네 번째 원칙은 '프라이버시(사생활)의 원리' 다. 성적 경험은 관련된 당사자와만 나누어야 한다. 두 사람에게만 허용된 것이기 때문이다. 집단섹스나 스와핑은 있을 수 없다. '앎' 은 오직 두 사람 사이에서만 비밀리에 이뤄지는 것이다.

14. 부부의 만족한 성관계를 발전시키려면 무엇을 어떻게 해야 하는가?

다섯 번째 원칙은 '상대 배우자를 온전히 기쁘게 하겠다는 각오'의 원리다. 나를 완전히 당신에게 내어준다는 자세로 임하라는 것이다. 당신이 만족하게 되면, 나 또한 만족할 것이라는 믿음으로, 당신의 몸과 영혼을 상대를 섬기는 일에 온전히 바치라는 것이다. 따라서 부부는 무엇이 자기를 기쁘게 하는지를 터놓고 대화할 수 있어야 한다.

마지막 원리는 '균형의 원리'라고 한다. 이것은 잘 알려진 남자와 여자의 차이에 근거한 원리다. 남자는 여자에 비해 성욕이 더 왕성하고 성관계를 더 추구하나, 여자는 남편만큼 성적 욕구가 강하지 않을 때 자신이 비정상적이 아닌가를 걱정하게 된다. 차이를 온전히 이해하는 것은 불가능하나, 부부는 여기서 균형을 추구하여야 한다. 균형은 서로가 있는 그대로의 상대방을 받아줄 때 가능한 것이다.

성관계는 성행위 자체에 한정되기보다 결혼생활과 부부관계 전체에 연관되어 있는 것으로 보아야만 된다. 따라서 부부관계가 원만하고 행복할 때에 성활동도 원만하고 행복해지기 쉽다(홍대식, 2007).

💕 피차 만족한 성생활을 위한 10가지 결정적 요인

임상심리학자 워렌(Neil Warren, 1995) 박사는 모든 부부의 성관계를 10%만 더 향상시킬 수 있다면, 10% 이상 이혼율을 감소시킬 수 있을 것이라고 하였다. 35년간 미국 전역에서 성생활세미나를 인도하고

「The Gift of Sex」를 비롯해 6권의 성생활 지침서를 저술한 성치료사 페너 박사 부부는 '근사한 성생활을 위한 10가지 결정적 요인'을 다음과 같이 제시하고 있다(Warren, 1995).

하나, 결혼 안에서 근사한 성관계를 성취하기 위한 가장 중요한 요인은 남자의 역할이 중요하다. 비록 여자가 생동감 있는 성관계를 방해하는 입장이라 할지라도 결혼에서의 성적 패턴은 남자가 변화하면 극적으로 변화하기 시작한다. 물론 두 사람이 보조를 맞춰야 하지만, 부부성관계를 더 좋게 향상시키기 위한 더 큰 책임이 남편에게 있다.

페너(2004)도 말하고 있다. "배우자와의 성행위에 만족하기 위해서는 남자의 역할이 매우 중요하다. 남자는 아내의 성적 욕구를 무시해선 안 된다. 아내의 영적 욕구와 감성적 욕구에 세심한 주의를 기울이듯이 그녀의 성적 욕구에도 세심한 주의를 기울여야 한다." 제일 중요한 것은 섹스를 당신 중심이 아닌 아내 중심으로 해 보라는 것이다. "노예가 여왕에게 최대한 배려하고 섬긴다는 마음으로 해야 한다. 당신의 쾌감이 줄어들 수 있어도 아내의 몸이 반응하는 희한한 광경을 보게 될 것이다."

둘, 남자가 여자의 필요와 욕구를 채워주는 쪽으로 움직여야 한다. 남편은 할 수 있는 한 아내의 영적, 정서적 욕구에 민감해질 필요가 있다. 그의 인식은 아내에게 귀를 기울이는 능력에 비례하여 늘어날 것이다.

부부치료사 에드 휘트(1991)는 말한다. "일단 당신들이 함께 있게 될 때, 이 세상은 단절되어야 한다. 우선 침실의 문을 잠그라. 아이들이 잠들었는지의 여부를 확인하고 방해가 되는 것들을 차단하도록 최선을 다하라. 편안하고 즐겁고 로맨틱한 분위기에서 서로에게 전적으로 집중할 수 있어야만 한다"(p.90).

성적 친밀감은 부드러움에서 나온다. 이는 동전의 양면과 같다. 부드러움은 우리 관계의 필수적 측면이다. 이것이 없이는 성교가 공허하고 일차원적으로 느껴질 것이다. 부드러움이란 여유 있게 시간을 보내는 것을 포함한다. 하루의 압박과 스트레스를 푸는 시간, 낭만과 욕망을 채워가는 시간, 신체적으로 가까워지는 것을 즐기는 시간, 친절하고 정감어린 말을 주고받는 시간을 포함한다. 우리가 진심으로 말하는 것이라면, 같은 말을 거듭 사용해도 상관없다(Lee, p.244). 성적 사랑은 부드러움을 배경으로 이뤄지는 것이지, 완력과 이기심, 착취, 비난과 무례함을 배경으로 이뤄질 수 없는 것이다.

여자는 안전하고, 특별하며, 아름답다고 느낄 때, 남편을 향해 그의 마음과 몸이 성적으로 반응하며, 이것은 서로의 충족감을 증진시킨다. 침실은 아내에게 있어서 "나는 돌봄을 받고 있고, 사랑을 받고 있으며, 귀히 여김을 받고 있다. 나를 평가절하하고, 비웃고 조롱하는 세상에, 나를 진정으로 알고 나에게 부드럽게 대하는 남자가 있다"고 알아주는 곳이 되어야 한다.

대다수의 여자들은 귀로 사랑을 한다 해도 과언이 아닐 것이다. 아내는 수시로 자기 남편으로부터 사랑한다는 말을 듣고 또 그 사랑을 확인하고 싶어 한다. 여자는 남편에게서 "이 세상에서 당신이 가장 예쁘고 사랑스럽다"는 말보다 "이 세상에 여자라고는 당신 한 사람밖에 없어. 나는 오직 당신만 사랑해"라는 말을 듣기를 원한다. 그래서 흔히 우리는 "남자는 자기가 첫 남자이기를 원하고, 여자는 자기가 마지막 여자이기를 원한다"고 하지 않던가?(황수관, 2008).

아내에게 좋은 섹스는 삶의 다른 영역에서의 좋은 관계의 결과다. 예들 들어 최고의 섹스는 남편이 집안 청소를 도와준다든가, 설거지를 하든가, 화장실 청소를 했을 때 주어질 수 있다는 말이다.

셋, 여자는 어떻게 '취하는지'를 배울 필요가 있다. 아내는 자신의 몸에 주의 깊게 귀를 기울이고 무엇이 그녀의 욕망을 만족시킬 것인지를 알아볼 필요가 있다. 아내는 대개 남편을 기쁘게 해주고 싶어 하지만, 아내는 똑같은 수준의 쾌감을 받을 준비를 갖춰야 한다.

이동원(1998) 목사는 성교하고 싶은 자신의 열망을 배우자에게 자연스럽게 표현하는 것이 중요하다고 말한다. "나 자기 사랑하고 싶어." "우리 등산할까? 산에 오르고 싶다." "우리 오늘 만날 수 있을까?" 어떤 부부는 "별을 보고 싶다." "나 목이 마른데." "여보 나 안식하고 싶어요"라고 말한다고 한다.

영성신학자 게리 토마스(Gary Thomas, 2011)는 그의 책 「부부학교」에서 "섹스는 당신이 남편을 돌볼 수 있는―그리고 남편에게 동기를 심어줄 수 있는―가장 효과적인 방법 중의 하나다"라고 말했다. 일반적으로 남편이 성적으로 아내에게 원하는 것은 반응적인 것이다. 거실에서는 숙녀를 원하지만, 침실에서는 요부를 원한다는 말이 있지 않은가!

넷, 여자는 성적 경험을 주도할 자유를 느껴야 한다. 페너 부부는 아가서로부터 성적으로 극적 향상을 가져올 수 있는 세 단계 과정을 소개하고 있다. 첫째, 남자는 여자를 긍정하여야 한다. 그녀의 미덕에 대해 자유롭게 말한다. 둘째, 여자는 리드 한다. 자신의 속도에 따라 움직인다. 그리고 남자에게 계속 자신의 생각과 욕망을 알려준다. 셋째, 남자가 반응한다. 그는 아내가 하는 말을 조심스레 경청한다. 그리고 그녀의 욕망에 대해서만 반응한다.

다섯, 남자는 매우 느-리-게 진행하여야 한다. 여자는 '느리고 부드러운 손'을 가진 남자를 좋아한다. 두 사람이 다른 자전거를 타고 같은 길을 가고 있다고 가정하라. 아내가 약간 앞서가고, 남자가 약간 뒤에 떨어져 가는 것으로 생각하면 된다.

여섯, 남자는 일이 어떻게 진행되어야 한다고 하는 '순서'를 자기 머릿속에 정해놓지 말고 융통성을 유지하여야 한다. 그의 '안내체계'는 그의 아내가 되어야 한다. 많은 남자는 성관계에 대한 '레시피'를 적어놓고 그대로 하려는 경향이 있는데, 이것은 실수를 범하는 것이다. 여자의 성적 욕망과 필요, 그리고 반응은 순간순간 바뀌기 때문에 이런 시도는 절대 효과가 없다.

일곱, 남편과 아내는 모두 성적 오르가즘의 결과를 위해서가 아니라 성관계를 즐기기 위해서 성적 과정에 몰입할 필요가 있다. 섹스의 목표는 배우자와 친밀감을 누리는 것이다. 비밀은 당신 자신의 몸과 상대방의 몸을 즐기는 것이다. 클라이맥스에 도달하지 못한다 해도, 그것을 큰 실망이나 실패로 여겨서는 안 된다.

여덟, 두 사람 중 하나가 어린 시절에 성적 학대의 피해자라면, 그 외상trauma으로부터의 치유가 있어야 한다. 학대의 피해자는 종종 자유로운 성적 표현을 방해하는 정서적 상처를 가지고 결혼한다. (그들은 피해자들이다. 나는 학대를 겪은 이들에게 큰 연민을 가지고 있다). 아동기에 성희롱이나 성폭행을 당한 여자는 35%나 되는 것으로 드러나고 있다. 이들의 치유는 전문적 상담을 필요로 하는데, 상담자는 이들이 학대를 직면하고 상실을 애도하며 온전감을 회복할 수 있도록 도와주어야 한다.

아홉, 상호적 만족은 성적 경험을 할 때마다 서로의 기대가 되어야 한다. 여자가 원하면 오르가즘을 허용할 수 있어야 한다. 그러나 만족을 위한 기본적 요구는 서로간의 깊은 정서적 친밀감과 따뜻함이 되어야 한다.

열, 두 사람은 성적으로 몸이 어떻게 작동하는지에 대해 아는 것이 필요하다. 웃지 말라! 많은 사람들이 몸의 작용원리에 대해 많은 잘못된 개념을 가지고 결혼한다. 철저한 이해는 훨씬 더 합리적인 기대를 하게 될 것이고, 성 반응에 대한 바른 이해를 하게 되면 비현실적인 욕망이나 요구에서 오는 실망이나 환멸을 겪지 않아도 된다.

무엇이 친밀감을 방해하는가?

부부가 결혼에서 친밀감을 추구할 때, 그들은 대개 그들 사이에 장벽이나 장애물을 발견하게 된다. 정도의 차이가 있을 뿐 이런 장애물은 모든 결혼에 존재하는 것이다. 이런 장애물을 인식하고 대처하는 것은 현대 부부들이 더 많은 친밀감을 누리려고 시도하는 데 유용하게 쓰일 수 있을 것이다(Catron, 1989).

- **자기 인식의 결여.** 우리가 자신의 느낌을 인식하지 못할 때, 다른 사람, 특히 배우자의 느낌을 인식하고 반응하는 데 어려움을 겪을 수 있다.
- **압박감과 스트레스.** 과부하 된 압박감은 긴장과 피로를 유발하여 친밀감을 어렵게 만든다. 좌절감과 짜증은 누적될 수 있으며 우리 자신의 필요와 상대방의 필요에 반응하지 못하게 막는 역할을 할 수 있다.
- **만성적인 분주함.** 지나치게 많은 일을 하면 친밀감을 위한 시간을 내기가 어려워진다. 우리는 다른 사람들에게 우선적으로 헌신하다가 서로에 대한 헌신을 뒷전으로 밀어낼 수 있다. 그리고 분주함을 친밀감을 피하는 방편으로 이용할 수도 있다. 너무 바쁘게 살다보면 깊이 있는 대화를 할 시간이 없다.
- **해소되지 않은 분노.** 우리가 분노를 직면하여 해소할 수 없을 때, 원한감정이 쌓인다. 이 원한감정이 거리감을 유발하며 서로에게 방어적이 된다.
- **융통성이 없이 경직됨.** 융통성의 결여와 변화하지 않으려는 태도, 또는 배우자로 변화하지 못하도록 막는 것은 친밀감의 장애가 될 수 있다. "우리 어머니는 결코 … 한 적이 없다고," "남자라면 마땅히 … 해야 하는 것 아니야" 아니면 배우자를 정해진 틀에 맞추려는 시도는 긴장을 유발해 친밀감을 어렵게 한다.
- **빈약한 대화기술.** 우리 대다수는 마음속의 생각과 감정을 서로 나누는 데 어려움이 있다. 우리는 깊은 수준에서 대화하기를 원하면

서도, 상대를 탓하거나 통제하는 말을 사용하고 상대방의 관점에 귀를 기울이지 않는다.
- **낮은 자존감.** 우리가 자신의 정체감에 대해 확신이 없거나, 자신을 별 가치가 없는 존재로 보게 될 때, 우리는 거절을 두려워하고 스스로 사랑스럽지 않다고 느낀다. 이런 상황에서는 자기 노출(개방)이 거절의 위험을 증가시키며, 따라서 친밀감은 그 만큼 멀어진다.
- **신뢰의 붕괴.** 우리가 하겠다고 한 약속을 이행하지 못할 때 신뢰는 깨지고 친밀감 대신 거리감을 느끼게 된다.

부부는 서로 장벽을 낮추고 장애물을 제거할 때, 하나 됨을 향한 친밀감을 쌓아갈 수 있다.

성적 만족도를 높이기 위한 실제적 조언

피차의 성적 만족은 모든 부부가 열정적으로 추구해야 할 목표가 되어야 한다. 우리는 성적 친밀감을 누리기 위해 구체적으로 어떻게 해야 하는가?

서로 성적으로 접근하기를 먼저 하라

성이란 나보다 상대방의 즐거움을 위한 것이다. 자신의 욕구를 숨김없이 말하라(하워드 마크맨 외, 2005).

14. 부부의 만족한 성관계를 발전시키려면 무엇을 어떻게 해야 하는가?

사람의 몸에 있는 가장 강력한 성감대는 '뇌' 즉 '사랑하는 마음'이다. 마음이 움직여야 멋진 섹스가 가능하다는 것을 항상 상기할 필요가 있다.

남자들이 원하는 것을 한 문장으로 요약하면, 남편들은 "내가 정말로 원하는 것은 성관계를 조금 더 적극적으로, 조금 더 자주 가지는 것이다"라고 말한다는 것이다. 남편은 "먼저 성관계를 갖자. 그리고 나서 이야기를 나누자!"고 말한다. 그러나 아내는 "먼저 충분히 이야기를 나누어서 서로를 잘 안 다음, 축하하는 마음으로 성관계를 갖도록 하자"라고 말한다. 성적 만족을 원하는 남편은 아내에게 먼저 정서적인 사랑을 주어야 한다. 그녀의 성적 흥분은 남편에게서 받는 정서적 사랑에 대한 반응으로 생기는 것이다. 패트릭 몰리(2001)는 남편들에게 이렇게 하라고 주문한다.

날마다 아내와 비성적인 접촉을 하라. 남자가 비성적인 것을 더 많이 할수록, 여자는 성적으로 더 수용적이 된다. 만지고, 손잡고, 안고, 애무하는 것이 자연스럽다. 하이벨스(Bill Hybels, 2010) 목사는 말한다. "성적인 느낌이 없는 따스하고 애정 어린 신체접촉은 성적인 신체접촉 못지않게 로맨스로 가득한 결혼생활의 필수적인 요소다"(p.190). 등을 쓰다듬고 외모에 대해 찬사를 보내고 쓰레기를 버려주고, 저녁식사 후에 산책을 하며 배우자의 손을 잡아보라. 저녁뉴스를 시청할 때 배우자의 어깨에 팔을 두르고 "또 하루를 당신과 함께 할 수 있어서 좋았어요"라고 말해 보라.

「세상에서 가장 실제적인 결혼생활 지침서」에서 스콧 스탠리(2001) 교수는 감각적 자극을 다음과 같이 주고받을 것을 제안하고 있다.

- 주고받는 기술을 이용하여 당신의 배우자에게 마사지를 해주라.
- 당신이 감각적으로 그리고 성적으로 즐기는 것에 대해 배우자와 대화하라.
- 당신이 배우자를 사랑하는 긍정적인 점에 대해 이야기하면서 그를 꼭 안아주라.
- 다음 관계를 위해 감각적이거나 성적인 활동을 계획하라.
- 배우자의 머리를 감겨준다.
- 키스만 하면서 시간을 보내라.

아내에게 하루를 어떻게 지냈는지 물어보고, 당신은 어떻게 지냈는지를 말해주라. 서로의 경험세계를 나누지 않으면 부부는 정서적 거리감이 생긴다. 연결감을 유지하려면 하루를 마감하면서 매일 의도적으로 인터뷰식 대화를 하라.

"부부는 대화를 많이 해야 한다. 주제가 무엇이든 상관없다. 중요한 일이든 사소한 일이든, 즐거운 일이든 언짢은 일이든, 그 밖의 무슨 일에 대해서든 서로 대화하라. 로맨스는 서로를 알아가는 데서 시작되며, 서로를 알아가는 데 가장 중요한 것은 솔직하고 지속적인 대화다. 특히 아내는 말상대해주는 남편에게서 정서적 친밀감을 느낀다"(하이벨스, 2010).

배우자, 특히 아내에게 줄 수 있는 최고의 선물 중 하나는 들어주는 것이다. 경청은 귀만 기울이는 것이 아니라 시선과 마음과 정신까지 집중하는 것이다. 배우자의 말을 경청하는 것은 다음과 같이 말하는 것과 같다.

- 당신은 내게 소중한 존재입니다.
- 당신은 내게 없어서는 안 될 사람입니다.
- 나는 당신에게 관심을 갖고 있습니다.
- 나는 당신을 알고 싶습니다.
- 나는 당신이 반드시 해야 할 말을 듣고 싶습니다.
- 나는 당신의 기분이 어떤지 알고 싶습니다.

여자들은 말을 하고 남자들은 들어 주어야 한다. 그러지 않으면 아내는 남편 이외의 다른 사람을 찾아 나서게 될 것이다. 여자들은 근육질이 우람한 남자가 아니라 귀가 큰 사람을 사랑한다. 성적 친밀감을 누리려면 자신의 마음을 터놓고 배우자의 이야기를 경청하는 법을 배워야 한다.

당신의 외모에 더 신경을 써라

우리는 세상의 유행에 맞춰 자신이나 배우자의 몸을 비교할 필요가 없다. 여성은 특히 자신의 몸에 대해 어떻게 느끼느냐에 따라 성적 즐김이 영향을 받는다. 우리는 서로 정기적으로 상대방에게 "매력적이고 아름답다"고 말해줌으로 자존감을 세워줄 수 있다. 하이벨스(2010) 목사의 사모 린 하이벨스는 이렇게 쓰고 있다. "내가 성적인 자신감과 나의 섹슈얼리티를 즐길 수 있게 된 데에는 남편이 열정적이고 지속적으로 내가 바람직한 파트너라고 말해준 것이 크게 작용했다"(p.204).

즐거운 성생활을 위해 더 많은 시간을 투자하라

아침부터 준비해야 한다. 섹스는 침실에서 시작되는 것이 아니고 부엌에서 시작된다는 말이 있다. 좋은 섹스는 아직 당신이 옷을 입고 있을 때 시작된다는 것을 잊지 말라. 아침부터 칭찬을 해주거나 설거지를 돕거나 함께 산보를 함으로 아내로 하여금 특별한 존재라는 느낌을 받도록 하라. 작은 일들이 정서적 온도를 높이는 데는 큰 점수로 작용하기 때문이다.

게리 채프먼(Gary Chapman, 2000)은 그의 책 「5가지 사랑의 언어」에서 봉사의 행동, 질적 시간, 만져줌, 인정하는 말, 선물, 이 다섯 가지를 부부가 서로에게 사용할 수 있는 사랑의 언어로 제시한다. 상대방이 인간관계에서 자주 사용하는 사랑의 언어가 무엇인지를 살펴보라. 그것이 바로 자신이 원하는 사랑의 언어일 가능성이 높다. 상대방의 일차적 '사랑의 언어'를 파악하여 상대방의 사랑의 언어로 말해보라. 서로에게 이 보다 더 좋은 전희는 없다!

일반적으로 남자는 사실과 정보를 나누기를 좋아하고 여자는 감정을 나누기를 선호한다. 결혼에서 아내는 남편과 언어적 관계를 유지하고 싶어 한다. 따라서 아내에게는 감정을 나누는 대화를 나누는 것이 전희가 될 수 있다. 반면에 남자는 오락이나 운동, 사회적 활동, 또는 교회행사에 함께 하는데서 친근감을 느낀다.

성생활을 만족스럽게 하는 최선의 방법은, 배우자가 당신이 해주었으면 하는 게 무엇인지를 알아내어 그것을 실행하는 것이다. 상대가 원

14. 부부의 만족한 성관계를 발전시키려면 무엇을 어떻게 해야 하는가?

하는 게 무엇인지를 알았으면 실행하라. 표현하지 않는 사랑은 사랑이 아니다. 당신의 배우자에게 순수한 칭찬을 하고, 그의 손을 잡고, 특별한 날이 아닐 때라도 화장대 앞에 쪽지를 남기도록 하라. 그리고 쓰레기를 버려주고, 잘못을 했을 때는 사과하라. 10초 동안 포옹하라. 이 모든 것이 아내에게 전희가 될 수 있다.

사랑을 나눌 공간과 분위기에 신경을 쓰라

창에는 커튼을 치고 가능한 한 방음장치를 하라. 서두르지 마라. 긴장을 풀어라. 섹스는 즐거워야 하는 법이다. 잡다한 생각을 버리고 순간에 충실 하라. 근사한 식사를 차리고 촛불을 켜놓은 다음 함께 먹는다. 예를 들어 서로 가까이 앉아 식사하며 서로에게 한 입씩 먹여준다. 함께 목욕하거나 샤워하면서 서로 머리를 감겨주는 것도 좋은 방법이다.

"당신의 아내는 성에 관해서는 심란한 주변 환경에 더 취약하다. 그녀가 만약 피로하거나 마음에 상처를 받았거나 자신의 몸에 대해 만족하지 못하다면 성관계에 집중하기가 어려울 것이다. 그러므로 그녀를 심란하게 하는 것을 최대한 줄여주도록 하라"(패로트, 2003).

성생활을 위한 지성소를 확보하라. 부부의 각별한 침실관리가 필요하다는 말이다. 성생활에서 남자는 철저하게 시각적이지만, 여성들은 철저하게 심리적이다. 여성은 심리적 안정이 없으면 제대로 성을 즐길 수 없다. 아이들을 의식하고 옆에 있는 사람을 의식하게 되면 몸과 마음이 닫쳐버린다. 부부의 침실만은 문도 좀 특수하게 하고, 방음도 잘 되게 해둘 필요가 있다.

아내는 남편의 엄청난 성적 욕구를 이해할 필요가 있다. 그가 진정으로 즐기는 것이 무엇인지를 알아보도록 하라. 여유 있게 목욕을 하고, 향수를 뿌리고, 은은한 불빛 아래 섹시한 분위기를 연출하라.

그리고 남편은 낭만적인 분위기를 연출할 필요가 있다. 그것은 꽃이나 카드, 또는 작은 선물이 될 수도 있고 좋은 식당에서의 저녁식사나 음악회, 한밤의 데이트 등이 될 수 있다. 부드럽게 접근하라. 만지고 애무하고 껴안아주는 등 전희에 시간을 투자하라. 자신을 깨끗이 하고 면도를 한 후 은은한 불빛에 향수를 뿌리고 고전음악을 트는 등 섹시한 분위기를 연출하라(Smalley, p.247).

배우자와 섹스에 대해 대화하라

성관계에 대해 아내와 시간을 정해놓고 이야기하라. 한 동안 그렇게 못했으면 일단 시작하라. 부부의 성은 상호교감이다. 몸과 마음으로 나누는 커뮤니케이션이다. 기분 좋은 섹스를 즐기기 위해서는 그러한 작은 대화를 늘려가는 것이 중요하다. 자신을 기쁘게 하거나 불쾌하게 하는 성행위의 유형에 대해 대화하는 것이 필요하다. 감각적인 대화를 사용해 배우자의 행동이 자신에게 주는 만족감을 표현하라. 성활동에서 자신이 원하는 것과 즐거워하는 것을 직접 알려주어라. 한 설문조사에 의하면, 배우자와 그들의 성적인 기대와 기호(좋아하는 취향)에 대하여 항상 터놓고 대화를 가졌던 여자들의 80%는 그들의 성생활이 만족스럽거나 아주 만족스럽다고 대답했다. 그러나 그들의 성적인 감정에 대해 대화를 나누지 않았던 여자들은 30%만이 성생활이 만족스럽다고

14. 부부의 만족한 성관계를 발전시키려면 무엇을 어떻게 해야 하는가?

대답했다(패로트, 2003).

남성심리학자 정석환(2007)은 조언한다. 성에 관한 자신의 솔직한 느낌과 바램을 배우자와 나누라. 성에 대해 솔직히 이야기하는 것이야말로 상대방의 성적 욕구와 기대감을 파악할 수 있는 가장 좋은 수단이 된다. 배우자와 성적 환상에 대해 친밀감을 나눌 때 서로를 이해하는 데 도움이 된다.

성적 매력은 세상에서 가장 강력한 힘 중에 하나다. 그리고 결혼생활에서 성을 대하는 방식은 함께 하는 삶의 만족도를 결정하는 척도가 된다. 성생활에 관해 터놓고 대화하라. 그것이 어떤지, 어떠하기를 바라는지, 약간의 대화만으로도 오랫동안 행복한 결혼생활이 유지될 것이다.

당신의 의사소통의 질은 당신의 관계의 질에 영향을 미친다. 그리고 당신의 관계의 질은 섹스의 질에 영향을 미친다. 원활한 대화는 부부관계와 성활동의 필수품이다. "분노를 침실로 가져가지 말라"(Olson, Olson-Sigg, & Larson). 분노, 적대감, 불신 등의 억압되어 있는 감정을 먼저 대화로 처리하고 잠자리에 들라. 대화의 질이 부부관계의 질에 영향을 미치며, 부부관계의 질이 곧 부부의 성관계의 질에 영향을 미친다는 점을 기억하기 바란다.

당신은 말하고 들을 필요가 있다. 의미 있는 대화가 텔레비전이나 신문, 인터넷 보다 우선순위를 차지할 필요가 있다. 시간을 내서 대화하라. 섹스와 관계된 대화를 할 때에는 '너 진술문' 보다는 '나 진술문'으로 말하는 것이 효과적이다.

남자는 보다 낭만적인 접근을 할 필요가 있고 전희에 많은 시간을 보내야 한다

여자는 성의 서론을 즐기고, 남자는 성의 본론을 즐긴다. 성적 관계를 나눌 때는 분위기가 결과보다 중요하다. 누구에게도 방해받지 않는 둘 만의 오붓한 시간을 만들라. 남성이 사랑하는 여성과 섹스를 하려면 얼마만큼의 노력을 해야 할까?

「성공하는 결혼, 실패하는 결혼」의 저자 가트맨(1994) 박사는 여러 해 동안의 연구를 통해 얼마나 자주 성관계를 하느냐 하는 문제와 누가 집안일을 더 많이 하느냐가 부부 사이에 가장 흔한 성적 갈등을 야기한다고 지적하였다. 대개 남자는 여자보다 더 많은 섹스를 원한다. 남자는 어려서부터 섹스를 정서적 친밀감과 관계없는 순전한 쾌락의 문제로 배워왔기 때문에, 성적 친근감만을 목표로 삼는 성향이 있다.

그러나 이와는 대조적으로, 여자는 섹스를 원하기 전에 신체적, 정서적 친밀감을 먼저 경험해야 한다. 성교를 하는 것은 대다수의 여성에게 친밀감을 만들기보다 확인해주는 역할을 한다. "나는 여성이 불평하는 것을 얼마나 자주 들었는지 모른다. '그이는 섹스를 원할 때 외에는 나를 만져주거나 다정한 말을 건네는 적이 없어요. 나는 섹시한 기분을 느끼려면 매일같이 애정이 필요해요. 그런데 그는 바로 성감대로 직행해요. 나는 그가 나의 유방이나 음핵을 만지는 게 싫어요. 내가 이것을 말해주어도 그는 내가 먼저 몸 전체를 애무 받고, 포옹 받고, 먼저 귀하게 여김을 받아야 한다는 걸 잊어버리는 것 같아요. 그렇지 않으면 섹스가 기분이 나빠요. 침범당하는 기분이에요.' 집안일은 성에 비해 사

14. 부부의 만족한 성관계를 발전시키려면 무엇을 어떻게 해야 하는가?

소한 일인 것처럼 들릴지 모른다. 그러나 여자는 이를 성생활에 직접 영향을 미치는 중요한 사안으로 본다. 가사와 자녀양육은 아내의 전유물이 아니다. 집안에서 청소나 설거지, 자녀를 돌보는 일 등에 동참하면 이는 어떤 최음제보다 더 강력한 전희효과를 발휘한다(p.155).

그녀가 좋아하는 향수를 선물한다든가, 꽃을 선물한다든가, 멋진 공원이나 야외에서 데이트를 한다든가, 드라이브를 한다든지 해서 그녀를 즐겁게 해주고 성적인 충동을 일으키도록 하는 다정한 포옹이나 키스를 하는 것도 효과를 발휘할 수 있다. 부부가 함께 성생활에 대한 책을 보거나 비디오를 활용하는 것도 도움이 될 것이다.

창의력과 모험심을 발휘하라

어린아이처럼 천진난만하게 할 수 있는 새로운 방법들을 만들어보라. 일상적인 것은 떠나 예기치 않은 행위를 할 때 더 활력 있는 성생활을 누릴 수 있다. 새로운 것보다 더 좋은 최음제는 없다. 자신도 배우자도 생각지 못한 때와 장소에서 구애하자. 새로운 체위와 테크닉도 시도해 보자. 성경은 어느 곳에서도 다양한 체위와 테크닉을 정죄한 적이 없다. 당신이 피차 동의하는 가운데 하는 것이며 유해한 것이 아니라면 침실의 사적인 공간에서 당신이 하는 것은 용납될 수 있는 것이다. 팀 라헤이 목사가 실시한 조사에 의하면, 대다수의 그리스도인과 목회자는 오랄 섹스를 용납하고 있다(Sell, 1982, p.103). 배우자가 주도하는 편이라면 이번에는 당신이 먼저 나서 보라. 사랑하는 시간을 바꿔보라. (조명이나 음악을 바꿈으로) 분위기를 바꿔보라. 해변에서의 오후, 숲 속의 산책,

함께 하는 샤워, 혹은 모텔에서의 하룻밤 등 다양할 방법들을 시도해 볼 수 있다(심수명, 2006).

기운을 아껴 체력을 비축하도록 하라

충분한 수면과 휴식, 적절한 운동, 규칙적 식생활이 성생활의 만족을 가져다준다. 부부관계를 맺는 것은 그날의 마지막 행사인 경우가 많다. 그래서 졸음과 성적 자극 사이의 줄다리기로 변하기 쉽다! "열심히 일하라. 그리고 잘 쉬어라. 두 가지 모두 의미 있는 삶을 위해 필요하다. 때때로 성관계는 분명히 영적인 뜻을 함축할 수 있으나, 육체의 즐거움만 위한 것일 수도 있다. 그 모두가 결혼 안에서 거룩하다"(Thomas, 2003. p.291).

아내에게는 자상한 관심과 배려, 결혼기념일이나 생일을 잊지 않고 챙겨주는 것, 아내가 만든 음식에 대해 말이나 행동으로 감사를 표현하는 것, 모든 일을 아내와 의논하고 결정하는 습관, 가정불화가 있을 때 아내에게 양보하는 자세, 아내의 개성과 취미를 존중해주고 키워주도록 하는 것, 아내의 좋은 점을 칭찬해주는 것 등이 모두 전희효과를 나타낼 수 있다.

아내에게는 잡다한 주제의 대화가 전희가 된다는 것을 기억하고 부정적인 감정의 짐을 나누는 대화를 한다

성적 욕망을 방해하는 가장 큰 적은 두려움과 적대감이라고 한다(Wheat, 1980). 공감하고 반영하는 대화로 부정적 감정을 처리하라. 성행

14. 부부의 만족한 성관계를 발전시키려면 무엇을 어떻게 해야 하는가?

위의 순간에는 부정적 감정이나 불만을 꺼내지 않도록 하라.

어떤 부부든지 배우자에게 이해받고 인정받고 싶어 한다. 우리는 상대방의 감정을 헤아리며 상대의 관점에서 인생을 바라보고 상대의 입장을 이해함으로 이 욕구를 충족시킬 수 있다. 사도 베드로는 남편들에게 아내를 이해하는 마음으로—지식을 따라—동거하라고 권면하였다(벧전 3:7). 패로트 부부는 "부부 문제의 90%는 상대방의 관점에서 문제를 다루면 모두 해결할 수 있는 것들이다"라고 말하였다. 상호이해하지 않으면 친밀감이 형성될 수 없고 대화하지 않고서는 상대방을 이해할 수 없다.

대화와 사랑의 관계는 피와 몸의 관계에 비유된다. 피의 흐름이 멈추면 몸은 죽는다. 대화가 멈추면, 사랑은 죽고 원한감정과 미움이 탄생한다(Reuel Howe).

존 포웰은 대화와 토론을 구분하여 설명하고 있다. 대화는 감정과 느낌을 나누는 것이고, 토론 또는 의논은 생각과 가치관, 계획 또는 결정을 나누는 것이다. 부부관계에 두 가지 모두 중요하지만, 사랑하는 관계에서는 두 사람 사이에 정서적인 감정처리가 있어야 계획과 선택과 가치를 거론할 수 있는 것이다. 인간관계에서의 사랑과 의사소통의 붕괴는 언제나 감정적 문제에 기인하는 것이다. 자기개방은 부부의 친밀감의 수준을 결정하는 단 하나의 요인이다. 불안이나, 불신, 원한감정과 같은 표현되지 않은 감정이 우리의 성적 친밀감에 영향을 미친다. 남자는 전형적으로 섹스를 분노나 아픔으로의 도피처로 사용할 가능성이 있다. 그러면 이러한 부정적 감정은 여성의 심신을 닫게 만든다. 부부는 생각과 감정을 나누는 자기 나눔을 함으로써 친밀감을 증진시킬 수 있다. 자기개방을 할수록, 친밀감은 더 깊어지게 마련이다.

성치료 전문가 매스터스와 존슨Masters & Johnson은 부부의 성관계 회복을 위해서는 육체적 관계 보다는 정신적 관계가 먼저 유지되어야 한다고 강조한다. 이들은 서로가 성행위를 원할 때까지 공동의 관심사나 대화 그리고 애무로 정신적인 관계 유지에 힘쓸 것을 당부했다.

성감대 중 어느 부분을 어떻게 애무해주면 더 좋고 흥분이 되는지, 어떠한 체위가 우리 부부의 성생활에 더 만족을 주며 기쁨을 주는지에 대하여 솔직하게 대화하는 것이 좋다. 성생활에 대해 솔직하게 나누지 못하면, 보다 나은 부부생활의 기쁨을 누리기란 힘들다.

부부는 서로 자신의 좋고 나쁜 성적 느낌을 자유롭게 표현해야 된다. "그건 싫어요"라는 소극적인 표현보다 "이렇게 해 주세요"라고 보다 적극적인 전달이 필요하다. 자신의 성감대를 상대방에게 이해시키는 것은 만족스러운 성생활의 매우 중요한 일이다.

섹스와 관련해서는 비언어적 의사소통도 중요하다. 주제가 섹스일 때는 신체언어 가운데 눈 맞춤과 만져주는 것보다 따뜻함과 애정을 전달하기에 좋은 방법은 없다. 여성이 섹스를 하려면, 그에게서 충분하게 사랑을 받고 있다고 느끼게 하고, 나도 그를 사랑한다고 느껴야 한다. 대개의 여성이 원하는 섹스는 안전한 공간―약간 어둡고, 은은한 음악이 들리는―에서 정말 사랑하는 이의 애정 어린 손길과 음성을 느끼며 하는 것이다. 일반적으로 시각적인 자극에 예민한 남성과 달리 여성은 촉각과 청각에 예민하다.

14. 부부의 만족한 성관계를 발전시키려면 무엇을 어떻게 해야 하는가?

한 달에 한 번 정도 가정을 완전히 떠나 한적한 곳에서 아내와 낭만적인 시간을 가진다

결혼상담자 헤론 박사는 특히 중년부부에게 신체적으로 심리적으로 집을 떠나보라고 제안하고 있다. 장소를 바꾸고 일상의 리듬을 깨고, 집을 떠나는 것은 모두 당신의 관계에 활력을 불어넣는 탁월한 방법이 될 수 있다. 당신의 생활에서 로맨스를 개발하라. 아내는 낭만적 분위기에 쉽게 마음을 연다.

함께 기도하는 시간을 갖도록 하라. 영적 친밀감이 성적 친밀감을 극대화시킬 수 있다. 결혼전문가 아프 부부(Arps, 2004)는 말한다. "신념 체계가 삶의 다른 어떤 영역보다 성애에 중요하다. 공통된 신앙체계를 개발하는 것은 부부의 슈퍼 섹스super sex에 중추적으로 중요하다. 이것이 결혼이 친밀감을 위해 독특한 기회를 제공해주는 이유다. 부부관계는 인생의 변화 과정을 통과하면서 영적 성장을 위한 시간과 기회를 제공하기 때문이다"(p.59).

부부상담사 프리젠 부부(Friesen & Friesen, 1989)는 「결혼상담」이라는 책에서 '성생활 사다리'라는 개념을 소개하고 있다. 사다리는 아래에서부터 위로 오르는 것이 순리다. 남자들은 이를 상기할 필요가 있다.

남자는 섹스를 원한다. 그러나 여자는 로맨스를 원한다. 남자들은 섹스를 통해 사랑을 느끼지만 여자들은 사랑받고 있다는 느낌이 있어야 성적인 갈망을 갖게 된다(Gray, 1996).

성교
성기를 애무함
유방을 애무함 — 성애
짙은 입맞춤 French kissing
성기나 유방이 아닌 다른 부분을 애무함

몸 전체를 포옹함
잔잔한 입맞춤
"여보, 당신을 사랑해" — 애정
부드러운 포옹

손에 손을 잡고 걸음
꿈을 함께 나눔
함께 웃음
말하면서 서로 만짐
계획을 나눔 — 우정
산보를 나감
어떤 일을 함께 함
사소한 대화를 나눔
서로를 바라봄

14. 부부의 만족한 성관계를 발전시키려면 무엇을 어떻게 해야 하는가?

만족스러운 부부의 성애를 유지하는 열쇠는 두 사람 사이에 연애감정을 유지하는 것이다. 정서적이고 오락적인 친밀감을 개발하는 노력을 중단해서는 안 된다. 우정과 동반자관계, 그리고 낭만적 성적 사랑이 필요하다. 강력한 성적 욕망의 불은 부드러운 우정의 감정에 의해 촉발되는 것이다.

서로 간에 깊은 신뢰와 사랑만 있다면 설사 성교를 할 때마다 오르가즘에 이르지 않더라도 여성은 만족한다. 때로 여성은 성기를 결합하지 않고도 남성의 애정 어린 애무만으로 만족하기도 한다. 여성들의 성적 만족에 대한 이선규(2001) 박사의 지적은 의미심장하다. "남성은 육체로 섹스하지만 대다수의 여성은 가슴으로 섹스한다. 육체적인 쾌락보다 정신적인 합일, 영혼까지 파고드는 사랑의 충만함을 위해 섹스하기 때문이다."

성실태 조사에 의하면, 남성과 여성의 속궁합이 맞는 조건으로서 여성들이 선택한 첫째 요건은 '부드러움과 남을 배려하는 마음'(48%)이었고, 둘째는 전희행위(16%)였다. 이것은 아내는 남편의 부드러움과 따뜻함에 훨씬 더 강한 성적 매력과 흥분을 느낀다는 말이다.

이동원(1998) 목사는 오관으로 성을 만끽하라고 주문하고 있다. "성기만이 성교의 가장 중요한 매체는 아니다. 오관, 즉 우리의 시각, 청각, 후각, 미각, 촉각 역시 모두 성적인 즐거움을 향유할 수 있도록 주님께서 허락하신 도구들이다. 우선 시각이 중요하다. 그래서 무드가 필요하다. 배우자의 육체의 아름다움을 감상할 수 있는 것은 큰 특권이다. 로맨틱한 불빛이나 잠옷 같은 것이 그래서 중요하다. 청각도 사용해야 한다. 음악소리, 향수나 로션, 에스트로글라이드라든지, 루블린(윤활유)도 원만한 성생활을 위해 사용할 수 있다"(p.156).

성생활에 만족하는 커플과 만족하지 못하는 커플 간의 차이

결혼전문가 존 가트맨(2011) 박사는 두 집단 간의 차이가 미모, 건강, 연령, 나이, 성격, 성경험 등이 차이를 가져오는 변수로 가정하였다. 그런데 놀랍게도 이런 요인은 성적 만족도와 무관하다는 결론이 나왔다.

성생활의 만족도는 서로에 대하여 얼마나 잘 아는가(사랑의 지도), 서로 얼마나 호감과 존중을 자주 표현하는가(호감과 존중 쌓기), 그리고 서로 얼마나 스트레스를 줄여주는 대화를 하는가(다가가는 대화), 이 세 가지가 결정적인 역할을 하는 것으로 밝혀졌다.

성행위를 끝까지 하든지 안 하든지 신체적, 성적 친밀감은 건강한 부부관계의 중요한 주춧돌 중의 하나다. 윌라드 할리(2004)가 말하는 부부 간의 성의 조화를 이루는 데 필요한 두 가지 요소는 다음과 같다.

- 성의 무지를 해결하라. 남편과 아내는 각각 자기 자신의 성을 이해하고 성적 반응을 이해해야 한다.
- 자신이 이해한 성을 함께 이야기하라. 자신이 이해한 성과 자신을 즐겁게 하는 법을 배우자와 함께 대화하는 법을 꼭 배워야 한다.

친밀감을 증진하는 방법

결혼상담가 프리젠 부부(1996)는 부부관계의 수준을 피라미드 삼각

14. 부부의 만족한 성관계를 발전시키려면 무엇을 어떻게 해야 하는가?

형으로 그려서 4단계로 설명하였다. 아래에서부터 위로 올라가야 한다는 것이다.

첫 단계를 개인적 정서적 긴장, 그다음 의사소통 기술, 그리고 갈등처리, 마지막으로 가장 높은 수준에 친밀감이 있다. 부부는 친밀감이 성장하도록 양육하고 촉진하기 위해서 노력하고 시간을 투자해야 한다.

수행불안을 떨쳐버리라

수행불안은 자신의 성행위 수행능력에 대한 불안이다. "저 사람이 정말로 만족을 느끼는 걸까" "내가 뭘 잘못한 건 아닐까?" "혹시 흥분하는 시늉만 내는 건 아닐까?" "다른 것을 시도해야 하는 건 아닐까?" 등의 질문을 스스로에게 던지는 것이다. 이렇게 형성된 불안감은 성적인 흥분을 억제하고 따라서 배우자의 만족감까지 저해한다. 부부전문가 하워드 마크맨(2005)은 수행불안을 예방하는 방법을 다음과 같이 제안하고 있다.

- 서두르지 말라. 직접적인 성적 접촉에 앞서 전희에 충분한 시간을 투자하라. 자신과 배우자 모두 육체적 즐거움을 느끼며 긴장을 완화해 자연스럽게 성관계를 가질 수 있도록 하자.
- 긴장을 풀어라. 섹스는 즐거워야 하는 법이다. 긴장을 풀기가 힘들다면 관계에 앞서 따뜻한 물로 목욕을 하거나 감각적 손길로 서로를 흥분시킬 수 있는 것들을 하자.
- 잡다한 생각을 버리고 순간에 충실하라. 부정적인 생각이 든다면 긍정적 자기대화로 씻어낸다.

- 감각적인 대화를 사용해 배우자의 행동이 자신에게 주는 만족감을 표현하라. 자신이 즐기는 감각적이거나 성적인 행위에 대해 솔직하게 대화하라. 좋아하는 행위에 대해 이야기하는 것은 절대로 창피하게 여길 일이 아니다.
- 불만을 꺼내지 말라. 성적인 부분에 불만이 있다면 따로 다른 시간에 청자-화자 기법을 사용해 문제를 토론하도록 하라. 즐거운 성관계의 핵심은 즐거운 경험을 하는 것이다. 성관계를 가질 때에는 문제나 불만을 제기하지 않기로 약속하라.
- 창의력과 모험심을 발휘하라. 자신도 배우자도 생각지 못한 때와 장소를 구애하자. 새로운 체위와 테크닉도 시도해보자. 배우자가 주도하는 편이라면 이번에는 당신이 먼저 나서보라.

부부가 함께 오르가즘을 경험한다면 그 이상 좋은 것은 없다. 그러나 오르가즘이 성교의 궁극적 목적인가? 여기에 대하여 부부상담가 가드너(Gardner, 2002)는 단도직입적으로 그렇지 않다고 말한다. "나는 사람들이 자극적인 섹스를 경험하기를 원하지만, 그런 섹스가 더 나은 테크닉이나 약물을 통해 온다고 믿지는 않는다. 그러나 당신이 오르가즘에 초점을 맞추지 않고 하나 됨에 초점을 맞추고 성적 발견의 여행을 시작하려 한다면 당신은 바른 위치에 있다. 섹스는 부부가 서로의 영혼을 터치하는 방법이라고 생각할 때 진정으로 만족스런 부부 생활을 영위할 수 있는 것이다"(p.5).

14. 부부의 만족한 성관계를 발전시키려면 무엇을 어떻게 해야 하는가?

만족한 성생활을 누리려면 성에 대한 남녀의 기대가 다르다는 것을 인정해야 한다

행복하게 사는 부부는 역할놀이를 잘하는 부부라고 할 수 있다. 한 심리학자가 한 번은 결혼생활을 극장에 비유하면서 다음과 같이 말한 적이 있다. "여성에게 사랑은 연극 그 자체이지만, 남자에게 있어서 사랑은 막간intermission이다." 나는 이 비유가 타당한 것이라고 생각한다. 남자에게 있어서 사랑은 성적인 성격을 갖는 것으로, 속도와 욕망을 지닌, 그리고 빨리 끝나버리는 강력한 충동이다. 사랑이 끝난 후 그의 생각은 다른 것들에 끌리게 되며, 그의 아내는 버림받았다는 느낌을 갖는다. 물론 나는 지금 한창때의 남자들에 대해 이야기하고 있다. 오직 사랑에만 관심이 있는 다른 남자들이야 그렇게 생각할 수가 없겠지만 말이다.

나는 저자 이름은 기억하지 못하지만, 하나의 아름다운 단편 소설을 기억하고 있다. 그 소설은 한 부부가 신혼여행을 끝내고, 집으로 돌아오는 것에서부터 시작된다. 두 연인은 수주 간 동안 서로 다정하게 지낸다. 그들은 서로 떨어져 있은 적이 없었으며 피차 서로의 것이 되어 있었다. 그러다가 다음날 남편은 회사로 출근을 한다. 젊은 아내는 부엌 의자에 앉아 눈물을 흘린다. "이제 나는 혼자구나. 아무도 없이 나는 혼자야!" 우리는 어느 날인가 이 젊은 아내가 의자에서 일어나 삶에 대한 흥미를 회복하게 되기를 바란다. 만일 그렇게 된다면, 그녀가 하는 모든 것이 남편에 대한 사랑으로 말미암아 하는 것이 되기 때문일 것이다. 남편에 대한 사랑 때문에, 그녀는 요리를 할 것이고, 거실을 청소할 것이며, 설거지를 할 것이다. 이렇게 하는 까닭은 여성에게는 사랑이 생활 전체를 이루고 있기 때문이다.

반면에 남자는 일 자체 때문에 자신의 일에 관심을 갖는다. 해결해야 할 기술적인 문제를 위해서, 직업상의 경쟁을 위해서, 그리고 성공을 쟁취하기 위해서 그는 일에 관심을 갖는다. 사랑이라, 글쎄요. 그는 집에 돌아가 아내와 함께 있을 때나 사랑을 생각할 것이다. 그때에도 거기에는 차이가 있다. 아내에게는 남편이 흔히 인식하지 못하는 정서적인 욕구가 있다. 애정 어린 부드러운 말을 들어야 하고, 남편과 함께 외출을 해야 하고, 무엇엔가 감탄할 때는 함께 흥분을 나누어야 하고, 절정의 순간의 정적 속에서 깊은 하나 됨을 경험할 필요가 있는 것이다. 그녀에게 사랑은 영구적이며, 높은 수준의 애정을 의미한다. 그녀가 남편이 항상 그녀와 함께 했으면 하고 바라는 것은 바로 이 때문이다. 아내는 남편이 자기에게 주는 시간을 계산하고, 집에서 보내는 주일을 계산하고, 영화관람을 위해 외출하는 저녁을 계산한다. 그녀에게는 이것이 사랑이 표현되는 방식이다. 만일 남편이 혼자 운동 경기를 보러 갈라치면, 그녀는 "당신은 이제 나를 사랑하지 않는군요"하고 불평한다. 다른 일에 관심을 가지면, 그것은 더이상 그녀에게 관심이 없기 때문이라고 해석하는 것이다.

종종 아내는 성경험이 상호 화목, 이해, 그리고 피차에 대한 애정이라는 더 큰 맥락의 일환으로 이루어지지 않을 경우에는 충분한 성적 쾌락을 경험할 수가 없다. 그러나 남자의 경우에는 성애의 곡선이 절정을

14. 부부의 만족한 성관계를 발전시키려면 무엇을 어떻게 해야 하는가?

향해 급상승하다가 절정에 이른 다음에는 급강하한다. 남자들은 날 때부터 본질적으로 충동적이고 성적이기 때문이다. 이 때문에 때로는 아내가 "당신은 나를 사랑하지 않고, 나를 원하기만 하는 것 같아요." 하고 말하는 것이다. 이 모든 것은 아내가 충동적이고 오래 지속하지 못하는 이 남성형의 사랑을 이해할 수도 없고 받아들일 수도 없음을 의미한다. 아내는 남편이 자기처럼 부드럽게 지속적으로 정감어린 사랑을 해주었으면 하고 바란다. 이와 같은 이해의 부족으로 아내는 성적인 경험을 완전히 혐오해 버리는 지경에까지 갈 수도 있다. 열띤 말다툼을 하고 아직 흥분이 가라앉기도 전에, 남편이 자기와 연합하고 싶어할 때, 이 점을 아내는 도무지 이해하지 못하는 것이다. 그렇게도 저명하고, 그렇게 존경받으며, 그렇게도 지성적인 남자가 그토록 천하고 저속한 유혹에 흔들릴 수 있다는 사실에 기가 막힐 뿐이다. 그가 자기의 고민을 아내에게 털어놓은 것은 아내를 사랑하기 때문인데도, 자기를 정말로 사랑한다면 다른 여자들을 생각하지 아니할 것이라고 생각한다. 반면에 남편은 이해 받지 못하고, 정죄 받고, 멸시 당했다는 느낌을 받는다. 그래서 자신 속으로 움츠러든다. 이후부터는 자기네 결혼의 연합에 암영을 던져줄 뿐인 그런 속이야기는 피하게 될 것이다. 하지만 침묵의 베일은 그의 성적 충동보다도 그들의 결혼을 더 위태롭게 할 것이다. 성적인 유혹에 대한 최상의 대비책은 그러한 유혹에 대해 솔직하게 이야기하고, 아내의 이해 속에서, 어떠한 모양으로라도 연루의 흔적이 없이 그것을 극복하는 데 필요한 효과적이고 정서적인 도움을 찾는 데 있다(투르니에, 2000, pp.68-71).

15. 다원화된 사회 속에서 우리는 성적으로 어떻게 대처해야 하는가?

성은 자녀생산과 쾌락과 즐거움, 그리고 하나 됨을 위한 것이다. 현대는 계몽주의로 시작되었다. 지난 수 세기 동안 종교가 삶의 변두리로 밀려났고 세속화가 시작되었다. 최근의 발전은 성을 죄의 굴레에서 해방시켰다는 점에서 긍정적이다. 환상적이고 질적인 섹스에 대한 강조는 부정적 결과를 초래하기도 하였다. 성관계에 대한 기대가 증가하고 실적위주의 성행위 성향을 낳았다(Grenz, 1966).

성과 세속화

계몽주의의 결과로 종교가 생활의 변두리로 밀려나는 세속화가 일어났다. 20세기 후반에는 성의 세속화가 촉진되었다. 이전에는 성을 신학적인 범주에 넣어 공적인 의미를 지니는 것으로 해석하였다. 그러나 최근에는 성에 대한 종교적 공개적 해석이 감소되었다. 성행위는 공개적인 영역에서 벗어나 전적으로 사적인 것이 되었다. 핵가족화로 사생활이 대두되었고 현대의학의 발달로 성병퇴치와 산아제한이 가능해졌다. 성행위가 결과 없이 행해질 수 있고 쾌락만을 위한 성행위가 가능해졌다. 인간의 성행위의 목적이 둘로 구분되게 되었다. 하나는 출산을 위한 성행위요, 다른 하나는 기쁨을 위한 성행위다.

성혁명

성의 세속화는 1960년대의 성혁명으로 이어졌다. 우리가 살고 있는 시대를 '성혁명의 시대'라고 하는데, 성에 관한 사람들의 인식과 생각 속에 커다란 혁명이 일어났기 때문이다. 사람들은 성경을 연구하는 대신, 과학의 연구에서 해답을 찾으려 하고, 죄의 용서 대신에 죄의 망각을 추구하며, 천국을 찾기보다 성의 쾌락을 추구한다Tim Stafford. 시대의 변화에 따라 이제 여성도 외도에 가담할 수 있게 되었다. 그러나 1980년대에 들어서면서, 성병의 만연과 AIDS로 인해 신보수주의가 대두되었고 '조심'과 '헌신'이 '자유'와 '경험'을 대치하게 되었다. 새로운 성적 정복의 추구가 친밀감의 추구로 대치되기에 이르렀다. 독립한 개인의 일차적 중요성, 성의 프라이버시, 필요한 결과를 치르지 않는 섹스라는 1960년대의 특징은 그대로 유지되고 있다.

기술문명으로 인간관계가 파괴되고 진정한 친밀감을 찾아 모두들 갈증을 내며 허덕이는 이 때, 그 친밀감의 대용품으로 '성산업'이 호황을 누리고 있다. '성에 대한 갈증'이란 사실은 '친밀한 관계에 대한 갈증', 사람 사이의 진정한 관계, 더 나아가 우리 생명의 원천인 하나님과의 관계에 대한 갈증이다. 현대인의 성에 대한 갈증의 해답은 언약적인 부부관계의 회복을 통해 그 속에서 진정한 친밀감을 맛보는 것이다(조은숙, 2006).

15. 다원화된 사회 속에서 우리는 성적으로 어떻게 대처해야 하는가?

성인식의 과도기와 교회

새로운 보수주의는 성에 대한 전통적 윤리로의 회귀를 의미하지 않는다. 우리는 새 시대에 맞는 성서적 성윤리를 주장하여야 한다. 미디어는 자기충족을 위한 성의 필요성을 낭만적으로 외치고 있으며, 광고업계는 성을 착취의 도구로 사용하고 있다.

전환기는 옛 규범이 사라지고 새로운 규범을 태동하는 시기이기 때문에 위태롭다. 윤리적공백으로 유도할 수도 있고, 모든 규제를 배척하는 반율법주의나 도덕폐기론으로 발전할 수도 있다. 인류를 위한 하나님의 계획을 새롭게 연구하여 진술할 수 있는 기회가 될 수 있다. 하나님은 우리를 성적인 존재로 창조하였다.

지난 2천년 동안 교회는 성에 관한 한 주로 책망하는 부모 역할을 했다고 할 수 있다. 간음하지 말라, 음행하지 말라, 동성애를 멀리하라. 교회의 자세는 다분히 반성적antisexual이었다. 성에 대해 침묵하거나 무시하거나 인간에게 성은 중요한 관심사가 아닌 것처럼 행동하였다(Lester, 1973). 이렇게 교회가 주로 부정적인 권면에 치중하는 동안, 부부에게 어떻게 긍정적으로 성애의 축복을 누려야 하는지에 대하여는 침묵하였다. 이제 교회는 부부에게 하나님의 의도한 성적 친밀감의 축복에 대해 가르칠 때가 되었다.

금기는 사라졌다. '침묵의 음모'는 끝나야 한다. 어디를 보나 성에 대한 열린 논의가 진행되고 있다. 교회 내에서도 마찬가지로 열린 논의와 토론이 필요하게 되었다. 성에 대해 대화하지 않으면 성에 대해 생각할 수도 없다. 미신과 무지의 어두움이 너무 오래 동안 지속되었다.

이제 지식과 진리의 빛이 비취게 하자. 이 대화는 성인 세대에만 국한 되어서는 안 된다. 세대 차이를 넘어 양방향 의사소통이 이뤄져야 한다. 여러 세기에 걸쳐 계속 되었던 회피와 침묵으로 인해 가해진 피해를 복구하려면 다른 더 좋은 대안이 없다 … 현재 가장 절박한 과제는 창조와 성육신의 교리에 기초하여 예수님의 윤리적 가르침에 부합하는 성윤리를 제시하는 것이다(Mace, 1970).

섹스의 빈도와 다양한 성적 기교는 서로에 대한 배려라는 면을 제외하면 이는 도덕적 문제가 아니다. 성경은 우리가 누구와 섹스를 할 것인가를 제한하였을 뿐 어떻게 성교를 할 것인가에 대해서는 언급하지 않았다. 달리 말해서, 결혼한 부부는 피차에게 만족을 주고 관계에 기여하는 것은 주안에서 무엇이든 할 수 있는 자유가 있다. 피차 합의하에서라면 부부가 서로에게 즐거움을 제공하기 위해 오랄 섹스든 상호간의 자위이든 다른 어떤 방법을 사용하여도 무방하다(Richard Foster, Money, Sex, and Power).

메타섹스Meta-Sex의 시대

그리스도인은 성을 영적인 생활을 포함한 삶의 다른 맥락에 비추어 이해해야 한다. 하나님은 성이라는 선물을 즐기라고만 주신 것이 아니다. 섹스는 사랑이 많으신 하나님께서 창조하신 거룩하고 신비스러우며 예배스러운 축제다. 어떤 부부도—재정, 자녀, 정서와 같은—중요한 문제가 무시되고 있는데 피차간에 만족스러운 성적 연결감을 즐길 수는 없다.

15. 다원화된 사회 속에서 우리는 성적으로 어떻게 대처해야 하는가?

"나는 성에 대해 무엇을 믿는가? 내가 생각하고 느끼는 것이 나의 성생활에 어떤 영향을 미치는가? 하나님은 성을 창조하셨을 때 원래 의도하신 것이 무엇인가? 왜 섹스를 해야 하는가?" 하나님은 섹스가 신적인 것과의 만남이 되도록 설계하셨다. 두 몸이 하나가 될 때, 영적이며 신비스러운 경험이 되기를 의도하셨다. 성행위는 예배의 행위다. 우리는 섹스를 하나님께서 주신 거룩한 사건으로 이해해야 한다(Tim Gardner). 성은 신체적, 정서적, 영적 측면을 가지고 있다. 성은 거룩한 것이다. '성적으로 신령한 사람' 이라는 말은 모순어법이 아니다.

하나님을 예배하는 신자들로서, 우리에게는 배우자와 연결할 수 있는 방법 가운데 가장 거룩하고, 가장 친밀하며, 가장 사랑하는 방법으로 만날 수 있는 특권이 주어졌다.

우리는 하나님께서 창조하기를 수치스러워 하지 않은 것에 대해 거론하는 것을 수치스러워 해서는 안 된다(Howard Hendricks). 하나님은 다른 누구보다도 당신이 결혼생활에서 섹스라는 그의 선물을 충분히 누리기를 원하신다(Kimberling, 2007, p.116).

결혼의 궁극적 목적은 하나 됨(친밀감), 즉 동반자 관계를 누리는 것이다. 친밀감은 정서적, 지성적, 성적, 오락적, 사회적, 위기적, 영적 차원에서 경험할 수 있는 다차원적인 것이다. 성적 친밀감은 결혼을 위한 것이다. 예수님은 창세기를 근거로 결혼에 대하여 극히 긍정적으로 말씀하셨다(마 19:3-6). 우리는 부부에게 성적 친밀감을 누리는 법을 가르쳐주어야 한다.

성경은 우리의 육적인 욕정에 대하여 부정적인 말들을 많이 한다.

왜냐하면 그것은 대단히 강력하고, 도착적이며 파괴적인 행위로 이어질 수 있기 때문이다. 그러나 성경은 성의 즐거움과 쾌락에 대하여도 많은 긍정적인 말을 하고 있다. 성경이 아가서에서 "나의 사랑하는 사람들아 마시고 많이 마시라"고 자극하는 것은 하나님께서 성을 유쾌한 경험으로 의도하셨다는 것을 분명히 보여준다. 부부 사랑을 노래하는 것으로 간주되는 이 구약 시대의 노래는 사랑의 진미를 생생하게 묘사한다. 남자는 그가 사랑하는 여인에 대하여 이렇게 말한다. "사랑아 네가 어찌 그리 아름다운지, 어찌 그리 화창한지 쾌락하게 하는구나 네 키는 종려나무 같고 네 유방은 그 열매 송이 같구나"(한글개역, 아 7:6-7). 그 여인은 자신의 여성적 매력을 부끄러움 없이 인식하고 있다. 자신을 정원과 비유하면서 그녀는 남자를 초대한다. "나의 사랑하는 자가 그 동산에 들어가서 그 아름다운 실과 먹기를 원하노라"(아 4:16). 성경은 종종 마시는 이미지를 육감적 관능성과 조화시킨다. "네 사랑이 포도주보다 나음이로구나"(아 1:2). "나의 누이, 나의 신부야 내가 내 동산에 들어와서 … 내 포도주와 내 젖을 마셨으니 나의 친구들아 먹으라 나의 사랑하는 사람들아 마시고 많이 마시라"(한글개역, 아 5:1).

하나님께서는 성이 남편과 아내 모두에게 피차 쾌락적인 경험이 되도록 의도하셨다. 하나님은 성이라는 수단이 피차에게 표현된 육체적 사랑의 축복을 통해 한몸이 되도록 설계하셨다. 하나 됨의 기적은 육체적인 측면만이 아니라 영적인 연합을 통합하며 인간적 쾌락의 극치를 나타낸다. 이와 같이 영광스러운 육체적 쾌락은 두 사람의 연합을 축하한다(Pensanti, 2001).

15. 다원화된 사회 속에서 우리는 성적으로 어떻게 대처해야 하는가?

잠언서는 젊어서 취한 아내를 즐거워하라고 남자에게 강권하고 있다. "그는 사랑스러운 암사슴 같고 아름다운 암노루 같으니 너는 그 품을 항상 족하게 여기며 그 사랑을 항상 연모하라"(한글개역, 잠 5:19). 그녀의 유방(품)을 언급한 것에 덧붙여서 '사랑'이라는 단어는 결혼한 사람들 사이의 특별한 관계를 나타내기 위하여 주로 사용되므로 그 성구가 관능성을 의미한다는 것이 확실하다. '연모하라'는 명령은 열정을 불러일으킨다. 다른 곳에서 이 단어는 술 취한 사람을 묘사할 때 사용된다. 남편은 그의 아내의 성적흥분을 마음껏 즐기라는 명령을 받는다. 영성신학자 게리 토마스는 말한다. "믿기 힘들겠지만, 우리는 남편을 위해 성욕을 키우며, 우리에 대한 그들의 성욕을 받아들임으로써 하나님께 영광을 드릴 수 있다"(p.270).

성에 대한 이러한 긍정적인 시각은 신약에도 남아 있다. 바울에 의하면 하나님께서 지은 모든 것은 선한 것이며 그것들 중에 하나는 결혼이라고 한다. 그는 귀신의 가르침을 좇는 거짓 선지자들은 이와 다르게 가르친다고 주장한다. 이 거짓 선지자들은 결혼을 금하고 음식물을 먹지 말라고 하지만 이 선물들은 모두 "감사함으로 받을 것"(딤전 4:3)이라고 가르친다.

"하나님이 우리를 부르심은 부정하게 하심이 아니요 거룩하게 하심이니"(살전 4:7). 하나님이 요구하신 삶을 살라. 하나님의 기준에 부합한 삶—순결함—을 선택하라.

오늘날 대다수의 그리스도인 부부는 성교를 서로에 대한 사랑의 표현으로서 함께 누려야 할 전적으로 좋은 경험으로 생각하고 있다.

하나님은 부부가 성의 즐거움을 누리기 원하시기 때문에, 우리는 성애의 즐거움을 자세히 설명해주는 연구와 의학적 자료를 충분히 활용하여야 한다. 그리스도인은 성적 장애를 참고 견뎌야 할 이유가 없으며, 그 즐거움을 증진시키도록 도와주는 기술을 이용할 때가 되었다(Gardner, 2002).

섹스가 배우자에게 주어야 할 중요한 어떤 것이라는 개념은 성경에 기초하고 있다. 고린도전서 7장에서는 부부가 서로에게 부부로서의 의무를 다하고 성적인 즐거움을 빼앗지 말아야 함을 분명하게 가르친다. 이 대목에 의하면 아내에게는 자기 몸에 대한 권한이 없고, 오직 남편에게 있으며, 남편 역시 마찬가지다. 이러한 구절들은 우리가 각자 자신의 배우자에게 만족스러운 성경험을 제공해야 함을 분명히 일깨워준다. 우리 각자는 성적인 의무를 진지하게 받아들여야 하고, 배우자의 성적인 필요와 욕구를 충족시키기 위해 애정과 열의를 가지고 최선을 다해야 한다(하이벨스, 2010).

황수관(2008) 박사는 전에 어느 목사님의 주례사를 듣고 퍽 마음에 공감한 적이 있다면서, 새로 가정을 꾸리고 남편을 맞이하는 신부에게 당부하신 말씀을 전하고 있다.

"신부는 남편을 대할 때 한 마리의 돼지를 키운다고 생각하며 대하십시오. 돼지를 보십시오. 배가 고프면 아주 꿀꿀거리며 돼지우리를 머리로 들이받고 야단을 떱니다. 그럴 때 밥을 주면 정신없이 먹어댑니다. 그러다가 배가 부르면 조용해집니다. 돼지가 실컷 배불리 먹고 나면 어떻게 합디까? 아시는 것처럼 옆으로 비스듬히 누워서 만족해합니다. 그릴 때 다가가서 등을 슬슬 긁어줘 보십시오. 아주 좋다고 꿀꿀거리며 다리를 쭉 뻗고 누워 순한 양이 됩니다. 남자는 이런 본능이 발달한 동물입니다. 그러니 신부는 남편이 뭐라고 불평을 하거들랑 우선 배부터 부르게 해주십시오. 그리고 배가 부르면 남자는 그다음 사랑을 채워달라고 요구할 것입니다. 그럼 돼지 등을 긁어주듯 슬슬 달래주며 사랑해 주십시오. 그럼 한 집에서 사는 것이 별로 불편하지 않을 것입니다."

쾌락(즐거움)은 하나님의 아이디어다. 그리고 하나님은 마귀의 원수다. 마귀는 실제로 쾌락을 싫어한다. 왜냐하면 그는 쾌락의 하나님을 싫어하기 때문이다. 섹스는 좋은 것이다. 섹스를 창조하신 하나님이 좋으신 분이기 때문이다. 그리고 우리가 그의 선물을 감사함으로 받고 그분이 의도하신대로 즐길 때 하나님은 영광을 받으신다(Ben Patterson).

"섹스는 사랑하는 남편과 아내가 온몸과 마음을 다해 함께 누릴 수 있는 최대한의 커뮤니케이션이며 놀이다"(배정원, 2003). 모든 부부는 죽는 날까지 배우자를 통해서만 성적이고 감정적인 기쁨을 누려야 한다. 이것이야말로 결혼이 갖고 있는 목적이기 때문이다(라헤이, 2005). "섹스는 올바로 사용할 때 본질적으로 좋은 것이고 잘못 사용될 때만 죄악된 것이다"(Mace, 1986, p.194).

자기를 사랑하는 것과 타인을 사랑하는 것은 분리할 수 없는 것이다. 자기 사랑 또는 자기애는 기독교윤리에서 특별한 논란을 빚어왔다. 혹자는 자기애를 흔히 자기중심주의와 이기심과 혼돈하여 정죄하기도 하였다. 많은 그리스도인들은 따라서 성적인 쾌감을 다루는 데 상당한 어려움을 겪는다. 그러나 긍정적 자기 사랑이 없이는 순수한 친밀감은 불가능하다. 친밀감은 각자의 자기가치감에 좌우되기 때문이다(Nelson, 1990).

성기의 결합은 행복감, 황홀경, 그리고 천국의 전단계가 될 수 있는 강력한 결합의 경험이다. 부부는 하나님 앞에서 성관계를 가질 수 있고 그들이 함께 하면서 하나님의 존재와 임재를 인식한다면 그 성경험은 영적인 경험이 되는 것이다. 그런 의미에서 성애와 영성은 분리될 수 없는 것이다(Collins, 2008, p.412).

당신의 배우자에게 따뜻한 눈길을 주라. 눈을 맞추고 만지는 것은 따뜻함과 애정을 전달하는 두 가지 방법이다. 진심어린 칭찬을 해 보라. 특별한 날과 관계없이 애정을 담은 쪽지를 남겨 보라. 매일같이 친절하고 애정 어린 행동을 보여주어라. 수시로 낭만적 시간을 만들고 즐기도록 하라. 아내는 연결감을 느낄 때, 가장 행복하다. 정서적 친밀감을 느끼면 아내는 기쁨으로 자신의 몸을 남편에게 줄 수 있다. 부부는 성적인 하나 됨에서 하나님의 임재를 경험할 수 있다. 성교는 하나님께서 부부에게 허락하신 가장 친밀한 대화다.

수천 년 전에 지혜의 왕 솔로몬은 부부들에게 성적 즐거움을 누리라고 격려하였다.

"네 샘으로 복되게 하라 네가 젊어서 취한 아내를 즐거워하라 그는 사랑스러운 암사슴 같고 아름다운 암노루 같으니 너는 그의 품을 항상 족하게 여기며 그 사랑을 항상 연모하라"(잠 5:18-19).

우리가 결혼이란 테두리 안에서 순결하고 아름다운 성생활을 영위

할 수 있다면 하나님을 영화롭게 할 뿐만 아니라 부부사이의 관계도 더 깊어질 것이다. 세상에 친밀한 관계를 누리는 것보다 우리를 행복하게 하는 경험이 어디에 있겠는가!

모든 부부는 죽는 날까지 배우자를 통해서만 성적이고 감정적인 기쁨을 누려야 한다. 이것이야말로 결혼이 갖고 있는 목적이기 때문이다. 하나님은 원만한 성관계를 통해 출산뿐만 아니라 성충동을 해소하고 결혼생활에 충실하기를 모든 부부에게 바라고 계신다(라헤이, p.56).

당신은 침실에서 행복한가?

⚜ 여기 부부 간의 성관계에 관한 논의를 불러일으키기 ⚜
위한 몇 가지 질문이 있다.

1. 당신이 우리 부부의 성생활에서 정말로 즐기는 것은 무엇인가? 무엇이 당신을 기쁘게 하는가? 당신에게 가장 기분 좋은 것과 가장 편안한 것은 무엇인가?

2. 더 기분을 좋게 만드는 것은 무엇인가? 당신이 더 편안하게 느끼는 것은 어떤 것인가?

3. '완벽하게' 낭만적인 성적인 만남에 대해 당신은 어떻게 생각하는가? 당신에게 좀더 낭만적이 될 수 있도록 내가 할 수 있는 것은 무엇인가?

4. 내가 더 좋은 연인이 될 수 있는 방법은 무엇인가? 어떻게 하면 내가 더 좋은 성생활의 동반자가 될 수 있는가?

5. 우리가 성적인 충동을 느낄 때, 당신은 성적인 대상처럼 느낀 적이 있는가? 무엇이 당신을 그렇게 느끼게 만드는가? 그것을 고치려면 내가 어떻게 해야 하는가?

6. 우리가 사랑을 나누는 횟수에 대해 당신은 어떻게 생각하는가? 우리의 성적 취향이 다를 때에도 상대방의 성적 필요를 충족시켜 줄 수 있는 방법은 무엇인가?

7. 우리 둘 모두가 만족한 성생활을 하기 위해 넘어야 할 장애는 어떤 것들이 있는가? 우리 관계에서 어떤 면들이 우리의 성생활에 영향을 미치고 있는가? 그런 장애들을 극복하기 위해 우리가 시작할 수 있는 것은 무엇인가?

15. 다원화된 사회 속에서 우리는 성적으로 어떻게 대처해야 하는가?

즐거운 섹스: 서로를 즐거워하자

결혼은 기쁨의 근원이며 경축의 대상이다(렘 33:1-11; 사 62:4-5; 잠 5:18; 전 9:9). 부부생활에 기쁨이 결여될 때 외로움이 찾아온다. 부부의 연결감이 없으면 결과적으로 한쪽 혹은 양쪽에서 다 결혼생활 밖에서 기쁨을 추구하는 현상이 벌어질 수 있다.

부부가 함께 만나 한몸을 이루고 성관계를 맺으면서 즐거움을 누리는 것은 하나님이 원하시는 일이며 기뻐하시는 일인 것이다.

하나님이 설계하시고 의도하신 성은 좋은 것이고, 흥분되는 것이며, 환상적이고, 강력하고, 연합하게 하는 것이다. 한몸 관계는 가장 심오한 신체적 친밀감이며, 남편과 아내 사이에 가능한 가장 깊은 영적 연합이다. 하나님은 언제나 남편과 아내가 성교를 통해 서로의 욕구를 충족시킬 때 그 관계를 인정하신다(Akin, p.136).

맥도날드 목사(1986)는 말했다. "낭만과 우정, 섬김이 모두 예수 그리스도를 지향하고 있는 결혼은 사람들을 한몸으로 이끌어줄 것이다. 그리고 그런 일이 일어나는 곳마다 세상은 정신을 차리고 주목할 것이다. 몇 사람은 이를 무시할지 모른다. 그러나 어떤 이들은 화목한 부부를 부러워할 것이다. 많은 이들은 그 빛 안에서 기뻐하면서 하나님께서 자신들을 위해 예비하신 것이 어떤 것인가에 대해 새로운 이해를 취하게 될 것이다"(p.182).

투르니에(2000)는 결혼은 "우리가 매일 매일 만들어가는 하나의 예술작품으로서 결혼의 행복을 위해서 부부가 함께 노력하는 것이 정말 중요하다"고 하였다. 부부의 성생활은 과일나무에 비유할 수 있다. 나무에 영양분을 주고 건강하게 자라게 한다면, 나무에서 열매를 얻게 될 것이다. 나무에 물과 햇빛, 공기, 기름진 토양이 필요하듯이, 우리의 결혼생활에는 언어적, 정서적, 육체적, 그리고 영적 자양분이 필요하다. 이러한 영양분을 제대로 공급할 때, 우리는 사랑과 친밀감, 그리고 서로에 대한 이해와 지식이 자라가는 것을 볼 수 있을 것이다.

결혼의 성공여부는 '맞는 사람'을 만나는 데 있지 않고, 자기가 결혼한 사람에게 적응할 수 있는 능력, 사랑하는 능력에 달려 있다. 결혼 전문가 가트맨(1999)은 행복한 부부의 특징을 다음과 같이 설명하였다.

> 성공적인 결혼생활을 만드는 방법은 놀랍게도 단순하다. 행복한 부부들은 결코 더 영리하거나, 더 돈이 많거나, 심리적으로 더 기민한 사람들이 아니다. 그들이 행복한 결혼생활을 할 수 있는 것은 일상생활 속에서 서로에 대한 부정적인 생각이나 감정들이 긍정적인 생각이나 감정들을 압도하지 못하도록 만들어주는 힘을 습득했기 때문이다. 그들은 소위 감성지수가 높은 결혼생활을 하고 있다고 할 수 있다(p.3).

친밀한 인간관계는 시간, 금전, 정신적 에너지 등의 투자를 요한다. 전문가들은 가까운 관계에 있는 사람들이 친밀성을 표현하기 위해서 사용하는 수단들을 '관계성 화폐'라고 하는데, 관계성 화폐에 속하는 것들에는 긍정적인 말, 선물, 자기노출, 돈, 공감과 경청, 음식, 관심어린 표정, 신체적 접촉, 봉사, 성관계, 함께 시간 보내기 등이 있다(엄예선, 2007).

15. 다원화된 사회 속에서 우리는 성적으로 어떻게 대처해야 하는가?

최근 들어 결혼상담자들은 부부들에게 그들의 몸을 섞는 것보다 더 깊은 친밀감을 경험하는 것을 목표로 삼으라고 격려하기 시작했다. 친밀감은 하나의 행위가 아니다. 친밀감은 두 사람이 그들의 깊은 생각과 감정을 점점 더 공유할 때 경험하는 상태다. 결혼한 부부 사이의 친밀감은 전체 인격의 접촉과 만남을 포함하여야 한다.

낭만과 열정은 우정으로부터 샘솟는 것이다. 낭만을 무시하고 쉽고 빨리 해치우는 섹스에만 의존한다면 성생활은 시들고 정체되기 쉽다. 그러나 서로에게 비밀을 말할 수 있고 사랑받고 있음을 안다면 섹스는 가장 달콤한 것이 될 수 있다(가트맨, 2008).

전인격적 만남은 두 몸을 섞는 것에서 끝나지 않는다. 생각과 감정과 의지, 두 영혼의 연합 이상의 것이다. 전인격적 만남은 우리 존재의 신체적 및 심리적 측면이 영적인 측면에 의해 보완될 때 일어나는 것이다. 이것은 절대적으로 경이롭고 놀라운 것이다. 이는 섹스를 하나의 예배행위로 만든다. 성행위는 이 세상에 가장 아름다운 경험 가운데 하나다. 성행위 동안에 두 사람은 스스로를 즐길 수 있으며, 서로에게 드러내는 개방성은 하나님께 대한 새로운 열림으로 이어질 수 있다. 둘에게는 자신과 상대방을 이해할 수 있는 엄청난 기회가 주어질 뿐 아니라 그 결과 두 사람은 하나님과 더 가깝게 관계할 수 있게 된다 (Hughes, 1983).

성은 조물주께서 생육하고 번성하라는 목적으로, 남편과 아내를 하나로 연합시키는 거룩한 교제로, 인간에게만 특별히 허락하신 거룩한 선물이다. 인간의 성은 인간만이 가지는 최고의 엔조이 수단이다. 인간은 종족번식의 목적 외에 쾌락의 수단으로 성을 부여받았다. 쾌락의 절정을 누리라고, 생활 속에서 엔조이하고 누리라고 받은 하나님이 주신 선물 중의 선물이다.

마이크 메이슨(1997)은 「결혼의 신비」에서 적극적으로 성생활을 즐길 것을 이렇게 주문하고 있다. "적극적인 예배만이 예배의 의미를 성취하는 것처럼, 적극적인 성교만이 성교의 진정한 의미를 성취할 수 있다." 예배를 피동적으로 드리면 아무 은혜를 받지 못하는 것처럼, 적극적으로 성생활을 추구할 필요가 있다는 말씀이다.

성인이 된 남자와 여자가—예배를 제외하고—함께 할 수 있는 활동 가운데 '사랑을 만드는행위' (성교)보다 실제로 더 어린아이 같고, 더 깨끗하고 순결하며, 더 자연스럽고 온전하며, 명료한 올바른 행위가 또 있는가? 만일 예배—특별히 성만찬으로 알려진 저 특별한 예배행위—가 하나님과 가장 깊게 영교할 수 있는 형태라면, 섹스는 인간 사이에 가능한 가장 깊은 영교임에 틀림없다(p.146).

기독교세계관은 육체적인 것을 무시하지 않는다. 하나님께서 계획하신 부부간의 성을 완전히 이해하려면, 남편과 아내는 기독교 신앙을 침대 위로 가지고 가서 육체적 친밀함과 영적인 친밀함 사이의 벽을 허물어야 한다. 성과 영성 사이의 이분법은 파괴적이며 부적절하다. 우리가 성적인 것과 영적인 것을 동시에 볼 수 있는 방법을 알고, 그중 한 가지를 삶의 방식으로 택한다고 해서 선택하지 않은 다른 것이 열등함을 의미하지 않음을 알 때 이 둘 사이에 통합이 이루어진다 (Thomas, 2003, p.294).

15. 다원화된 사회 속에서 우리는 성적으로 어떻게 대처해야 하는가?

어떤 사람들은 자신의 섹슈얼리티를 기뻐하지 못하기 때문에 섹스를 즐기지 못한다. 사실 어떤 남편들과 아내들은 스스로를 성적인 존재로조차 생각하지 않는다. 그들에게 섹스는 자신들의 본성에 합치되는 자연스러운 어떤 것이 아니라 성격에 맞지 않지만 바쁜 하루의 끝에 가까스로 시간을 내서 하는 어떤 것으로 여긴다. 이런 사람들은 스스로에게 자신의 섹슈얼리티를 기뻐하도록 허용한다면, 그리고 자신의 성을 정체성의 중요한 일부로 간주하고 성적인 능력을 기뻐하도록 허용한다면 본인 스스로도 섹스에 보다 흥미를 느끼게 되고 상대방에게도 보다 흥미로운 파트너가 될 수 있을 것이다.

결혼을 과학의 경지에 올려놓았다고 평가 받고 있는 존 가트맨(2011)은 동물과 인간의 성생활에 대해 연구한 후에, 다음과 같은 재미있는 결론을 내렸다.

수컷 고슴도치는 교미를 하기 전에 암컷 고슴도치에게 다가가서 얼굴을 쓰다듬어준다. 한참 쓰다듬어주면 암컷의 털이 부드러워지는데, 그때 교미를 시작한다. 고슴도치가 얼굴을 쓰다듬어주듯이, 인간도 사랑의 지도 Love Map, 호감, 존중, 감사, 배려, 대화 등을 통해 긍정적인 감정을 쌓아야 성생활이 원만해 지고 만족도도 높아진다.

서로의 마음을 먼저 애무하며 몸과 마음이 합치된 상태에서 서로를 섬기는 정신으로 함께 즐기자. 성관계의 목표를 오르가즘보다는 사랑의 교제에 두고, 육체적 오르가즘보다는 정서적 오르가즘을 우선하여 신체의 오관으로 성의 즐거움을 만끽하자. 무엇보다도 부부의 윤택한 성생활을 위해서, 둘 만의 비밀스런 공간을 확보하고, 정신적, 감정적,

신체적으로 항상 섹스를 할 수 있도록 준비를 갖추자. 그리고 배우자에게 일주일에 한두 번은 꼭 전화를 걸어 상대방이 당신에게 얼마나 매력적인 이성인가를 말해주도록 하자. 매일 똑같은 메뉴의 밥상을 대하면 아무리 진수성찬이라도 질리는 법이다. 창조적이고 기발한 아이디어를 동원해 특별한 날에는 특별한 분위기를 연출해 보자. 아내 스스로 최대한의 즐거움을 누릴 때 남편의 즐거움은 배가된다(황수관, 2008).

아버지 학교와 어머니 학교를 이끌고 있는 김성묵 · 한은경 부부는 말한다. "21세기에 우리가 싸워야 할 가장 큰 영적 전쟁은 '성적 타락'일 것이다. 성에 대한 값싼 이야기가 난무하고 있는 이 때, 교회에서는 올바른 성에 대한 이야기를 가르쳐야 하고 가정에서는 그것을 나눠야 한다. 이제는 부부간의 온전한 하나 됨을 위하여 성에 대해 공부하고, 성에 대해 부부가 이야기할 때다"(p.168).

당신의 결혼에서 영적인 측면을 돌아보라

연구원들이 20년 이상 행복하게 생활한 부부들의 특징을 검토해 보았을 때, 그들이 발견한 가장 중요한 특징은 '하나님께 대한 믿음과 영적인 헌신'이었다. 종교는 부부에게 공유된 가치관과 이념 그리고 목적의식을 제공하여 동반자 관계를 강화시킨다. 행복한 결혼에는 좋은 대화기술과 갈등해소, 더 많은 흥미와 오락적 활동 그리고 긍정적인 태도 이상의 것이 필요하다. 부부는 영적인 의미를 함께 추구해야 한다. 적어도 예배와 기도와 봉사라는 세 가지 영적 훈련이 우리의 영혼을 평안케 하며 우리의 결혼을 살찌게 한다.

교회를 출석하는 부부가 함께 예배드리지 않는 부부보다 그들의 결

15. 다원화된 사회 속에서 우리는 성적으로 어떻게 대처해야 하는가?

혼에 대해 더 좋게 생각하고 있음이 드러났다. 예배하는 가운데 하나님의 변화시키는 힘을 경험하고 사랑할 수 있는 우리의 능력은 확대된다. 가장 행복한 부부는 함께 기도하는 부부라는 사실이 발견되었다. 자주 함께 기도하는 부부는 그렇지 않은 부부보다 그들의 결혼을 극히 낭만적으로 묘사할 가능성이 두 배나 높다. 그들은 또한 상당히 높은 성적인 만족과 더 많은 성적인 환희를 이야기했다. 이상하게 들릴지 모르지만, 결혼생활에서 기도와 섹스 사이에는 아주 긴밀한 관계가 있다. 우선 기도의 횟수가 성적인 친밀감(성교)의 횟수보다 결혼 만족도에 대한 더 강력한 지표가 된다. 함께 기도하는 부부는 그렇지 않은 부부보다 성생활에 더 큰 만족을 얻을 가능성이 90%가 더 높고 여자는 오르가즘을 더 많이 경험할 가능성이 높다(Parrott, 1998, pp.216-222).

가정사역자 로버트 묄러(Robert Moeller, 1995)는 말한다. "좋은 섹스는 성경에서 시작된다. 우리 주님은 '성욕을 느끼는 것에 대해 부끄러워할 줄 알아라'고 말씀하시는 대신에, '영적 갈증을 배우자에게서 채우도록 하라'고 말씀하신다. 너의 배우자는 너를 계속해서 만족하게 하고 새롭게 충전시키기 위해 너에게 준 나의 선물이니라"(p.45).

부부관계를 맺기 전에 감사기도를 드리고 부부관계 이후에도 감사기도를 드렸다는 부부도 있다. 부부의 성교는 인생의 가장 쾌락적이며 아름다운 경험 가운데 하나다. 그리고 두 사람이 몸으로 드리는 하나의 예배행위이기도 하다. "자주 기도하고 자주 성관계를 갖는 부부들이 가장 만족할만한 부부관계를 만든다"(스몰리, 2009).

성은 하나님이 주신 아름다운 선물이며 축복이다. 우리는 이 선물에 대해 감사하고 긍정하는 마음이 있어야 한다. 부부간의 성관계는 재미있는 놀이가 되어야 한다. "우리 부부는 성생활이 마치 놀이 같아요. 함께 연습도 하고 진지한 대화를 나누기도 하죠. 제일 중요한 건 '재미있게 하자' 에요. 그래서 장난은 기본입니다. 상대방이 가장 좋아하는 스킨십 하나씩은 해주죠. 놀이를 한다고 생각하면서 다양하게 방법을 바꿔가며 해요."

남편과 아내가 서로를 성적으로 만족시킬 의무가 있고, 서로의 독특한 기호와 욕구에 민감해야 한다고 생각한다. 우리가 말하는 섹스는 적극적이고 서로 간에 즐길 수 있는, 정말 재미있는 것이다. 남자는 동시에 강하고 부드러울 수 있으며, 여자는 동시에 경건하며 육감적일 수 있는 것이다(Sell, 1982).

성의학자 컴포트(Comfort, 1998)는 "둘 다 즐길 수 있고, 누구도 상처받지 않으며, 걱정도 없고, 원하는 범위의 성욕을 구현하는 성행위라면 그것이 어떠한 형태이건 정상이라고 할 수 있다. 진정 자유스럽고 성숙한 연인들은 다양한 성행위 양식을 즐길 수 있어야 한다"(p.222).

어떤 분이 성교의 절정에 이르러 '할렐루야' 라고 외쳤다는 이야기를 들은 적이 있다. 상당히 우스운 이야기이지만, 이분은 아내와 한몸이 되는 경험을 통해, 언약결혼의 증인이며 보호자가 되시는 하나님을 생각하고 감사를 드린 것이 아니었나 싶다.

부부치료사 맥버니(Louis McBurney, 2007) 박사는 부부가 '서로에게 할 수 있는 최고의 칭찬' 이라는 제목아래 이렇게 조언하고 있다. "외모 때문에 칭찬을 듣기도 하고, 옷 때문에 칭찬을 들을 수도 있다. 다른 사람의 칭찬은 참 기분을 좋게 한다. 그런데 오직 배우자만이 자신의 벗은 몸을 볼 수 있고, 섹스를 하고 싶다고 과감하게 말할 수 있다. 그리고 관계 후에 듣는 '당신은 정말 끝내 줘!' 라는 배우자의 칭찬만큼 기분 좋은 것도 아마 없을 것이다"(p.24).

아무쪼록 독자께서 결혼하신 분이라면 서로에게 이런 칭찬을 주고 받을 수 있는 관계를 누리게 되기를 축복한다.

당신의 마음먹기에 따라 섹스는 모든 인간의 경험 가운데 가장 자유하게 하며 삶을 풍요롭게 해주는 경험이 될 수도 있고, 가장 안타깝고, 실망스러우며, 파괴적이고 비극적인 경험이 될 수도 있다.

> 주여, 우리로 섹스를 당신이 애초에 생각했던 것처럼,
> 모든 면에서 탁월한 선물, 경축해야 할 선물로 생각할 수 있게
> 도와주소서. 우리가 가슴과 가슴으로 만날 때,
> 오 하나님이여, 우리가 당신의 품 위에서 만나게 하소서.
> 이제 우리가 받으려는 것에 대해
> 주여 우리가 참으로 감사하게 하소서.
> _ Charlie Shedd 목사의 「침실에서의 기도」 중에서

> 주님, 어떤 이들은 성과 종교(영성)가
> 섞여서는 안 된다고 말합니다.
> 그러나 당신의 말씀은
> 성은 좋은 것이라고 가르치셨습니다.
> 그렇다면 그것을 제 삶에서
> 건강하게 지킬 수 있도록 도와주십시오.
> 주님, 성에 대하여 우리 부부가
> 좀 더 솔직할 수 있게 도와주시되,

그 신비는 계속해서 유지할 수 있도록 도와주십시오.
성은 그 기능 자체로서 악마적인 것도 신적인 것도
아니라는 것을 알 수 있도록 도와주십시오.
상상 속의 사람을 상대로
환상에 빠지는 일이 없도록 도와주시고,
하나님께서 창조하신 이 세계에서
주께서 제 곁으로 인도하신 이 사람만을
진실로 사랑할 수 있도록 지켜주십시오.
또한 그리스도인이라는 이유로
저희 영혼이 성에 대해 눈살을
찌푸릴 필요가 없다는 것을 가르쳐주십시오.
그러나 주님,
많은 사람들이 "하나님, 제게 성을 즐길 수 있도록
해주셔서 감사합니다"라고 말하는 것을 힘들어 합니다.
왜냐하면 그들에게는 성이 선물이라기 보다는
문제거리이기 때문입니다.
오, 주님,
그들이 성과 복음이 하나로 연결될 수 있다는 것을
알 필요가 있습니다.
그들 모두가 성에 대한 복된 소식 곧 복음을 듣게 해주십시오.
또한 제가 그들을 어떻게 도울 수 있는지를 가르쳐 주십시오.
저에게 성을 주셔서 참으로 감사합니다.
주 예수님 그리스도의 이름으로 기도합니다. 아멘.

Harry Hurris 목사의 「성생활을 위한 기도」 중에서

우리의 침실이 부부가 서로 하나 됨을 확인하는 기쁨과 안식이 있는 곳이 되게 하소서. 서로를 존중하여 육신의 친밀함이 있게 하시고 이를 통해 영적인 친밀감에 깊이를 더 하여 주시옵소서. 아멘.

15. 다원화된 사회 속에서 우리는 성적으로 어떻게 대처해야 하는가?

⚜ 성에 대한 태도 나누기 ⚜
Sexual Attitude Survey

당신이 부부간의 육체적 관계에 대하여 터놓고 대화할 수 있는 능력은 만족한 성생활을 발전시키는 가장 중요한 요인이 될 수도 있다. 다음 연습은 피차 생각하고 느끼는 바를 점검하기 위해 고안된 것이다. 서로 다투려고 하지 말고 상대의 관점을 경청하고 이해하려고 노력하라. 성에 대한 솔직한 대화는 정서적, 성적 친밀감을 증진시킬 수 있다.

강력히 동의한다   강력히 반대한다
    1   2   3   4   5

____ 모든 부부는 결혼과 성에 대한 좋은 교본을 읽어야 한다.

____ 나는 사람을 생산하는 성의 역할 때문에 성을 존중한다.

____ 남자와 여자는 배움을 통하여 성에 대하여 더 관심을 갖게 될 수 있다.

____ 여성의 월경주기는 그녀의 성경험에 대한 관심에 영향을 미친다.

____ 여성의 오르가즘은 언제나 오르가즘을 유도할 수 있는 남편의 능력에 좌우된다.

____ 아내는 남편과 성교를 할 때마다 매번 황홀한 오르가즘을 경험해야 하는 것은 아니다.

____ 성교의 가장 강력한 메시지 중의 하나는 이를 통하여 당신이 필요한 존재라고 말해주는 것이다.

____ 섹스는 하나 됨을 위해 존재하는 것이며 하나 됨의 경험은 섹스를 가치 있는 것으로 만든다.

____ 부부는 저녁 전체를 또는 주말을 온전히 낭만적 시간과 성생활을 위해서 보낼 수 있어야 한다.

____ 나는 결혼생활에서 섹스를 하는 것에 대하여 죄책감을 느낀다.

____ 아내가 만일 오르가즘을 전혀 경험하지 못한다면 상담을 받는 것이 좋다.

____ 당신이 나로 하여금 남자 또는 여자로 느끼게 만들어주는 말을 할 때 특별히 기분이 좋다.

____ 로맨스(낭만적 사랑)는 여자가 그들의 육감적 경험(성생활)에서 가장 원하는 것 중의 하나다.

____ 신체적 다양함과 열정의 강도는 대다수의 남자들이 그들의 성경험에서 원하는 것이다.

____ 자세를 바꾸어보는 것은 성관계를 향상시키는 좋은 방법이다.

____ 남편이 자신의 아내와 오럴 섹스 하기를 원하고 이를 즐기는 것은 용납할 수 있는 일이다.

____ 아내가 월경을 하는 동안에는 성교를 자제하는 것이 좋다.

____ 그리스도인이 결혼에서 관계를 증진시키기 위해서는 그들의 성적인 표현에서 완전히 자신을 망각하고 서로에게 내어주는 노력이 필요하다.

※Charles Sell, 1982.

🌸 부부사이의 성, 로맨스, 열정의 질(質) 🌸

바로 지금 당신의 부부관계에 해당되는 아래 칸의 항목에 체크하세요.

1. 우리 부부관계는	로맨틱하고 열정적이다.
	불꽃이 꺼져가는 것처럼 열정이 사라졌다.
2. 나는 말할 것 같다	내 배우자는 여전히 애정 어린 말을 한다.
	내 배우자는 매우 애정 어린 말을 하지 않는다.
3. 나는 말할 것 같다	내 배우자는 내게 사랑과 존경을 표현한다.
	내 배우자는 요즘 사랑이나 존경을 훨씬 덜 표현한다.
4. 나는 말할 것 같다	우리는 아주 많이 서로 접촉한다.
	우리는 요즘 좀처럼 서로 접촉하지 않는다.
5. 나는 말할 것 같다	내 배우자는 내게 성적인 구애를 하려고 한다.
	내 배우자는 내게 성적인 구애를 하려고 하지 않는다.
6. 나는 말할 것 같다	우리는 서로 껴안는다(포옹한다).
	우리는 좀처럼 서로 껴안지 않는다.
7. 나는 말할 것 같다	우리의 성생활은 좋다.
	분명히 이 부분에 문제가 있다.
8. 나는 말할 것 같다	우리는 여전히 다정하고 열렬한 순간들이 있다.
	우리는 다정하거나 열렬한 순간들이 많지 않다.
9. 나는 말할 것 같다	성관계의 빈도(횟수)에 문제가 없다.
	성관계의 빈도(횟수)에 문제가 있다.
10. 나는 말할 것 같다	나는 성관계에서 얻는 만족감에 문제가 없다.
	나는 성관계에서 얻는 만족감에 문제가 있다.
11. 나는 말할 것 같다	성 또는 성적인 문제에 대해 말할 수 있다는 것은 우리 사이에 심각한 문제가 아니다.
	성 또는 성적인 문제에 대해 말할 수 있다는 것은 우리사이에 심각한 문제다.
12. 나는 말할 것 같다	우리 두 사람은 성적으로 같은 것을 원한다.
	우리 두 사람은 성적으로 다른 것을 원한다.
13. 나는 말할 것 같다	성욕의 차이는 이 부부관계에서 문제가 되지 않는다.
	성욕의 차이는 이 부부관계에서 문제가 된다.
14. 나는 말할 것 같다	섹스할 때 우리는 사랑의 양에 문제가 없다.
	섹스할 때 우리는 사랑의 양에 문제가 있다.

15. 나는 말할 것 같다	내 배우자가 성에서 얻는 만족감은·문제가 없다.
	내 배우자가 성에서 얻는 만족감은 문제가 있다.
16. 나는 말할 것 같다	내 배우자는 내게 여전히 육체적으로 매우 다정하다.
	내 배우자는 내게 육체적으로 다정하지 않다.
17. 나는 말할 것 같다	나는 배우자에게 로맨틱한 감정을 느낀다.
	나는 배우자에게 로맨틱한 감정이 없다
18. 나는 말할 것 같다	배우자는 나에게 성적인 매력을 느낀다.
	배우자는 나에게 성적인 매력을 느끼지 못한다.
19. 나는 말할 것 같다	나는 배우자에게 성적인 매력을 느낀다.
	나는 배우자에게 성적인 매력을 느끼지 못한다.
20. 나는 말할 것 같다	나는 배우자에게 로맨틱함과 열정을 느낀다.
	나는 내가 꺼져가는 불꽃처럼, 열정이 없는 것을 느낀다.
21. 나는 말할 것 같다	배우자는 로맨틱하고 열정적이다.
	배우자는 꺼져가는 불꽃처럼, 열정이 없다.
22. 나는 말할 것 같다	나는 성생활에서 얻는 만족감에 문제가 없다.
	나는 성생활에서 얻는 만족감에 문제가 있다.
23. 나는 말할 것 같다	배우자는 나의 외모를 칭찬한다.
	배우자는 나의 외모를 칭찬하지 않는다.
24. 나는 말할 것 같다	나는 우리가 성관계를 시작하는 방법에 만족한다.
	나는 우리가 성관계를 시작하는 방법이 불만스럽다.
25. 나는 말할 것 같다	나는 성생활을 거부할 수 있기 때문에 괜찮다.
	나는 성생활을 거부할 수 없어서 배우자에게 '괜찮다고' 한다
26. 나는 말할 것 같다	나는 성생활을 원치 않을 땐 거의 하지 않는다.
	나는 성생활을 하고 싶지 않을 때도 자주 하는 것 같다.
27. 나는 말할 것 같다	우리는 서로 성적으로 만족하는 방법을 많이 알고 있다.
	우리는 서로 성적으로 만족하는 방법을 매우 적게 알고 있다.
28. 종합적으로 볼 때	우리는 성적으로 서로 좋은 배우자다.
	우리는 성적인 배우자로서 서로 좋지 않다.

2000-2009 by John M. Gottman and Julie Schwartz Gottman

부록 3

🌸 부부의 성에 대한 베개 대화 🌸
반대하기로 동의하기

이 침실 대화는 아마 당신이 하기에 가장 어려운 것일지도 모른다. 이것이 다루는 문제는 민감하며 논의의 여지가 있다. 반대하기로 동의할 의향이 있는 것은 당신의 토론을 촉진하는 데 도움이 될 것이다. 이 대화가 끝나고 나면 서로를 좀더 이해할 것이며, 이것은 커다란 발전의 일보가 될 것이다.

    1단계: 다음 항목들을 자세히 읽어보고 어떤 것을 논의할지 함께 결정하라.

    2단계: 각자 당신이 선택한 항목들에 점수를 매겨라.

    3단계: 한 항목씩 하라. 당신이 매긴 점수를 나눈 다음에 그것에 대하여 대화를 하라.

동의	어느 정도 동의	약간 반대	강력히 반대	확실하지 않음
1	2	3	4	5

1. 결혼에서 성관계는 의무이며 서로 자유롭게 나누어야 한다.
2. 사도 바울이 각 배우자는 상대 배우자의 신체를 주장한다고 말했기 때문에 배우자들은 그들의 파트너가 그들이 성적으로 요구하는 것은 무엇이든지 할 것을 기대해야 한다.
3. 성은 자유롭게 나누되 요구하지 말아야 한다.
4. 결혼은 사람들이 난잡한 성관계를 피하는 데 대체적으로 도움

이 된다.

5. 결혼에서 훌륭한 성 파트너가 되는 것이 성관계를 삼가는 것보다 더 영적이다.

6. 배우자와의 성교는 사람의 마음으로부터 성적인 생각을 비우는 성향이 있다.

7. 배우자가 결혼에서 불성실하다면, 그 이유는 배우자가 성적으로 반응적이지 않았기 때문이다.

8. 사람들은 관계가 아닌 성관계를 위하여 주로 외도한다.

9. 사람은 성에 좀더 흥미를 갖는 법을 배울 수 있다.

10. 부부는 둘 중에 한 사람이 흥분하지 않았어도 서로 성관계를 가져야 한다.

11. 배우자를 성교 이외에 다른 방식으로 절정에 이르게 하는 것이 용납된다.

12. 여자들도 남자들만큼 문란해지고 싶은 유혹에 빠진다.

13. 이성을 보고 그 사람과 성관계를 갖는 것에 대하여 생각하는 것은 죄다.

14. 포르노에 대한 정의를 내리는 것은 복잡하고 어렵다.

15. 성은 중독될 수 있다.

16. 포르노에 관여하면 성 중독으로 이어질 수 있는 위험이 대단히 크다.

17. 결혼한 부부들은 그들의 배우자들을 지나치게 통제하려 하지 않도록 조심해야 한다.

18. 결혼한 사람들이 그들의 결혼에 관련된 영역에서만 서로 상호

책임을 묻는 것이 최선이다.

19. 남편과 아내들은 그들의 행위를 통제하기 위하여 서로에게 의존하지 말아야 하고, 그들의 자제력을 스스로 키워야 한다.

20. 남편과 아내들은 배우자가 그들의 행위를 통제하기 위하여 자신에게 의존하는 것을 허용하지 말아야 하며, 그 대신에 그들의 배우자가 자제력을 발휘하도록 도와야 한다.

⚜ 성에 관한 대화에 사용할 수 있는 질문 ⚜

먼저 조용한 시간과 장소를 마련하라. 처음에는 부부 각자가 따로 다음 질문들에 대해 1(전혀 그렇지 않다)에서 5(매우 그렇다)까지 응답을 한다. 그런 다음 서로의 답을 비교해 보고 응답에 차이가 나는 부분이나 특이한 응답들을 표시한다. 마지막으로 표시된 문항에 대해 서로의 의견을 나눈다.

____ 1. 우리 부부는 성생활에서 재미를 많이 느낀다.
____ 2. 남편(아내)은 성관계를 할 때를 제외하고는 내게 별로 관심을 갖지 않는다.
____ 3. 성은 더럽고 불결한 것이다.
____ 4. 우리 성생활은 단조롭다.
____ 5. 우리는 성관계를 할 때 너무 급하게 서둘러 끝내버린다.
____ 6. 우리 성생활은 별로 만족스럽지 않다.
____ 7. 남편(아내)은 성적으로 꽤 자극적이다.
____ 8. 나는 성관계에서 배우자가 좋아하는 혹은 배우자가 사용하는 성적인 기교들을 좋아한다.
____ 9. 남편(아내)은 성교를 너무 많이 원한다.
____ 10. 남편(아내)은 성에 대한 생각에 너무 많이 잠겨있다.
____ 11. 나는 마지못해 성관계에 임하는 편이다.
____ 12. 성관계를 할 때 남편(아내)은 너무 거칠고 난폭하다.
____ 13. 남편(아내)은 성관계 시 청결을 잘 유지한다.
____ 14. 성은 부부관계의 정상적인 일부라고 생각한다.
____ 15. 남편(아내)은 내가 성관계를 원할 때 내켜하지 않는다.
____ 16. 성생활은 우리 관계를 더 풍성하게 한다.
____ 17. 배우자 이외의 사람과도 성적 접촉을 하고 싶다.
____ 18. 남편(아내)을 통해 성적인 흥분에 이르는 것이 쉽다.
____ 19. 남편(아내)은 성적으로 나에 대해 만족하는 것 같다.
____ 20. 남편(아내)은 나의 성적 욕구와 필요에 매우 민감하게 반응한다.
____ 21. 성관계를 좀더 자주 가졌으면 좋겠다.
____ 22. 우리 성생활은 지루하다.

출처: 「우리들의 거듭난 결혼 이야기」(조은숙, 2006).

추천사 모음

성은 하나님이 만드신 것이요, 인간에게 주신 아름다운 축복의 선물입니다. 그러나 한국의 잘못된 문화와 고정관념으로 성은 터부시 되어왔고, 심지어 교회마저도 성경적이 아닌, 사탄 문화라고 물들여져 있습니다. 그리고 사탄이 성을 무기로 교회와 성도들, 그리고 청소년들과 청년들을 무차별하게 공격해, 교회는 혼란에 빠져 있습니다. 이와 같은 때에, 정동섭 교수의 「부부 연합의 축복」은 성경적으로 좋은 성의 기준, 그리고 가치관을 보여줍니다. 이 책을 통해 한국교회가 성경적인 성에 대해 바르게 가르치기를 원하는 마음으로 강력히 추천합니다.

박수웅 장로
C.C.C. 미주지역순회강사 / 「우리 결혼했어요」의 저자

그리스도인 누구나 하나님을 섬기는 행복한 가정을 꿈꾼다. 행복한 하나님의 가정은, 하나님이 남편과 아내에게 주신 성을 통해 그 하나님과의 친밀한 관계를 알아간다. 이번 정동섭 교수님의 책은 교회 안에서 성에 대한 올바른 지식을 전하고 행복한 가정을 원하는 그리스도인을 위하여 건강한 지침서로 귀한 가치가 있다.

홍용인
부산두란노상담센터장

당신은 성(性)에 대해 어디에서 배웠는가? R이나 X등급의 영화, 텔레비전의 불륜 드라마, 아니면 〈플레이보이〉 같은 성인 잡지? 동서양을 막론하고 흔들리는 부부관계에, 많은 경우, 성(性) 문제가 개입된 것은 그리 놀랄

일이 아니다. 오래 전부터 하나님이 디자인하신 성(性)에 대한 건강한 안내서의 필요성을 절감하였다. 본서는 그 갈증을 해갈하는 하나의 중요한 자원이 될 것이다.

유재성
침례신학대학교 상담심리학 교수

이 책은 작지만 성경적 성에 관한 가장 중요한 담론을 쉽고 명쾌하게 담고 있다. 도구로써의 성, 쾌락의 수단으로서의 성이 아니라, 존재로서의 성, 친밀함의 목적을 이루는 성에 대해 증언하고 있다. 그래서 이 책은 그동안 가장 이원론적으로 다뤄진 한국교회의 성의식 전환에 커다란 일조를 하고 있으며 그간의 여러 오해들을 종식시킬 수 있는 복음주의적 입장을 확고히 담고 있다. 끝까지 이 책을 읽어본다면 독자는 부부가 누릴 수 있는 성의 즐거움에 대해 노하우까지 얻을 수 있을 것이다. 성(性)은 생명의 샘과 같다. 그 샘솟는 기쁨을 만끽할 보기 드문 자료를 더해준 저자의 노력에 박수를 보내고 싶다.

변상규
변상규 대상관계연구소 소장 / 침례신학대학교 상담학 교수

우리는 너무 오랫동안 침묵하고 있었는지도 모르겠다. 가정의 행복을 이야기하면서, 성을 다루지 않는 것은 아마도 '눈 가리고 아웅하는 셈' 일 것이다. 게다가 무분별한 성에 대한 생각이 오늘날처럼 수면위로 떠올라 온갖 문제를 야기하는 때도 없었던 것 같다.

그저 학습되지 못하고 자연스럽게 습득되어 몸에 밴 사회적 통념 속에서의 성의 개념과, 이원론적인 종교에서의 잘못된 가르침이 다분히 음성적이고, 아름답지 못한 성문화를 양산시키고, 본의 아니게 그것의 피해자가 된 것 같아 안타까울 뿐이다. 이런 상황에 접하게 된 「부부 연합의 축복」은, 성경적 관점에서의 성의 개념을 알려주고, 이제껏 잘못된 고정관념을

깰 수 있도록 충분히 도움을 주며 여성과 남성의 성 차이와 생각을 자세히 설명해 줌으로 서로를 받아들이고 이해하는 데 새로운 시각을 열어주고 있다. 또한 여성입장에서의 디테일한 심리와 상태를 남성들도 알게 함으로 한편 위로와 공감을 갖게 하기도 한다. 하나님께서 귀하고 좋은 선물로 주신 성이 이제껏 너무나 큰 피해를 당해왔다. 오랫동안 인간 속에 하나님의 형상이 회복되기 위한 내면과 상처의 치유를 위해 노력하고 지식을 전해주었다면, 이제는 더 보편적으로 가정 행복의 근간이라 해도 과언이 아닌 성에 관한 지식과 정보도 나눠져야 하는 큰 필요 앞에 서 있는 것 같다. 그런 의미에서 이 책은 우리에게 훌륭한 길잡이가 될 것이다.

김혜련
무지개교회 사모

성은 오래전부터 금기사항으로 여겨져 왔다. 그러다보니 성에 대한 이야기는 어둡고 은밀한 곳에서나 꺼낼 수 있는 이야기보따리였다. 더구나 종교영역에 있어서 성은 더한 편이다. 그런데 저자는 성이 '즐거움'과 동시에 '거룩함'이라는 단어를 붙이기에 조금도 손색이 없는 것으로 규정하고 있다. 인생의 필수품인 즐거움과 종교적인 삶의 필수품인 거룩함이 어떻게 조화를 이룰 수 있는 것인지에 대해서 목회자인 동시에 크리스천 상담심리학자의 입장에서 명쾌하게 성경적인 답을 제시하고 있는 탁월한 책이다. 이 책은 당신의 부부성생활을 점검하는 도구가 되어 행복한 부부친밀감을 높여주는 키가 될 수 있기에 강력하게 이 한 권의 책을 추천한다.

김병태
성천교회 담임목사

참으로 반가운 책이다. 역사 속에서 성에 대한 담론은 권력의 소유물이었다. 교회사적으로도 어둡고, 세속적인 것으로 다루어지고 폄하되었던 부분이었다. 하나님의 형상으로 만들어진 우리 인간의 특징 중 가장 큰 것이 성이다. 결코 피해갈 수도 없으며 분명 해석되고 깨달아져야 할 것이다. 인간의 구원에서 성의 문제도 역시 그러하다고 생각한다. 성은 하나님이 창조하신 복된 선물이다. 다만 피조물인 인간의 죄성으로 왜곡되고, 또한 사탄에게 이용당할 뿐이다. 귀한 우리의 성을 기쁘고 복되게 그리고 하나님의 뜻 안에서 올바르게 이루기 위하여 이 책은 귀한 돌파구를 열고 있다. 우리가 이해하고 인정하는 진리도 단 하나의 진리인 예수 그리스도 안에서 한부분에 지나지 않다고 생각한다. 성에 대한 진리를 찾아가는 귀한 이정표라 생각되어 기쁜 마음으로 이 책을 추천한다.

이영삼
The Same선교복지협회 이사장

이혼의 주된 사유는 성격차이다. 성격차이 이면에는 반드시 성차가 있다. 성격차이와 성차는 동전 이면과 같은 것으로 특히 왜곡된 성차는 이혼으로 가는 지름길이요 부부간의 친밀감을 해치는 주범이다. 본서는 성에 대한 다양한 전문가의 견해를 성경적으로 접근함으로써 크리스천 부부들에게 왜곡된 성을 바로 잡아주는 데 길잡이 역할을 할 것으로 본다. 아울러 하나님이 고안한 부부의 성이 거룩하고 즐거운 것이라는 것을 이해하는 데 지침서 역할을 할 것이다.

서진환
크리스천 남성 이혼 연구가 / 백석대학교 인간관계 심리학 교수

전인적인 치유사역은 가정사역으로 종결된다. 나는 가정사역을 하는 가운데 사람들이 성에 대해 갖는 인식이 너무나 편견적이고 자기중심적인 것을 발견하게 되었고, 그로 말미암아 자기 자신이 여러 가지 상처와 좌절감으로 결혼생활이 행복하지 못하게 됨을 알게 되었다. 사실 아무리 가정사역의 지도자라 하더라도 성에 대한 자기형성벽돌building-blog이 너무나

강할 뿐 아니라 그 형태가 너무나 다양하기에 참 어려운 부분이 많았다. 그런 관점에서 좀더 학술적이고 실제적인 성 지침서가 있었으면 좋겠다는 생각이 있었는데 금번에 정동섭 교수님의 글을 보고 너무나 감사했다. 예비 결혼부부들 뿐 아니라 기독교인 부부들이 반드시 일독을 하면 좋겠다는 확신이 들었다. 더구나 정동섭 교수님은 옛날 이단세력에 대한 연구와 경험을 통해 타락한 신학이론과 상처가 성 문제와 관련된 것을 경험하신 분이시기에 그 신뢰성을 더하게 된다. 한국 가정사역자들에게 큰 도움이 되리라 확신하면서 강력히 추천한다.

김온유
국제전인목회연구원장 / 총신대학교 평생교육원 책임교수

호세아 선지자는 "내 백성이 지식이 없으므로 망하는다"(호 4:6) 한탄했다. 많은 결혼생활이 서로에 대한 성적인 지식이 부족해서 망하고 있는 것이 오늘날의 안타까운 현실이다. 정동섭 교수님께서 쓰신 「부부 연합의 축복」은 우리가 성화(聖化)하려면 성화(性和)해야 한다는 사실을 일깨워 주고 있다. 믿음 안에서 온전히 하나가 되고자 하는 부부에게 이 책이 큰 도움이 되리라 믿는다.

한복만
미국 멜본한인침례교회 담임목사

현대사회는 영성(靈性)이나 지성(知性)보다는 육체적인 조건을 더 중시하는 사회다. 뿐만 아니라 교회가 사회에 선한 영향력을 행사하고 하나님의 창조의 원리에 따라 살도록 인도해주는 향도(嚮導)의 역할을 다하지 못하고 있는 안타까운 현실이기도하다. 이러한 때에 가정회복 사역을 위해 헌신해오신 정동섭 박사가 부부의 성(性)을 주제로 책을 내게 된 것은 매우 뜻깊은 일이다. 인간은 태어나면서부터 성적인 존재일 수밖에 없다. 인류의 번영과 가정의 하나 됨을 위해 하나님께서 주신 성이 오용과 남용으로 말미암

아 오히려 가정을 파괴하고 사회를 병들게 하는 심각한 현실 속에서 이 책은 과감하게 하나님께서 부부에게 허락하신 성의 귀중함과 아름다움을 일깨워주고 있다. 그리스도인들에게 뿐만 아니라 비 그리스도인들에게도 건강한 가정생활을 위한 값진 지혜와 지침을 제공해 주는 책이다. 따라서 예비부부들이나 기혼부부, 또는 그들을 상담하는 상담자들이 도움을 받을 수 있는 책으로 사료되어 적극 추천한다.

황지영
샘물교회 상담사

결혼 전에 이러한 책을 접해볼 수 있다는 것은 굉장한 축복이자 감사한 일입니다. 이 책은 모두가 알고 있지만 모두가 말하기 꺼려하는 성(性)에 대해서 솔직하고도 실제적으로 서술하였습니다. 이 책을 통해 성(性)의 본질적 의미를 깨달아 알 수 있을 뿐 아니라 어떻게 하면 부부가 더 깊고 친밀한 관계를 세워갈 수 있을지 많은 도움을 주는 책입니다. 결혼 전에 꼭 필독하시기 바랍니다.

허균행 & 송영은
결혼을 앞둔 예비커플

우리는 거의 매일같이 성희롱, 성폭행, 이혼 등에 대해 듣고 있다. 성의 부정적 측면에 대해 많은 보도가 계속되고 있지만, 성의 긍정적이고 아름다운 측면에 대해 접할 기회가 흔치 않은 것이 현실이다. 음행하지 말고 간음하지 말라는 메시지가 넘쳐나는 가운데 한국의 가정을 세우기 위해 헌신하고 계신 정동섭 목사님께서 이와 같이 귀한 부부성생활 지침서를 써주신 것에 대해 감사드리며, 결혼을 앞둔 예비부부들과 기혼부부들에게 이 책을 적극 추천합니다.

정찬덕
부산극동방송 지사장

💕 18년 전 정동섭 교수님으로부터 상담심리 석사과정을 배운 학생으로서 다시 학생이 된 마음으로 원고를 읽어 보았다. 이 내용들은 부부의 성생활을 종합적, 실제적으로 다루었기 때문에 나와 교회의 성도들에게도 꼭 필요하다고 생각한다. 그리고 나는 이 글을 읽으면서 두 가지를 적용하고 싶어졌는데, 한 가지는 교회 사역을 빨리 마무리 하고 아내가 있는 집으로 가고 싶어졌고, 또 한 가지는 이 책이 나오는 즉시 우리 교회의 도서실에 비치하고 싶어졌다.

김민수
미국 루이빌제일한인침례교회 담임목사

💕 부부관계에 있어서 성은 매우 중요한 부분이다. 그러나 우리나라 부부들은 유교적인 문화의 영향으로 성을 수치스럽고 비밀스럽고 은밀한 것으로 자신도 모르게 인식하고 있는 경향이 있다. 그러나 하나님이 창조하신 우리의 성은 결혼의 제도 안에서 거룩하게 구별된 것으로 하나님의 계획가운데 우리에게 선물로 주신 것이다. 그리고 성경의 여러 부분이 성에 대한 바른 인식과 사용에 대해 가르치고 있다. 정동섭 교수님의 책은 우리나라 부부에게 하나님이 계획하신 성을 어떻게 인식하고 사용할 것인지에 대한 바른 지침서라고 볼 수 있다. 그동안 해외 크리스천 저자들의 성에 대한 도서가 있었지만 우리 정서에 맞는 성에 관련된 도서가 꼭 필요한 상황이어서 더욱 반갑게 느껴진다. 이에 크리스천 부부들에게 필독을 권하고 싶으며, 많은 부부들이 이 책을 접하고 성생활에 있어서도 지식을 따라 동거하게 되기를 간절히 소망하며 강력하게 추천한다.

정인숙
그린상담센터 소장

💕 성은 하나님께서 인간에게 선물한 가장 소중한 것임에도 불구하고 올바로 인식되지 못하여 인간의 죄로 인해 지나치게 금욕적, 도덕적이거나 지나

치게 개방적인 양극단으로 흘러가고 있다. 이로 인해 하나님의 선물은 도덕과 윤리라는 두꺼운 틀 안에 갇혀 빛을 보지 못하고 있거나 빛이 없는 어둠 속에서 방탕하게 오용되고 있다. 더더군다나 하나님의 말씀을 올바로 가르치고 인도해야 할 교회마저 올바른 성을 가르치는 것 보다는 애써 외면함으로써 성도들의 내면속의 갈등을 방치하고 있는 실정이다. 이 책은 갇혀 있고, 방종에 사용되고, 외면당하는 하나님의 고귀한 선물을 다시 빛 가운데로 이끌어 내고 있다. 저자는 이 책을 통해 윤리라는 틀을 깨고, 어두움 가운데 방종 하는 이들에게 빛을 비추며, 외면하는 교회들에게 고개를 돌리게 함으로써 성을 금욕도, 상품도, 금기의 대상도 아닌 하나님의 선물로 되돌려 놓고자 한다. 이 책은 다루기 힘든, 하지만 누군가 다루어야 할 인간의 성의 문제를 전면에 드러내고 있다. 특히 성경을 강조함으로써 과학을 포기하거나 지나치게 과학만을 강조함으로써 성경적인 의미를 간과하는 우를 범하는 책들이 많은 요즈음, 이 책은 성경과 과학을 화학적으로 결합하여 치우치지 않고 균형을 이루었다는 점에서 저자의 노력을 높이 살만하다. 금욕적 도덕론자나 성자유주의자나 금기론자들 모두에게 한 번쯤은 성에 대해 고민할 수 있는 기회를 제공한 저자의 용기에 경의를 표한다.

써니 송
미국 BIOLA대학교 목회상담학 교수

이 시대 인간의 성(性)에 대한 우리가 가지고 있는 무지와 목마름에 대한 갈증을 한 번에 해갈시켜 주는 놀라운 책이다. 강의실과 상담실, 그리고 교회 현장에서는 인간의 성을 성경과 인간 생리학 그리고 기독교 신학을 체계적으로 아우르는 교재를 기다리고 있었다. 오랜 기다림의 보람이라 말할 수 있을까? 본서는 성(性)에 대해 고민하고 관심 있는 모든 현대인들에게 두 말없이 추천하고픈 강력한 욕심을 갖게 만든다. 더불어서 정동섭 교수의 지치지 않는 학문적 열정에 마음에서 우러나오는 성원을 보내고 싶다.

최민수
최민수 이야기치료 연구소 소장

추천사 모음

정동섭 박사의 「부부 연합의 축복」은 '하나님의 성'에 대해서 현대 목회상담적으로 잘 정리한 책이다. 특히 이 책은 성을 오용하고, 왜곡하며 신성시하는 사회에 대한 기독교적 비판이며, 또한 성을 오용하는 종교, 성을 왜곡하는 종교, 성을 신성시하는 종교, 곧 '기독교 이단 또는 사이비 종교'에서 나타나는 왜곡된 성관에 대한 준엄한 고발이다.

정동섭 박사는 '하나님이 축복으로 인도하는 인간의 성'을 분명하게 제시하고 설명함으로써 왜곡된 성지식과 성생활로 상처받고 병든 개인의 영혼을 치유하며, 무너지고 있는 가정을 세우려고 한다. 이 책은 "하나님께서 원하시는 대로 거룩하고 순결하게 살아가십시오. 하나님을 알지 못하고 자기 멋대로 행동하는 이방인처럼 더러운 욕정에 빠져서는 안 됩니다"(현대어성경, 살전 4:3-5)라고 선포하면서 거룩한 또는 구별된 그리스도인의 성생활을 간절하게 권면했던 사도 바울의 말씀에 잘 부합하는 내용으로 현대 그리스도인들뿐만 아니라 비그리스도인들에게도 꼭 권하고 싶은 책이다.

신명숙
전주대학교 교회실용교육학과 교수

이 보다 더 좋을 순 없다. 기다리고 기다리던 책이 나왔다. 실제적이면서 성경적인, 우리나라의 가정을 살릴 책이다. 페이지마다 보화로 가득 차 있어 즐겁게 읽을 수 있는 책이다. 이런 책을 내어 주셔서 진심으로 감사드린다. 젊은 엄마들의 모임이 있는데 그곳에서 이 책을 필독서로 추천하려고 한다.

김은경
새크라멘토한인교회 사모

이 책을 읽으면서 가졌던 감정을 하나의 그림으로 표현할 수 있을 것 같다. 그 그림은 오랜 시간 말하지 못하고 짓눌려 있던 사람이 마침 기회를 잡아서 사람들 앞에서 숨도 쉬지 않고 자신의 이야기를 쏟아내고 있는 모습이다. 속이 후련하다. 너무 많은 양의 자료와 말들로 방향을 잃지 않을까 하는 우려도 잠시, 잘 쏘아올린 화살처럼 정확히 목표물을 관통하고 있는 느낌이다. 시대와 영역을 넘어드는 '성'에 대한 고민과 연구들이 들어 있는 이 책은 성에 대한 일반인들의 인식을 넓힐 것이라고 확신하다. 또한 폭넓은 연구와 다양한 영역의 비교분석은 성에 대해 학문적 접근을 원하는 사람들에게도 좋은 모범이 되는 책이다.

김해영
그리스도대학교 상담학 교수

「부부 연합의 축복」은 21세기 한국의 그리스도인들이 읽어야 할 책이다. 성적 친밀감은 모든 부부가 누려야 할 특권이지만, 교회는 간음하지 말라고 '책망하는 부모역할'에만 충실하였을 뿐 지금까지 어떻게 한몸 됨의 축복을 누릴 수 있는지를 가르치지 않았다. 복음주의적 관점을 대변하는 성생활 안내서가 출간된 것을 축하하며 결혼을 앞두고 있는 청년들과 모든 기혼부부들에게 일독을 권하고 싶다.

오태균
총신대 목회신학전문대학원 교수

참고도서

게리 채프먼. 「5가지 사랑의 언어」 장동숙 역. 생명의 말씀사, 2000.
게리 채프먼. 「사랑의 부부코칭: 친밀한 성의 기술」 두란노, 2009.
게리 스몰리. 「우리, 왜 결혼했을까?」 박노권 역. 넥서스CROSS, 2009.
____. 「친밀감」. 강선규 역. 요단, 2010.
게리 콜린스. 「뉴 크리스천 카운슬링」 한국기독교상담·심리치료학회 역. 정동섭 감수. 두란노, 2008.
게리 토마스. 「사랑과 행복, 그 이상의 결혼 이야기」 서하나 역. 좋은 씨앗, 2003.
____. 「부부학교」 윤종석 역. CUP, 2011.
고든 맥도날드. 「왜 부부의 사랑은 성숙해야 하나」 현순원 역. 말씀의집, 1991.
____. 「남자는 무슨 생각을 하며 사는가?」 윤종석 역. IVP, 1998.
구자형·강봉숙. 「내적 치유」 글샘, 2011.
권수영. 「우리 결혼할까요」 주는나무, 2007.
금정진.금병달. 「행복한 결혼생활을 꿈꾸는 이들을 위한 부부행복공식」 두란노, 2011.
김병태. 「부부행복클리닉」 생명의말씀사, 2002.
김성묵. [좋은 남편 되기 프로젝트」 두란노, 2010.
김성묵, 한은경. 「고슴도치 부부의 사랑」 두란노, 2006.
김세철. 「남성의학」 김영사, 1989.
김의식. 「상한 가정의 치유」 쿰란출판사, 2007.
김종철. 「성스러운 성에 성공하자」 도서출판 건생, 1999.
김지철. 「결혼, 사랑의 신비」 청림출판, 2011.
김치원. 「행복한 성생활」 도서출판 갈릴리, 2004.

김화중. 「행복한 부부 만들기」 고려원북스, 2004.
김형준 · 최은주. 「새겨진 사랑, 아가서」 죠이선교회, 2010.
김화중. 「건강한 부부관계를 엮는 작은 지혜」 돌과꽃, 1997.
노먼 라이트. 「부부로맨스」 김창영, 조은화 공역. 생명의 말씀사, 1997.
노먼 라이트. 게리 올리버. 「배우자의 장점을 살려라」 임종원 역. 미션월드, 2008.
노우호. 「에스라 성경통독집」 도서출판 하나, 1993.
닉 & 낸시 스티네트?조 & 앨리스 빔. 「환상적인 가족만들기」 채석봉, 박경 역. 학지사, 2004.
닐 워렌. 「29, 후회 없는 선택」 정동섭 역. 죠이선교회, 2007.
데보라 태넌. 「남자를 토라지게 하는 말, 여자를 화나게 하는 말」 한언, 2001.
데이빗 카일 포스터. 「성의 치유」 문금숙 역. 순전한 나드, 2001.
데이빗 씨맨즈. 「상한 감정의 치유」 송헌복 역. 두란노, 2000.
두상달, 김영숙. 「아침키스가 연봉을 높인다」 가정문화원, 2009.
데이비드 마이어스. 「주머니 속의 행복」 시그마프레스, 2000.
데이빗 포스터. 「성의 치유」 순전한 나드, 2007.
동덕여자대학교 한국여성연구소. 「성과 사랑의 시대」 학지사, 2004.
레스 패로트. 「결혼; 남편과 아내, 이렇게 사랑하라」 정동섭 역. 요단, 2000.
____. 「부부가 꼭 알아야 할 결혼문제 100가지」 정지훈 역. 요단, 2003.
로라 슐레징어. 「사랑의 대화법」 양은모 역. 밀리언하우스, 2005.
로버트 스턴버그. 「사랑의 심리학」 최연실 · 이경희 · 고선주 역. 하우, 1999.
루비 & 디로스 프리젠. 「결혼상담」 두란노, 1996.
루이스 스메디스. 「크리스천의 성」 안교신 역. 두란노, 1996.
루이스 & 멜리사 맥버니. 「성에 관한 실제 질문과 답변」 최광수 · 이성옥 공역. 죠이선교회, 2007.
리사 맥민. 「성 거룩한 갈망」 강선규 역. IVP, 2006.
리차드 포스터. 「레노바레 성경」 두란노서원, 2006.

린다 딜로우. 「준비된 결혼 준비된 배우자」 양은순 역. 홍성사, 1994.
린다 딜로우 · 로레인 핀투스. 「친밀한 하나 됨」 강선규 역. 이마고데이, 2010.
마츠모토 고헤이. 「행복한 결혼생활을 위한 부부배려」 조동림 역. 미래북, 2010.
바링톤 버렐. 「왜 하나님은 성을 만드셨나」 현순원 역. 말씀의집, 1983.
박성덕. 「우리, 다시 좋아질 수 있을까」 지식채널, 2011.
박수웅. 「우리 결혼했어요」 두란노, 2007.
배정원. 「유쾌한 남자, 상쾌한 여자」 가교출판, 2003.
박종혜. 「완전한 부부」 가정행복학교, 2004.
뱃시 윌리엄. 「부부 시크릿 101」 임신희 역. 글샘, 2010.
부르스와 넬리 리치필드. 「기독교 상담과 가족치료」 정동섭 · 정성준 역. 예수전도단, 2002.
부루스와 캐롤 브리튼. 「아름다운 부부생활」 생명의 말씀사, 1990.
브라이어 와이트헤드. 「나도 사랑받고 싶다」 웰스프링, 2007.
빌과 팸 파렐. 「와플 같은 남자, 스파게티 같은 여자」 홍종락 역. 생명의말씀사, 2002.
빌 라이벨스 & 린 하이벨스. 「정말 이 사람일까요」 박상은 역. 생명의말씀사, 2010.
빌리 그래함. 「기독교사역자 핸드북」 황을호 역. 생명의 말씀사, 1984.
성인경. 「세계관 전쟁」 예영, 2004.
송길원 · 김향숙. 「유쾌한 부부 콘서트」 물푸레, 2010.
송봉모. 「관계 속의 인간」 바오로딸, 1999.
수잔 존슨. 「나를 꼭 안아줘요」 박성덕 역. 이너북스, 2010.
송수식. 「부부생활도 배워야 잘 한다」 현암사, 2002.
송인규. 「고립된 성」 IVP, 1998.
송정아. 「행복환 결혼, 위기의 결혼」 태영출판사, 2006.
스티브 비덜프. 「우리는 사랑을 배우기 위해 결혼했다」 북하우스, 2001.

_____. 「남자, 다시 찾은 진실」 박미남 역. 푸른길, 2011.
스티브 아터번, 데보라 체리. 「하나님이 허락하신 욕구」 생명의말씀사, 2008.
스콧 스탠리 외. 「세상에서 가장 실제적인 결혼생활 지침서」 정동섭 역. IVP,
    2001.
스탠리 그랜즈. 「성 윤리학」 남정우 역. 살림, 2003.
심수명. 「한국적 이마고 부부치료」 도서출판 다세움, 2006.
아치볼드 하트. 「남자의 성, 그 감춰어진 이야기」 유선명 역. 홍성사, 1994.
원준자. 「준비한 결혼이 행복을 약속한다」 가족사랑, 2004.
월트 & 바브 래리모어. 「그 남자의 테스토스테론, 그 여자의 에스트로겐」
    살림, 2008.
엄예선. 「한국교회와 가정사역」 생명의 말씀사, 2007.
에드 휘트 부부. 「즐거움을 주는 성」 권영석 역. IVP, 2000.
안주영. 「친밀한 부부관계를 위한 회복여행」 진흥, 2000.
알렉스 켄드릭 · 스티븐 켄드릭. 「사랑의 도전」 이지혜 역. 살림, 2009.
앤 무어 · 데비비드 제슬. 「브레인 섹스」 곽윤정 역. 북스넛, 2009.
엄예선. 「한국교회와 가정사역」 생명의 말씀사, 2007.
엄정희. 「17일간의 부부항해 내비게이터」 Korea.Com, 2010.
에드 휘트. 「사랑하는 아내와 남편」 김진우 역. 생명의 말씀사, 1991.
오제은. "목회자 가정의 회복," 「상담사역을 통한 목회의 회복」 구미교회,
    2011.
여성을 위한 모임. 「제3의 성: 중년여성 바로보기」 현암사, 1999.
윌라드 할리. 「그 남자의 욕구 그 여자의 갈망」 서울: 비전과 리더십, 2004.
웨인 맥. 「부부생활 성경공부」 조숙현, 노현숙 공역. 두란노, 1985.
유계숙 외 3인. 「부부탐구」 신정, 2003.
유영권. 「행복한 부부여행」 주는나무, 2007.
윤정한. 「부부생활 공동체 훈련」 무림출판사, 1992.
이동원. 「가정행전」 규장문화사, 1998.

이무석.「나를 행복하게 하는 친밀함」비전과 리더십, 2007.
이병준.「남편 사용설명서」영진닷컴, 2008.
____.「아내 사용설명서」영진닷컴, 2009.
이선규. 〈누가 뭐래도 사랑이 최고의 오르가즘〉「주간동아」제 306호, 2001. 10. 25.
이영애.「멋진 남편을 만든 아내」베다니출판사, 2002.
이춘.「부부의 성이 영성에 미치는 영향에 대한 고찰」아시아연합신학대학교 상담대학원 논문, 2005.
임성빈.「흔들리는 젊음, 결혼, 가정 바로 세우기」예영커뮤니케이션, 1999.
장경철.「사랑이 가장 아름답다」두란노, 2008.
잭 프로스트.「아버지 품에 안기다」정동섭 역. 사랑플러스, 2005.
저스틴 루카두 & 해일리 모건.「사귀고 싶은 남자, 만나고 싶은 여자」이레서원, 2004.
정동섭.「2일이면 더 행복한 결혼」이레서원, 2006.
____.「부부성숙의 비결」이든북스, 2010.
____.「좋은 남편, 좋은 아내가 되려면」엔크리스토, 2010.
정석환.「아름다운 중년을 위한 외침」주는나무, 2007.
정영준.「성과 사랑의 자리」담론사, 2000.
잭 프로스트.「아버지 품에 안기다」정동섭 역. 사랑플러스, 2005.
제프 헬튼 · 로라 헬튼.「진실한 결혼생활」정동섭 역. 베다니출판사, 2005.
____.「진실한 결혼생활 워크북」정동섭 역. 베다니출판사, 2005.
조 빔.「한몸이 되는 부부의 비밀」윤혜란 역. 미션월드라이브러리, 2005.
조은숙.「우리들의 거듭난 결혼이야기」IVP, 2006.
조이스 페너 · 크리포드 페너.「성 상담」김의식 역. 두란노, 1996.
조셉 딜로우.「부부의 성」김선형, 김응교 공역. 홍성사, 1998.
조셉 래시티.「완전한 결혼」정동섭 역. 한언, 2003.
존 가트맨 & 줄리 슈워츠 가트맨.「우리 아이를 위한 부부사랑의 기술」최성애 · 조벽 공역. 해냄, 2008.
____. 「가트맨 부부치료 초급 매뉴얼」 가트맨인스티튜트, 2010.
____. 「결혼 클리닉」 정동섭 외 3인 역. 창지사, 2011.
존 그레이. 「화성에서 온 남자, 금성에서 온 여자」 김경숙 역. 친구, 1995.
존 그레이. 「화성 남자 금성 여자의 침실 가꾸기」 김경숙 역. 친구미디어, 1996.
지그 지글러. 「연애하는 부부」 조동춘 역. 큰나무, 2001.
채규만 · 권정혜. 「심리학자들이 쓴 행복한 결혼의 심리학」 집문당, 2006.
최희열(양승훈). 「하나 되는 기쁨」 예영, 2005.
최성애. 「부부사이에도 리모델링이 필요하다」 해냄, 2005.
최성애. 「행복수업」 해냄, 2010.
캡틴 밥 스미스. 「다시 태어나도 결혼하고 싶은 사람 되는 법」 김은경 역. 베텔스만, 2005.
케이 마셜 스트롬 & 대니얼 클라인. 「서른다섯 이후의 결혼」 최광수 · 이성옥 역. 사랑플러스, 2006.
크리스토퍼 · 레이첼 맥클러스키. 「둘이 하나 되는 Love Making」 임금선 역. 예찬사, 2005.
팀 라헤이 · 베벌리 라헤이. 「결혼행전: 성생활의 모든 것」 김인화 역. 요단, 2005.
패트릭 몰리. 「아내가 알아야 할 남편의 모든 것」 정옥배 역. 아가페출판사, 2001.
프레이져 윗츠. 「기도와의 8가지 색다른 만남」 조용만 역. 이레서원, 2004.
폴 투르니에. 「서로를 이해 하기 위하여」 정동섭 역. IVP, 2000.
폴 스티븐스. 「폴 스티븐스의 결혼 이야기」 복있는 사람, 2011.
폴라 프리드릭센. 「남편과 사랑에 빠지다」 스텝스톤, 2008.
프란 페더 & 존 헤이글. 「성적 자아의 발견」 임경숙 역. 생활성서, 2002.
프레드 로워리. 「결혼은 하나님과 맺은 언약입니다」 임종원 역. 미션월드라이브러리, 2003.
P. B. 윌슨. 「위기의 침실」. 임종원 역. 도서출판 바울, 2003.
하워드 마크맨 외. 「우리에게 필요한 12시간」 시그마프레스, 2005.
하용조. 「레노바레성경」 두란노, 2006.
함인희. 「사랑을 읽는다」 출판시대, 1998
홍대식. 「잘 사는 부부, 못 사는 부부」 시그마북스, 2008.
홍숙기. 「일과 사랑의 심리학」 나남출판, 1994.
홍인종. 〈이혼의 원인: 거짓 친밀감〉, 「가정사역」 두란노아카데미, 2010.
Alex Comfort. *More Joy of Sex.* 성아카데미, 1997.
Andrew Hwang & Samuel Goh. *Song of Songs.* Singapore: Asia Theological Association, 2002.
Andrew Lester. *Sex is More Than a Word.* Nashville: Broadman, 1973.
Andrew Lester & Judith Lester. *It Takes Two: The Joy of Intimate Marriage.* Louisville: Westminster John Knox Press, 1998.
Ann Moir and David Jessel. *Brain Sex.* New York: Delta Publishing, 1991.
Anne Atkins. *Split Image: Male and Female after God's Likeness.* William Eerdmans, 1987.
Archibald Hart, Catherine Hart Weber & Debra Taylor. *Secrets of Eve.* Word, 1998.
Bill Hybels & R. Wilkins. *Tender Love.* Chicago, Illinois: Moody Press, 1993.
Carolyn Mahaney. "Sex, Romance, and the Glory of God: What Every Christian Wife Needs to Know," Sex and the Supremacy of Christ (John Piper/Justin Taylor, eds). Crossway Books, 2005.
Charles Sell. *Achieving the Impossible: Intimate Marriage.* Portland:

Multinomah, 1982.

____. *Family Ministry*. Grand Rapids: Zondervan, 1995.

____. *Making Love Meaningfully*. Nashville: Broadman & Holman Publishers, 2003.

Chip Ingram. *Love, Sex, and Lasting Relationships*. Baker Books, 2003.

Christopher & Rachel McCluskey. *When Two Become One: Enhancing Sexual Intimacy in Marriage*. Grand Rapids, MI: Revell, 2004.

Clifford & Joyce Penner. *The Gift of Sex*. Waco, Texas: Word, 1981.

____. *Getting Your Sex Life Off to a Great Start*. W.Publishing Group, 1994.

____. *The Married Guy's Guide to Great Sex*. Tyndale House, 2004.

Daniel Akin. *God on Sex*. Nashville, TN: B&H Publishing, 2003.

David Mace. *Close Companions: The Marriage Enrichment Handbook*. Winston-Salem, NC: Marriage Enrichment, 1982.

____. *Sacred Fire*. Abingdon, 1986.

____. *The Christian Response to the Sexual Revolution*. Nashville: Abingdon, 1970.

David Seamands. "Sex, Inside and Outside Marriage," The Secrets of our Sexuality (Gary Collins, ed). Word Books, 1976.

Daniel Amen. *God on Sex*. B&H Publishing Group, 2003.

David Schnarch. *Passionate Marriage*. Norton, 1997.

David & Claudia Arp. *The Second Half of Marriage*. Zondervan, 1996.

____. *No Time for Sex*. West Monroe, LA.: Howard Publishing, 2004

David Olsen, Douglas Stephens. 「부부, 연인보다 아름답게 사는 법」 학지사, 2009.

David Olson, Amy Olson-Sigg, & Peter Larson. 「커플 체크업」 김덕일 ·

나희수 공역. 학지사, 2011.

David Olson, John DeFrain & Amy Olson. 「행복한 결혼, 건강한 가족」 21세기 가족문화연구소 편역. 양서원, 1998.

David Olson & Amy Olson. 「건강한 부부관계 만들기」 21세기 가족문화연구소 역. 양서원, 2003.

Debra Taylor & Michael Systma. "Seven Things You Need to Know about Sex," *Christianity Today 24*, no.2 (2007): 20.

David Rosenau. *A Celebration of Sex: A Christian Couple's Manual*. Nashville: Thomas Nelson Publishers, 1994.

Deborah Tannen. *You Just Don't Understand*. New York: Ballanine Books, 1990.

Deloss Friesen & Ruby Friesen. *Counseling and Marriage*. Gary Collins (Eds.). Word, 1989.

Dennis Guernsey. Thoroughly Married. Waco, Texas: Word, 1975.

Dennis Rainey. *Staying Close*. Dallas: Word, 1989.

_____. *Ministering to Twenty-First Century Families*. Word, 2001.

_____. *Building Strong Families*. Crossway Books, 2002.

Diana R. Garland. *Family Ministry: A Comprehensive Guide*. IVP, 1999.

Diana S. Garland & David Garland. *Beyond Companionship: Christians in Marriage*. Philadelphia: Westminster Press, 1986.

Douglas Rosenau. *A Celebration of Sex*. Nashville: Nelson, 1994.

Douglas Rosenau, Michael Sytsma, Debra Taylor. Sexuality and Sexual Therapy, *Competent Christian Counseling* Vol. One. Timothy Clinton & George Ohlshchalger (ed.) Waterbrook, 2002.

Duane Garrett. *Proverbs, Ecclesiastes, Song of Solomon*. New American Commentary. Nashville: Broadman, 1993.

Dwight Small. *Christian, Celebrate Your Sexuality*. Fleming Revell, 1974.

____. *How Should I Love You?* Harper & Row, 1979.

Ed Wheat & Gloria Okes Perkins. *Love Life for Every Married Couple*. Zondervan, 1980.

Ed Wheat and Gaye Wheat. *Intended for Pleasure*. Grand Rapids, MI: Fleming Revell, 1981.

Elaine Storkey. *The Search for Intimacy*. Grand Rapids, MI: Eerdmans, 1995.

Ellen Kreidman. *Light His Fire. Light Her Fire*. Mega Systems Inc., 1995.

Everett Worthington. *Hope for Troubled Marriages*. IVP, 1993.

Fred Lowery. *Covenant Marriage*. West Monroe, Lousiana: Howard Publishing, 2002.

Gary Collins. *The Secrets of Sexuality*. Waco, Texas: Word, 1976.

Gary & Barbara Rosberg. *Divorce Proof Your Marriage*. Wheaton, IL: Tyndale, 2002.

Gary Smalley. *Making Love Last Forever*. Dallas: Word Publishing, 1996.

Gary Smalley & Ted Cunningham. *The Language of Sex*. Regal, 2008.

Gary Thomas. *Pure Pleasure*. Zondervan, 2009.

Gene Getz. *The Measure of Marriage*. Regal Books, 1980.

Gerald Weeks & Stephen Treat. *Couples in Treatment*. Brunner/Mazel, 1992.

Glen Stanton. *Why Marriage Matters. Reasons to Believe in Marriage in Postmodern Society*. Pinon Press, 1997.

Gordon MacDonald. *Magnificent Marriage*. Tyndale House, 1985.

H.B.London & Neil B.Wiseman. *Pastors at Greater Risk*. Regal Books, 2003.

Harry Hollis, Jr. "A Christian Model for Sexual Understanding and Behavior," *The Secrets of Our Sexuality* (Gary Collins, ed). Waco, Texas: Word, 1976.

Harold Wahking & Gene Zimmerman. *Fulfilled Sexuality*. Grand Rapids, MI: Baker, 1994.

_____. *Sexual Issues*. Grand Rapids: Baker, 1994.

Helen Pensanti. *Better Sex for You*. Siloam Press, 2001.

Howard & Charlotte Clinebell. *The Intimate Marriage*. Harper & Row, 1970.

Howard Markman, Scott Stanley & Susan Blumberg. *Fighting for Your Marriage*. San Francisco: Jossey-Bass Publishers, 1994.

H. Norman Wright. *How to Speak Your Spouse's Language*. Center Street, 2006.

H. Norman Wright & Gary J. Oliver. *How to Change Your Spouse*. nn Arbor, MI: Servant Publications, 1994.

J. Nelson., and S. Longfellow. *Sexuality and the Sacred: Sources for Theological Reflection*. Lousville, Ky: Westminster John Knox, 1994.

Jack Balswick. *Men at the Crossroads*. IVP, 1992.

Jack & Judith Balswick. *The Family: A Christian Perspective on the Contemporary Home*. Grand Rapids, MI: Baker, 1999.

_____. *Authentic Human Sexuality: An Integrated Christian Approach*. Downers Grove, IL: IVP, 1999.

Janet Shibley Hyde. *Half the Human Experience: The Psychology of Women*. D.C.Heath & Co, 1996.

J. B. Nelson. "Christian Theology and Ethics of Sexuality" in Dictionary of Pastoral Care and Counseling (Rodney Hunter. ed.), Abingdon Press, 1990.

James Turner Johnson. *A Society Ordained by God.* Nashville: Abingdon, 1970.

Jay & Laura Laffoon. *He said; She said.* Baker Books, 2010.

J. I. Packer. "Leisure and Life-Style: Leisure, Pleasure, and Treasure," God and Culture. Grand Rapids, MI: William B. Eerdmans, 1993.

Jeffrey H. Larson. *The Great Marriage Tune-Up Book.* Jossey-Bass, 2003.

Jim & Sally Conway. *Traits of a Lasting Marriage.* IVP, 1991.

Jim Burns. *Creating an Intimate Marriage.* Bethany House Publishers, 2006.

Johann Christoph Arnold. *Sex, God & Marriage.* The Plough Publishing House, 2002.

John & Agnes Stuart. *Created for Intimacy.* Guilford, Surrey: Eagle, 1996.

John Gottman. *Why Marriages Succeed or Fail.* New York: Fireside, 1994.

John Gottman & Nan Silver. *The Seven Principles of Making Marriage Work.* New York: Crown, 1999.

John Piper/Justin Taylor. *Sex and the Supremacy of Christ.* Wheaton, IL: Crossways, 2005.

Judith & Jack Balswick. *The Family: A Christian Perspective on the Contemporary Home.* Baker Books, 1999.

____. *Authentic Sexuality: An Integrated Christian Approach.* IVP,

1999.

Judith Wallerstein & Sandra Blakeslee. *The Good Marriage*. New York: Houghton Mifflin, 1995.

Kevin Leman. *Turn up the Heat: A Couples Guide to Sexual Intimacy*. Revell, 2009.

Kieran Scott & Michael Warren (eds). *Perspectives on Marriage*. New York: Oxford University Press, 1993.

Lee & Leslie Strobel. *Surviving a Spiritual Mismatch in Marriage*. Grand Rapids, MI: Zondervan, 2002.

Lewis Smedes. *Sex for Christians*. Grand Rapids: Eerdmans, 1976.

Linda & Charlie Bloom. *101 Things I Wish I Knew When I Got arried*. Novato, CA: New World Library, 2004.

Martin Seligman. *Authentic Happiness*. New York: Free Press, 2002.

Michael Frost. *Longing for Love: Gender, Sexuality and Our Experience of God*. Albatross, 1996.

Meredith Kline, "The Song of Songs," Christianity Today April 27(1959), 39.

Mike Mason. *The Mystery of Marriage*. Triangle, 1997.

M. Scott Peck. *The Road Less Traveled*. Simon & Schuster, 1978.

Neil Anderson & Charles Mylander. *The Christ-centered Marriage*. Ventura, CA: Regal, 1996.

Neil Clark Warren. *The Triumphant Marriage*. Colorado Springs, Colorado: Focus on the Family Publishing, 1995.

_____. *Falling in Love for All the Right Reasons*. Center Street, eHarmony, 2005.

Nicky & Sila Lee. *The Marriage Book: How to Build a Lasting Relationship*. Alpha Resources, 2000.

Nick Stinnett, Donnie Hillard, & Nancy Stinnett. *Magnificent Marriage*. Pillar Press, 2000.

Paul Stevens. Marriage Spirituality. Downers Grove, Il: IVP, 1989.

Paul Tournier. *The Gift of Feeling*. SCM, 1986.

Randy Alcorn. *Christians in the Wake of the Sexual Revolution*. Portland: Multinomah, 1985.

Rick Ghent & James Childerston. *Purity and Passion: Authentic Male Sexuality*. Chicago: Moody Press, 1994.

Robert Hicks. *Uneasy Manhood*. Nashville: Thomas Nelson, 1991.

Robert Moeller. *To Have and to Hold*. Sisters, Ore.: Multinomah, 1995.

Robert Sternberg. Love, sex, & intimacy. *Psychological Review*, 93, 1986.

R.C. Sproul. *The Intimate Marriage*. Wheaton, Il: Tyndale House, 1998.

Sarah Catron. *Creating Intimacy*. Winston-Salem, NC: Marriage Enrichment, 1989.

Scott Haltzman. *The Secrets of Happily Married Men*. Jossey-Bass, 2006.

Scott Stanley. *The Power of Commitment*. Jossey-Bass, 2005.

Scott Stanley, Howard Markman, Susan Blumberg, Natalie Jenkins. *Prevention and Relationship Enhancement Program Leader's Manual*. PREP Educational Products, 2006.

Selwyn Hughes. *Marriage as God Intended*. Eastbourne, England: Kingsway Publications, 1983.

Seward Hiltner. *Sex and the Christian Life*. N.Y.: Association Press, 1957.

Shaunti Feldhahn. *For Women Only*. Sinsters, OR: Multinomah, 2003.

Shere Hite. *Women and Love: A Cultural Revolution in Progress*. London, Viking, 1987.

Stanley Grenz. *Sexual Ethics*. Zondervan, 1996.

Stanton & Brenna Jones. *How and When to Tell Your Kids about Sex*. Colorado Springs, CO:

Navpress, 1993.

Stephen Arterburn, Fred Stoeker, & Mike Yorkey. *Every Man's Battle*. Waterbrook Press, 2000.

Sylvia Chavez-Garcia and Daniel A. Helminiak, "Sexuality and Spirituality: Friends Not Foes", *Journal of Pastoral Care*, Vol. 39, No. 2, 1985, p.161.

Tara Parker-Pope. *For Better: The Science of a Good Marriage*. New York: Dutton, 2010.

The Family Reading Bible. New International Version. Zondervan, 2010.

Thomas Edgington. *Healing Helps from the Bible*. Thomas dgington, 1995.

Tim Gardner. *Sacred Sex*. Waterbrook, 2002.

____. "Developing a Practical Theology of Sex," *Marriage & Family*: A Christian Journal. Vol. 5/Issue 3. American Association of Christian Counselors, 2002.

Tim Stafford. Sexual Christian. Wheaton, Il: Victor Books, 1989.

Walter Kaiser, Jr. *Toward Old Testament Ethics*. Zondervan, 1983.

Walter Trobisch. Love Is a Feeling to Be Learned. Downers Grove, Il: IVP, 1971.

Willard Harley, Jr. *Fall in Love; Stay in Love*. Fleming H. Revell, 2001.

21c 교회성장과 축복의 통로

교회진흥원은 기독교한국침례회 총회의 교육, 문서선교 기관으로서 교회의 교육, 목회, 선교활동에 관한 실제적인 연구와 프로그램 개발, 기독교 정보를 제공하고, 자료 출판 및 보급사역을 하고 있습니다.

- 각 연령별 교회학교 공과, 구역공과, 제자훈련 교재, 음악도서를 기획, 출판하고 이와 관련된 각종 강습회를 실시합니다.
- 요단출판사를 운영하며 매년 70여 종의 각종 신앙도서와 제자훈련 교재를 기획, 출판합니다.
- 서울과 대전에 직영서점을 운영하고 있습니다.

요단출판사의 사역정신

그리스도인들의 올바른 신앙성장과 영성 개발에 필요한 신앙도서를 엄선하여 출판, 보급함으로써 이 땅에 하나님나라 확장을 위해 헌신하고 있습니다.

- **F**or God For Church
  하나님과 교회의 유익을 위하여 도서를 기획 출판합니다.
- **O**nly Prayer
  오직 기도뿐이라는 자세로 사역합니다.
- **W**ay To Church Growth & Blessings
  교회성장과 축복의 통로가 되기 위해 사명을 감당합니다.
- **G**ood Stewardship & Professionalism
  선한 청지기와 프로정신으로 사역합니다.
- **C**reating Christianity Culture & Developing Contents
  각종 문화 컨텐츠를 개발함으로 기독교 문화 창달에 기여합니다.

직영서점

요단기독교서적 교회용품센타	서울특별시 서초구 신반포로 205 반포쇼핑타운 6동 2층 TEL 02)593·8715~8 FAX 02)536·6266 / 537·8616(용품)
대전침례회서관	대전광역시 동구 태전로 16 TEL 042)255·5322, 256·2109 FAX 042)254·0356
요단인터넷서점	www.jordanbook.com

"그러므로 너희는 가서 모든 민족을 제자로 삼아 아버지와 아들과 성령의 이름으로 침(세)례를 베풀고 내가 너희에게 분부한 모든 것을 가르쳐 지키게 하라 볼지어다 내가 세상 끝날까지 너희와 항상 함께 있으리라 하시니라." _마 28:19~20